º Destino
em suas mãos

Elisa Masselli

O Destino
em suas mãos

LÚMEN
EDITORIAL

O destino em suas mãos
Elisa Masselli

Copyright © 2016 by
Lúmen Editorial Ltda.

3ª edição – Março de 2018
3-3-18-2.000-12.000

Coordenação editorial: *Ronaldo A. Sperdutti*
Projeto gráfico e arte da capa: *Casa de Ideias*
Impressão e acabamento: *Edições Loyola*

Dados Internacionais de Catalogação na Publicação (CIP)

(Câmara Brasileira do Livro, SP, Brasil)

Masselli, Elisa
  O destino em suas mãos / Elisa Masselli. – São Paulo : Lúmen Editorial, 2016.

  ISBN: 978-85-7813-177-7

  1. Espiritismo 2. Romance espírita I. Título.

16-08513   CDD-133.93

Índices para catálogo sistemático:
1. Romances espíritas psicografados : Espiritismo   133.93

Rua dos Ingleses, 150 – Morro dos Ingleses

CEP 01329-000 – São Paulo – SP

Fone: (0xx11) 3207-1353

visite nosso site: www.lumeneditorial.com.br
fale com a Lúmen: atendimento@lumeneditorial.com.br
departamento de vendas: comercial@lumeneditorial.com.br
contato editorial: editorial@lumeneditorial.com.br
siga-nos nas redes sociais:
twitter: @lumeneditorial
facebook.com/lumeneditorial

2017

Proibida a reprodução total ou parcial desta obra
sem prévia autorização da editora
Impresso no Brasil – *Printed in Brazil*

Sumário

Prólogo 7
Planejando o futuro 9
A tempestade 19
Contando a história 29
Incompreensão 41
A ajuda sempre chega 51
Uma porta que se abre 68
Triste notícia 85
Acordo preocupante 98
Intenções reveladas 112
Fim da viagem 122
Chegando ao destino 131
Início de uma nova vida 139
O despertar 146
Nunca estamos sós 167

Ajuda providencial 179

Dissimulação 191

A festa da colheita 204

Reencontro 223

Conversa definitiva 237

O pior dos sentimentos 247

Acerto de contas 257

Decisão inesperada 268

Dominada pelo mal 278

Momento de decisão 293

A verdade sempre aparece 302

Persuasão 316

Maldade final 323

Decisão de vida 338

O destino de cada um 343

Epílogo 353

Prólogo

No final do século dezenove e início do século vinte, a Europa passava por momentos difíceis. Devido à pobreza do Estado, os impostos cresceram em demasia, tanto que muitos camponeses não tiveram como pagar e, por isso, perderam suas terras e, de um momento para outro, viram-se sem elas e sem um lugar para morar. A pobreza, que já era grande, piorou e se espalhou por todos os países. As pessoas não tinham trabalho e, sem terra para cultivar, não tinham comida também. A situação era desesperadora. Nessa mesma época, com o fim da escravidão e a dispersão dos escravos, o Brasil precisava de mão de obra para tocar suas lavouras. Para conquistar essa mão de obra, foram mandados, para os países da Europa, folhetos, convidando os camponeses a irem trabalhar no Brasil, onde, além de emprego, poderiam conseguir propriedades, pois o Brasil era um país enorme, com muitas terras para serem cultivadas. Os folhetos diziam que a viagem seria confortável e paga pelo governo brasileiro. Muitos agricultores, empolgados pela propaganda, se aventuraram, já que, em seus países, não havia mais condição de vida. Assim que faziam a opção pela viagem, recebiam a passagem para embarcar, mas só aí, na maioria das vezes, constatavam que os navios eram cargueiros, tendo alguns compartimentos internos transformados em dormitórios. A cozinha, embora grande, só tinha capacidade para atender aos marinheiros que trabalhavam no navio. Com mais de seiscentas pessoas a bordo, alimentá-las tornou-se um problema. Por isso, na hora da refeição, quase sempre era servida uma sopa rala. O reservatório de água fora construído para atender à tripulação, por esse motivo, a água também precisava ser poupada. Os banhos só eram permitidos uma vez por semana e com uma certa quantidade de água. As pessoas dormiam em esteiras estendidas por aqueles compartimentos transformados em quartos. Neles, havia uma esteira para cada adulto, as crianças dormiam com os pais. Porém, a maioria dos viajantes preferia ficar no convés, onde podia respirar ar puro, indo para os "quartos" somente à noite. Mesmo assim, apesar de todo desconforto, viajavam esperançosos em conseguir uma vida melhor. A viagem era demorada e sofrida, estava sujeita às variações climáticas e às doenças. Aqueles que ficavam doentes e morriam eram enrolados em lençóis e jogados ao mar. Somente estes recebiam um lençol, os outros precisavam se abrigar com seus próprios cobertores. A maioria não tinha cobertor algum, e as famílias precisavam unir seus corpos para que pudessem se aquecer. O sofrimento era muito, mas a promessa de um futuro melhor os impulsionava. Sabiam que estavam indo em direção à terra prometida. Para eles, aquilo tudo, embora triste, lhes parecia belo e deslumbrante.

Planejando o futuro

Um navio navegava lentamente deixando atrás de si um extenso rastro de água branca formada pelas ondas que batiam sobre o casco. O mar estava calmo, o que deixava tranquilas as pessoas que viajavam nele. Essas pessoas haviam deixado sua pátria, a Espanha, atendendo aos apelos dos folhetos que as convidavam a ir a uma terra com muitas oportunidades. Todos, por não terem mais o que perder, colocaram suas esperanças na nova terra e se aventuraram. Entre eles, havia uma moça que tinha o nome de Dolores, mas, por todos, era chamada de Lola. Trazia consigo uma menina com quase cinco anos idade e que estava sentada ao seu lado, tentando brincar com as outras crianças que, por serem mais velhas, não lhe davam muita atenção. Às vezes, ela conseguia brincar também, mas era muito pequena e logo se cansava e corria para os braços da mãe que a afagava com carinho. Lola estava feliz, pois havia conseguido, através de uma amiga e de cartas, um emprego como cozinheira em uma fazenda no Brasil. Não conhecia as pessoas para as quais iria trabalhar, apenas sabia que eram muito ricas.

Como todos que faziam aquela viagem, ela também estava temerosa, mas, ao mesmo tempo, esperançosa por poder recomeçar. Havia perdido tudo, estava sozinha, além de saber que, na Espanha, nada mais lhe restava. Sua única esperança era essa nova terra.

Sentada no convés do navio e, enquanto via sua filha ali tentando brincar com outras crianças, olhava para o céu e seu coração batia forte.

A embarcação em que viajava era um cargueiro que até então transportava grãos e fora transformado em um precário navio de passageiros. Durante o dia, algumas pessoas ficavam ali, no convés, tomando sol e respirando ar puro. Durante a noite, dormiam em esteiras espalhadas pelo chão dos quartos improvisados, onde era muito abafado, quente, ao mesmo tempo, muito úmido e com um forte cheiro de mofo. Existia somente uma esteira por pessoa, as crianças dormiam com os pais. Não havia muita água doce, a pouca que havia era usada para beber e preparar alimentação. Por isso, só podiam tomar banho uma vez por semana e com pouca água. Dormiam misturados homens e mulheres. O lugar era irrespirável. Apesar de todo o sofrimento, sentiam-se felizes, pois iam ao encontro de uma vida melhor, de um sonho. Ouviram dizer que, para aquela terra para onde estavam indo, poderiam trabalhar, conseguir muito dinheiro, terras e, assim, poderiam voltar para a Espanha, ricos. Lola também ouvira aquilo, porém estava fazendo a viagem não para ficar rica, mas para poder recomeçar e dar uma vida melhor para a filha. Todos que passavam por ela estranhavam. Não entendiam como uma moça tão bonita, podia estar viajando sozinha e com uma criança. Aquilo era muito estranho, pois, naquele tempo, mulheres jamais poderiam sair de casa sozinhas, muito menos fazer uma viagem como aquela. Lola sabia o que pensavam, mas não se importava. Somente ela conhecia o motivo de aquilo estar acontecendo e sabia que ninguém, por mais que quisesse, poderia ajudá-la. Afagando os cabelos da menina, lembrou-se de tudo o que havia acontecido para que estivesse ali apenas com a filha. Com os olhos perdidos no espaço, pensou:

Por que tudo aquilo teve de acontecer, Manolo? Por que não pôde ser diferente? O que vai ser da minha vida e da vida da nossa filha? Tomara que consiga sobreviver e dar a ela uma vida melhor do que a minha... que ela possa ter a felicidade que nunca tive. Sei que não vai ser fácil. Meu Deus, ajude-me para que tudo dê certo e eu possa recomeçar...

Lágrimas caíram por seu rosto. Com as mãos, secou-as e continuou relembrando como era sua vida e no dia em que foi trabalhar na casa de Manolo:

Meu pai era agricultor e, como todos iguais a ele, passava por momentos difíceis. Não conseguiu pagar os impostos que ficaram muito caros. Em uma manhã, um homem veio até a casa e lhe deu um papel. Ele não sabia ler, somente eu e meu irmão havíamos ido, por pouco tempo, à escola, pois precisávamos ajudar meu pai na lavoura, mas aprendemos a ler, não muito bem, mas o necessário para entender o que estava escrito naquele papel. Eu li e depois disse ao meu pai:

— Pai, este papel está dizendo que o senhor tem um mês para pagar os impostos, se não o fizer, terá de abandonar a terra.

— Como? Não pode ser? Não tenho todo esse dinheiro! Para onde vamos? Isso não pode estar acontecendo! Estas terras sempre pertenceram a nossa família! Meu avô, meu pai e eu nascemos aqui, não conhecemos outro lugar! Não posso sair daqui!

Ficamos calados, pois não sabíamos o que responder. Assim como ele, estávamos amedrontados e pensando o que seria do nosso futuro. Apenas consegui dizer:

— Também não sei, meu pai, mas é impossível que Deus vá nos abandonar....

Não sei por que falei aquelas palavras, mas senti uma enorme vontade de dizer. Achava que, com elas, animaria meu pai, mas isso não aconteceu. Ele saiu e foi para o quintal. Ficou andando de um lado para outro. Com os olhos, acompanhei seus movimentos. Minha mãe, sempre calma e acreditando que Deus cuidava de todos nós, disse:

— Não se preocupe, meu velho. Lola tem razão, Deus não vai nos abandonar. Ele está sempre cuidando dos Seus filhos e vai encontrar um caminho...

Meu pai, que havia voltado do quintal e estava entrando em casa, ao ouvir o que minha mãe disse, nervoso, gritou:

— Que Deus, mulher? Deus não existe! Olha a vida que sempre tivemos? Sempre plantamos e colhemos só o necessário para a nossa sobrevivência! Enquanto não temos nada, outros têm para jogar fora! Isso é justo? Isso é certo? Onde está esse Deus que escolhe a quem vai dar tudo e a quem não dará nada! Nunca mais venha me falar de Deus!

Minha mãe, calma como sempre, respondeu:

— Não sei qual é a razão de vivermos assim, só sei que algum motivo deve ter. Não adianta se revoltar contra Deus, isso não vai fazer com que as coisas melhorem. O melhor que tem a fazer é se acalmar e pensar no que vamos fazer.

Meu pai ouviu o que ela falou. Desesperado voltou outra vez para o quintal e continuou andando de um lado para outro. Assim que saiu, minha mãe foi para seu quarto e, diante da imagem de Nossa Senhora, começou a rezar.

Lola estava longe dali, com os olhos parados em um ponto distante e só voltou à realidade, quando Maria começou a chorar. Abraçou-a com carinho e a menina, sentindo-se protegida, parou de chorar e ficou ao seu lado olhando as crianças que brincavam. Lola sorriu e continuou relembrando:

Eu era a mais velha de três irmãos e a única mulher. Tinha dezoito anos e também estava com medo. Embora nossa casa fosse pobre, era o nosso abrigo, a nossa segurança. Por vários dias, meu pai ficou andando de um lado para outro, tentando encontrar uma solução ou, ao menos, um lugar para onde pudéssemos ir, já que o dinheiro para pagar os impostos, ele sabia, não conseguiria. Por mais que pensasse, sabia que não poderia pedi-lo a ninguém, pois todos os seus conhecidos estavam na mesma situação que ele, aceitando qualquer emprego. Muitos, até, somente para ter um lugar onde pudessem colocar a família. Sabendo disso, meu pai falou, revoltado:

— Não sei o que vai ser da nossa vida. Não tenho dinheiro para pagar os impostos e não temos para onde ir. O que foi que fiz para merecer uma vida como esta? Por que, desde que nasci, sempre tive de viver quase que na miséria?

O *tempo foi passando. O dia de sermos obrigados a abandonar nossa casa estava chegando e ele não havia encontrado solução
alguma. Ficava cada vez mais desesperado e revoltado. Minha mãe
tentava acalmá-lo:*

*— Não adianta ficar revoltado, meu velho. Isso só vai fazer
mal a sua saúde. Não se preocupe, alguma coisa vai acontecer. Não
vamos ficar desamparados. Deus vai nos ajudar...*

*Ele, cansado de ouvi-la sempre dizer aquilo, olhou para ela
com raiva, calado, saiu de casa e foi para o quintal. Ela o acompanhou com os olhos. Sabia o que ele estava pensando. Confiante,
voltou a rezar.*

*Em uma manhã, depois de ter passado a noite toda andando
pela casa, tomando café e fumando, ele saiu. Assim que saiu, minha
mãe voltou para seu quarto, ajoelhou-se e voltou a rezar. Eu, que a
acompanhei, também me ajoelhei e repeti o que ela disse:*

*— Meu Pai, por favor, não nos abandone neste momento.
Sabe que somos pessoas de bem e que não merecemos viver assim.
Somente o Seu amor e compaixão poderão nos ajudar... confio na
Sua bondade...*

*Eu ouvi quando ela disse aquelas palavras, mas, como meu
pai, também não acreditava que pudesse haver um Deus, porém,
sem ter outra coisa para fazer, fiquei ao lado dela, ouvindo e repe-
tindo suas orações. Quando meu pai voltou, já eram quatro horas
da tarde. Estava feliz e disse, sorrindo:*

*— Conversei com Dom Antônio e, como ele me conhece,
sabendo que sou trabalhador, disse que quer comprar as nossas
terras, pelo mesmo preço que venderíamos ao Estado.*

*Eu nada sabia sobre negócios, mas não entendia a felicidade
de meu pai. Se vendêssemos as terras, para o Estado ou para Dom
Antônio, ficaríamos na mesma situação que pela manhã, pois
o dinheiro que receberíamos não daria para comprar uma casa,
muito menos outras terras. As terras estavam sendo vendidas pelo
valor dos impostos que meu pai devia. Embora para alguns nada
representasse, para meu pai era uma fortuna. Vendendo ou não,*

não teríamos para onde ir. Minha mãe, parecendo ter tido o mesmo pensamento que eu, disse:

— Não entendo por que está tão feliz, pois continuamos da mesma maneira que estávamos pela manhã. Se vendermos as terras, vamos ter de sair daqui sem ter para onde ir, pois o dinheiro que recebermos não vai dar para comprar outras terras ou ao menos uma casa pequena.

— Eu não disse tudo! Se vendermos as terras para o Estado, ficaremos sem ter para onde ir, mas se vendermos para Dom Antônio, embora seja pelo mesmo preço, ele disse que podemos ir morar e trabalhar na sua fazenda, pois lá há muita uva para ser plantada e colhida. Vendendo para ele, vamos ter trabalho e uma casa para morar, mulher! Por isso estou tão feliz!

A felicidade foi total. Animados, pegamos as poucas coisas que tínhamos e nos mudamos. A família de Dom Antônio possuía uma imensa quantidade de terra cultivada por agricultores que recebiam uma miséria como salário. Meu pai não se importou, pois dizia:

— Pouco é muito mais do que nada!

Assim que chegamos à fazenda, Dom Antônio nos olhou de cima a baixo e disse:

— Seja bem-vindo a nossa casa, senhor José. Fez muito bem quando decidiu me vender suas terras. Por isso, pode ficar sossegado, aqui tem trabalho e moradia garantidos. Aqui, nesta fazenda, poderá viver em paz.

Meu pai sabia que o salário que ele ia pagar mal daria para comermos, mas como não havia outra maneira para sobreviver, disse:

— Obrigado, Dom Antônio. Não se preocupe, prometo que vou trabalhar muito.

— Sei disso, já o conheço há muito tempo. Sua casa já está pronta a sua espera.

Olhando para todos nós, Dom Antônio disse para um rapaz que estava ali:

— Juan, acompanhe o senhor José e sua família até a casa que você preparou.

Acompanhamos Juan. A casa que estava reservada, como todas as outras, era pequena para uma família de cinco pessoas como a nossa, e malconservada, mas era tudo o que poderíamos ter naquele momento. Meu pai sabia disso e nós também. Meu pai começou a trabalhar. Eu e meu irmão Luiz o ajudávamos. A vida era difícil, mas conseguíamos sobreviver. Certa manhã, quando estávamos nos preparando para ir trabalhar, Juan, que era o secretário de Dom Antônio, veio até a nossa casa e disse:

— Senhor José, a dona Maria das Graças mandou perguntar se o senhor pode deixar a Lola ir trabalhar lá na casa-grande.

— Por quê? Ela já tem empregada.

— A Lourdes ficou doente, precisa fazer uma operação e não vai poder trabalhar por um tempo. Por isso, ela está precisando de uma empregada para cuidar da casa. Ela disse que vai pagar separado.

— Não sei... Lola nunca trabalhou em casa de família, não sei se vai conseguir...

— Não se preocupe com isso. Ela aprende.

— Está bem. Se vier um dinheiro a mais, sempre é bom. Lola, acompanhe Juan.

Amedrontada, acompanhei Juan. Não conhecia a família. Só havia visto dona Maria das Graças uma vez, no dia em que chegamos e fomos até a casa-grande para nos apresentar. Depois, nunca mais nos aproximamos dali, mas precisava obedecer ao meu pai. Com ele, não se discutia, apenas se obedecia. Assim que cheguei à casa-grande, dona Maria das Graças me recebeu com um sorriso:

— Que bom que veio. Estou precisando muito de sua ajuda.

— Desculpe, senhora, mas nunca trabalhei em casa de família, não sei como fazer.

— Não se preocupe, a Lourdes, antes de ser operada, vai ensinar-lhe. Logo aprenderá. Como é o seu nome?

— Lola...

— Muito bem, Lola, entre e vá para a cozinha conversar com a Lourdes. Ela vai lhe dizer qual é o seu trabalho.

Comecei a trabalhar. Lourdes, com muita paciência, me ensinou e, realmente, em pouco tempo eu já cuidava de todo o trabalho da casa. Estava na cozinha, quando Dona Maria das Graças, acompanhada por um rapaz, entrou e disse:

— Lola, este é o meu filho Manolo. Ele é muito exigente com a comida, por isso, trouxe-o para conhecê-la.

Eu, sem perceber, abaixei a cabeça, levantando somente os olhos para poder vê-lo. Assim que nossos olhos se encontraram, senti um arrepio pelo corpo, parecia que eu já conhecia aquele moço, embora soubesse que era impossível, pois nunca estivera na fazenda, nem ele na minha casa. Ele estendeu a mão:

— Muito prazer, Lola. Espero que cozinhe bem. Gosto muito de comer.

Trêmula e envergonhada, estendi-lhe minha mão, que ele apertou com força. Sem conseguir evitar, apertei sua mão também. Ele, sorrindo, disse:

— Tenho certeza de que deve cozinhar muito bem.

Tímida, abaixei a cabeça e fiquei calada.

Eles saíram da cozinha e eu os acompanhei com os olhos, tentando fazer com que meu coração parasse de bater com tanta força.

— Está pensando na vida, Lola?

Lola voltou-se e viu Carmem, uma moça que também viajava e com a qual havia conversado por alguns minutos, assim que entraram no navio. Ela sorriu e respondeu:

— Estou pensando no motivo pelo qual estou aqui neste navio, indo para um destino desconhecido.

— Por mais que pense, Lola, no final, o motivo é o mesmo de todos os que estão aqui. Pobreza, vontade de progredir e de ter uma vida melhor.

— Também tenho outro motivo.

— Qual?

— Um dia eu conto a você. Esta viagem é longa, vamos ter tempo. Você também está viajando sozinha, Carmem?

— Não, Lola. Meus pais e dois irmãos, além de Rafael, nosso vizinho, também estão aqui.

Lola olhou para o lado onde ela apontava e viu um rapaz que também olhava para elas. Os olhos se encontraram e sentiram uma estranha sensação. Ele, com os dentes perfeitos, sorriu e acenou com a mão. Ela, constrangida, também sorriu e respondeu ao aceno de mão. Carmem, olhando para Rafael, disse:

— Venha se sentar conosco, Rafael. Já que estamos no mesmo navio e que a viagem vai ser longa, é bom fazermos amizade, não é, Lola?

Lola, ainda impressionada com a beleza do rapaz e por aquilo que estava sentindo, timidamente, sorriu e respondeu:

— Sim, Carmem, é isso mesmo. Como estou viajando sozinha com a minha filha, sei que vou precisar de amigos.

Rafael, sorrindo, levantou-se e se aproximou delas. Ouviu o que Lola falou e, no mesmo momento, disse:

— Pois se esse é o seu problema, ele não existe mais. Eu e a Carmem estaremos ao seu lado sempre que precisar, não é, Carmem?

Carmem respondeu:

— Claro que sim, Rafael. Já que estamos viajando para uma terra estranha, é bom termos amigos que possam nos ajudar.

— Obrigada aos dois. Quando resolvi fazer esta viagem, sabia que não seria fácil, pois minha menina é ainda muito pequena, mas agora, conhecendo vocês, sei que não estou mais sozinha e que, se precisar, terei a ajuda dos dois.

— Pode ter certeza disso. Estive olhando sua menina, ela é muito bonita e esperta.

— É, sim, Rafael, e é toda a razão da minha vida.

Ficaram conversando por um longo tempo. Falaram de como resolveram tentar uma nova vida e na esperança de dias melhores. Logo, estavam rindo e sentiram que uma grande amizade surgia ali. Depois de algum tempo, Lola disse:

— Agora, preciso dar comida para minha menina. Está na hora de ela dormir. Maria! Venha, Maria, vamos até a cozinha ver o que temos para comer.

Maria, que agora brincava com outras crianças, amuada, disse:

— Não *tô* com fome, mamãe...

— Sei que não está, mas não adianta. Precisa comer. Precisa crescer...

Sem vontade, a menina acompanhou a mãe. Rafael seguiu-a com os olhos e sorriu.

Ela é mesmo muito bonita. O que será que aconteceu para uma moça como ela estar viajando, sozinha, somente com a filha? Onde estará o marido?

Carmem, com os olhos, também acompanhou os movimentos de Lola e de Rafael. Sorriu.

Ele está gostando dela...

Lola, com um pano umedecido, deu um banho em Maria, depois lhe deu comida e colocou-a para dormir. A menina não queria, chorou um pouco, mas acabou dormindo. Lola, vendo que ela dormia tranquila, pensou:

O que vai ser da nossa vida, Maria? Como será essa terra para onde estamos indo? Será que não vou me arrepender de ter me arriscado nessa aventura? Não sei... por outro lado, não tinha como continuar ali.... tudo se acabou na minha vida e, se não fosse você, nem sei o que teria feito... meu Deus... preciso de ajuda para poder continuar... não me abandone...

A tempestade

Assim que Maria adormeceu, Lola acomodou-a sobre a esteira e deitou-se ao seu lado. Olhando com carinho para a filha, voltou a relembrar o que havia acontecido.

Desde aquele dia na cozinha, Manolo não me deu paz. Vivia me procurando pela casa e pedindo que eu fizesse isso ou aquilo. Eu não podia me furtar, afinal, era a empregada. Sempre que estava ao meu lado, ele dizia:

— *Lola, estou apaixonado por você. Quero me casar e ter uma família com você.*

Eu sabia que aquilo não era verdade, que não passava de brincadeira, mas, no íntimo, me sentia feliz. Eu me apaixonei assim que o vi pela primeira vez. Em uma tarde, quando estava pendurando roupa no varal, sem que eu percebesse, ele se aproximou por trás, me abraçou e com carinho fez com que eu me virasse, me beijou ardentemente. Correspondi àquele beijo, pois era o que eu mais queria. Daquele dia em diante, sempre nos encontrávamos às escondidas e, a cada oportunidade, nos beijávamos. O meu amor por ele era imenso. Tanto que não me preocupava com o futuro, com o que poderia acontecer. Enquanto me abraçava e beijava, ele dizia:

— *Não fique com medo, Lola. Sabe que estou dizendo a verdade. Amo você e quero me casar.*

— Não diga isso, Manolo. Sabe que isso nunca será possível. Seus pais não vão permitir. Você é de uma família rica e eu não passo da filha de um agricultor e empregada de sua casa.

— Não me importo com o que meus pais pensam. Amo você e quero me casar, ter filhos, formar uma família. Isso ninguém vai impedir.

Eu ria, sabia que aquilo jamais aconteceria, mas não me importava, queria ficar ao lado dele para sempre. O tempo foi passando. Aqueles beijos que, a princípio, eram suficientes, com o tempo, foram tornando-se mais ardentes, até que um dia me entreguei totalmente. Ele não me enganou, eu sabia o que estava fazendo. Sabia que, se alguém descobrisse, eu seria execrada e expulsa não só da casa de Manolo, como também da casa de meu pai. Ele jamais aceitaria uma filha que não fosse virgem, que não poderia se casar com um homem que ele escolhesse. Em parte, ele tinha razão, pois homem algum se casaria com uma mulher usada, como diziam. Quando eu falava dos meus temores, Manolo me abraçava e falava:

— Não fique preocupada, Lola. Não posso assumir você agora, ainda não terminei meus estudos, mas, quando terminar, ninguém vai poder impedir que eu me case com você.

— Mas... e se alguém descobrir?

— Se alguém descobrir, nos casaremos e, quando for minha mulher, ninguém poderá apontar você. Confie em mim, Lola, ninguém poderá nos separar.

Ao ouvir aquilo, suspirei e dei-lhe um beijo. Naquele momento, nada mais importava, somente o nosso amor.

Estava distraída, pensando e não percebeu Rafael que se aproximou e, assustado, disse:

— Lola, precisa se abrigar e proteger sua filha!

— Por quê?

— Está se formando uma grande tempestade e o comandante avisou que devemos ficar aqui embaixo e nos proteger. Disse que o navio vai balançar muito. Venha, traga a menina para este canto. Aqui estará mais protegida.

Antes que ela dissesse alguma coisa, ele pegou a menina no colo e ajudou-a a se levantar. Lola, assustada com a atitude dele, carregou consigo a esteira onde dormia e a mala com as poucas roupas que tinha. Estendeu a esteira no chão e sentou-se. Rafael entregou-lhe a menina e sentou-se ao seu lado.

Aos poucos, as pessoas foram descendo e se acomodando. Carmem, sentada do outro lado, na companhia dos pais e dos dois irmãos, seguia todos os movimentos de Rafael e sorria.

Ele está mesmo apaixonado...

Mesmo antes que todas as pessoas se acomodassem, a tempestade chegou. O navio começou a balançar de um lado para outro. Raios cortavam o céu e trovões soavam. Todos estavam assustados. Os últimos a chegar, como os outros, foram para seus quartos improvisados e protegeram-se da melhor maneira possível. No convés, o chão era feito de madeira e, por suas frestas, goteiras se formaram, a água entrava e molhava a todos. Lola procurava proteger Maria da melhor maneira que conseguia. Rafael, percebendo sua dificuldade, pegou a menina em seu colo e abraçou Lola que, tremendo de frio e de medo, aconchegou-se a ele.

O navio balançava de uma forma violenta para cima e para baixo e de um lado para outro. Pessoas eram arremessadas umas sobre as outras. Ouviam-se gritos desesperados e chamados por Deus e todos os santos. Lola, assustada, gritou:

— Rafael! Este navio vai virar e vamos morrer afogados!

— Não, isso não vai acontecer, Lola. A tempestade vai passar logo e o mar voltará a ficar calmo. Tente ficar calma e abraçada a mim. Juntos, protegeremos a menina.

Enquanto dizia isso, ele abraçava com mais força as duas que também se abraçavam a ele. Maria, como que por uma proteção desconhecida, era a única criança que não chorava. Sentia-se segura nos braços fortes de Rafael.

Lola, diferentemente da filha, chorava e rezava:

Meu Deus, não permita que nada de mal nos aconteça. Todos os que vieram nesta viagem só estão fazendo isso por não encontrarem outro caminho, por desejarem seguir um sonho. O Senhor sabe o quanto sofri, mereço uma oportunidade. Proteja-nos, meu Deus.

Fazia mais de vinte minutos que a tempestade castigava a todos. Porém, para eles, pareciam horas. Como se aquela prece fosse ouvida, a tempestade, aos poucos, foi passando, porém o navio continuou balançando. Algumas pessoas passavam mal. Quase duas horas depois, o navio voltou a sua velocidade normal e eles puderam se levantar e ajudar-se mutuamente.

Lola também se levantou. Estava toda molhada. Maria, não tanto, pois tanto a mãe como Rafael a haviam protegido com o corpo.

O casco estava todo molhado. Poças de água se formaram. Por todo lado, ratos e baratas, também assustados, corriam desesperados. Todos procuravam se proteger deles. Os homens os afastavam com os pés e as mãos. As mulheres, além de procurar proteção, também gritavam, desesperadas, ao simples contato deles. Pessoas e malas boiavam. As roupas, assim como eles, estavam todas molhadas. Não tinham como se trocar. Alguns marinheiros foram até os quartos e, parados nas portas, disseram:

— Agora que a tempestade passou e o sol voltou a brilhar é preciso que todos subam para o convés e coloquem as roupas para secar.

Foi o que fizeram. Aos poucos, foram subindo e se acomodando da melhor maneira possível sobre o casco ainda molhado. Sabiam que logo estaria seco, pois o sol brilhava forte, como se aquela tempestade não houvesse acontecido. Lola tirou de sua mala a pouca roupa que tinha, sua e de Maria, e a foi estendendo à sua volta. Lembrou-se do passaporte que estava em seu bolso, com a sua fotografia e a de Maria. Para sua tranquilidade, embora estivesse úmido, não havia se molhado nem estragado. Com cuidado, colocou-o ao seu lado para que secasse totalmente.

— Rafael, ainda bem que o meu passaporte não molhou. Sabe que na hora da tempestade nem me lembrei dele... já pensou o que eu faria quando chegasse ao porto e não tivesse um passaporte para apresentar? O que ia acontecer? – disse Lola.

Ele, que tirava do bolso interno do paletó o seu passaporte, sorrindo, disse:

— O meu passaporte também está seco, mas, mesmo que não estivesse, não teria importância. As autoridades encontrariam uma solução de como fazer com aqueles que perderam seus documentos. Depois de chegar, de uma maneira ou de outra, teremos de entrar no país. Deixe de se preocupar. O importante é que consigamos chegar e recomeçar a vida. Eu, você e a Maria. Vamos ser uma família feliz, Lola, pode ter certeza disso. No que depender de mim, vou fazer de tudo para que isso aconteça.

Ela estranhou, pois não haviam conversado sobre isso, mas sorriu ao ouvir aquelas palavras. Era o que mais ansiava; poder ser feliz.

Maria recusava-se a sair do colo de Rafael, que a abraçava com carinho. Ao ver aquilo, Lola disse:

— Parece que ela gosta mesmo de você...

— Isso não me surpreende, pois também gosto muito dela. Quando crescer, vai ser uma linda mulher. É inteligente também. Não viu como se comportou durante a tempestade? Embora assustada, não chorou. É uma lutadora e pessoas lutadoras conseguem tudo o que querem na vida. Ela vai ser feliz, Lola, pode ter certeza disso.

Lola sorriu.

Daquele dia em diante, Rafael ficou ao lado das duas. Estava apaixonado e esperando chegarem ao Brasil para poder pedi-la em casamento. Lola também, embora não quisesse e um dia houvesse jurado que nunca mais teria outro homem e que só se dedicaria à filha, ao ver como ele era carinhoso com ela e com Maria, também estava se apaixonando por ele.

Isso não pode estar acontecendo... não quero outro homem em minha vida... quero viver somente para minha filha...

Ela pensava isso, mas sentia que aquele amor não poderia ser evitado.

Algumas pessoas que passaram mal durante a tempestade, foram colocadas deitadas e ajudadas por aqueles que estavam bem. Lola ajudava da melhor maneira que conseguia.

O navio continuava deslizando sobre o mar calmo. Dias após a tempestade, algumas pessoas começaram a ter febre, o que assustou o comandante, que disse:

— Essas pessoas precisam ser isoladas, o que menos quero que aconteça é uma epidemia que, se for aquela dos ratos, vai ser uma desgraça.

Todos se assustaram com aquelas palavras, mas afastaram os doentes e aqueles que estavam bem cuidavam deles. Enquanto Rafael ficava com Maria, Lola cuidava dos enfermos.

Carmem também ajudava os doentes, principalmente sua mãe, que era a pior de todos. Ela temia que sua mãe não resistisse. Quando disse isso, Lola falou:

— Ela é forte, Carmem, vai se recuperar e logo estará bem.

Falava isso, mas sentia que os temores de Carmem tinham fundamento, pois sua mãe estava realmente muito mal. A febre era tanta que ela já não reconhecia ninguém.

Muitas pessoas adoeceram. A mãe de Carmem, como o previsto, realmente não resistiu e, dois dias depois, morreu. O desespero foi geral, principalmente do comandante, pois já havia visto aquilo acontecer e temia pelo pior. Para evitar que a doença se propagasse, o corpo da mãe de Carmem foi enrolado em um lençol branco e jogado ao mar. O sofrimento de Carmem e de sua família era insuportável. Ela chorava:

— Eu fui a culpada da sua morte...

— Por que está dizendo isso, Carmem?

— Ela não queria vir, Lola. Dizia já estar velha para enfrentar uma viagem como esta, mas eu insisti. Quando Rafael me falou do futuro que poderíamos ter na nova terra, me entusiasmei e quis fazer essa viagem. Estávamos sem um lugar para morar. Nossas terras haviam sido vendidas por um pouco mais do que o valor dos impostos. O que sobrou foi muito pouco. Sem uma terra para trabalhar e uma casa para morar, não conseguiríamos sobreviver por muito tempo. Se não tivesse insistido, ela estaria viva...

— Você não tem culpa, Carmem. Isso teria acontecido aqui ou lá. Chegou a sua hora, é a vontade de Deus, precisamos aceitar...

— Deus, Lola? Que Deus? Esse mesmo que nos deixou passar fome em nossa terra e nos obrigou a sair dela? Esse Deus que mandou aquela tempestade? Depois dela, a umidade e o mofo fizeram com que as pessoas ficassem doentes. Esse mesmo Deus que não permitiu que eu enterrasse minha mãe e que ela fosse deixada sozinha no fundo do mar? Não acredito em Deus, não acredito mesmo! Ele nunca existiu, é pura invenção dos poderosos para manterem os pobres sob seu domínio!

— Pode ser que tenha razão e que Ele realmente não exista, Carmem, mas prefiro continuar tendo fé, pois ela é a única coisa que nos resta.

— Você pode continuar tendo fé, mas eu não tenho mais! Estou farta desta vida de pobreza e sofrimento! Por que alguns têm tantos e outros nada? Não posso aceitar!

— Não sei essa resposta, só sei que deve existir algo além da morte. Não sei se é Deus ou outra coisa qualquer, mas deve existir...

— Pois continue pensando assim! Enquanto isso, vamos continuar vendo os mortos serem jogados ao mar. Quantos sobreviverão?

— Ainda tenho fé. Sei que, ao chegarmos, nossa vida mudará e teremos novas oportunidades de trabalho e felicidade...

Carmem estava revoltada e não conseguia mais ouvir aquela conversa. Afastou-se e foi para junto de Rafael, que brincava com Maria. Assim que ela se aproximou, ele perguntou:

— Como você está, Carmem?

— Pode imaginar. Não entendo por que isso tinha de acontecer, por que minha mãe tinha de morrer e ser jogada ao mar sem ter o direito a uma sepultura, Rafael? Não consigo me conformar.

— Entendo que seja difícil, mas a vida é mesmo assim. Em um dia qualquer, todos vamos morrer, Carmem. A hora de sua mãe chegou e ela não ia querer que você ficasse assim. Com certeza, queria que continuasse a sua vida. Uma vida melhor se aproxima. No Brasil, teremos chances de felicidade, o que não acontecia mais na Espanha.

— Será que isso é verdade? Será que realmente teremos essa chance?

— Claro que sim, Carmem! O Luiz me escreveu, disse que conseguiu terras e que está ganhando muito dinheiro!

— Espero que esteja certo, mas tenho minhas dúvidas. Os fazendeiros, até pouco tempo, tinham escravos, não precisavam pagar para terem suas terras plantadas. Será que se conformarão em ter de nos pagar?

— Justamente por não terem mais escravos, é que precisam da nossa mão de obra e, portanto, sabem que precisam pagar. Não se preocupe mais, Carmem, tudo vai ficar bem.

— Espero que tenha razão, mas só terei certeza depois que chegarmos lá.

— Eu, ao contrário, não tenho dúvida alguma. Sei que tudo vai dar certo e que um dia voltaremos vitoriosos para a Espanha e poderemos viver tranquilos no nosso país.

— Você está bem com a Lola, está gostando mesmo dela, não é?

— Estou sim. Ela, além de ser uma linda mulher, também é forte e corajosa. Acredito que será uma ótima companheira.

— Desejo a vocês dois toda a felicidade do mundo. Sabe o quanto gosto de você e como quero que seja feliz.

— Sei, sim, Carmem, e posso lhe garantir que é o mesmo que desejo a você. Você é uma boa moça e muito bonita, merece toda a felicidade do mundo. Tenho certeza de que vai conseguir. Talvez esteja fazendo esta viagem somente para encontrar o amor de sua vida, assim como aconteceu comigo e, quando isso acontecer, será muito feliz.

— Não penso nisso, só estou pensando em como será a nossa vida no Brasil. Já conversou com Lola a respeito do seu amor?

— Ainda não. Estou esperando o momento certo.

— Já descobriu por que ela está viajando sozinha? Ela me disse que o marido morreu, mas não sei como, não acreditei muito. Quando me disse isso, me pareceu um pouco distante, como se relembrasse alguma coisa que aconteceu e que a deixou muito triste.

— Também percebi isso, mas não me importa o que aconteceu antes, só me importa o futuro e este, quero passar ao lado dela e da Maria. É uma menina linda, não é?

— Sim, é linda mesmo e muito inteligente.

— E forte também! Você não viu, mas durante a tempestade, foi a única criança que não chorou. Abraçou-se a mim e fico quietinha.

— Em seus braços fortes, ela sentiu-se segura. Lola também estava protegida por você. Ficou o tempo todo abraçada a você.

Apesar de todo aquele desespero, pude notar. Acho que ela também está gostando de você, Rafael.

— Será, Carmem?

— Tenho certeza. Pode conversar com ela e falar do seu amor. Tenho certeza de que é o que ela está esperando.

— Não sei se é a hora. Não será melhor esperar até chegarmos ao Brasil?

— Não espere. Fale durante a viagem, assim, quando chegarem, poderão se apresentar como casados. Muitas pessoas perderam os documentos, basta dizer que perderam os seus e tudo ficará bem. Ela e Maria terão o seu nome. Ouvi dizer que, para casados, as casas oferecidas são melhores. Vocês poderão unir o útil ao agradável.

— Tem razão, hoje mesmo vou conversar com ela.

— Faça isso. Você merece ser feliz.

— Você também, Carmem, sei que ainda vai encontrar o amor da sua vida.

— Tomara... acho difícil, mas tomara...

— Precisa acreditar. Assim como o sol voltou a brilhar após a tempestade, também a nossa vida vai mudar quando chegarmos no Brasil. Você vai ver como tudo vai dar certo. Vamos ter a nossa terra, plantar e colher. Pelo contrato, precisamos trabalhar até a primeira colheita, depois, se quisermos, poderemos ir embora. Sabe que trabalho com ferro e que não sou bom agricultor, só tive de mentir que era para poder receber a passagem. Por isso, assim que terminar o contrato, vou tentar abrir o meu próprio negócio com ferro e fazer belos portões e portas, Carmem. Eu e a Lola vamos nos casar, você, bonita como é, vai encontrar alguém que a ame e que a faça feliz.

— Não entendo como, depois de tudo o que passamos, pode ainda ter tanta esperança, Rafael.

— Precisamos ter esperança, Carmem. Ela é a única coisa que nos resta. Vamos recomeçar a vida em um país grande e bonito. Dizem que seu povo é amigo e acolhedor. Não podemos desanimar. Não agora que estamos quase chegando e tão perto de encontrarmos a nossa felicidade.

Ao ver tanta esperança nos olhos dele, ela, por um tempo, não conseguiu emitir um som, apenas sorriu. Depois disse:

— Espero que esteja certo, Rafael. Tem razão, merecemos ter essa felicidade sonhada por você.

Contando a história

Os dias foram passando. As pessoas continuaram a ficar doentes, algumas morreram e, como aconteceu com a mãe de Carmem, também, sem ter outra solução, foram jogadas ao mar.

Em uma tarde, após passar o dia inteiro cuidando dos doentes, Lola, cansada, estava sentada no convés olhando para o céu que tinha poucas nuvens, mas brilhante pela luz forte do sol. Rafael se aproximou:

— Como você está, Lola? Deve estar muito cansada.

— Estou cansada sim, mas bem. Estou mais tranquila, pois parece que a febre está passando. Já há alguns dias, ninguém fica com ela. Acho que o perigo passou. Tomara, porque é muito triste ver as pessoas ficarem doentes e não ter como ajudá-las.

— Ainda bem que ninguém está ficando doente, Lola. Muitos morreram e já foi o suficiente. Chega de tanta dor.

— O que mais me deixa triste e desesperada é a impotência diante da morte, nada podemos fazer para evitá-la, isso me causa muita dor. Portanto, cuidar dos doentes é a única coisa que podemos fazer, não é?

— Sim, diante de tanto sofrimento, somente o que podemos fazer é cuidar bem delas, Lola

— Tem razão, Rafael, e o que mais me dói é saber que essas pessoas não conseguiram realizar o desejo de ir para uma terra boa, onde acreditavam, assim como nós, que teriam toda a felicidade do mundo. Isso não é justo!

— É verdade, Lola, mas o que podemos fazer? A vida é mesmo assim.

— Sim, a vida é mesmo assim, mas, às vezes, sinto que algo está errado.

— O quê, Lola?

— Não entendo por que algumas pessoas têm a vida tão diferente das outras. Algumas são ricas, bonitas e conseguem tudo o que desejam, outras, nada têm e, por mais que lutem, nunca conseguem realizar um sonho qualquer. Por que isso acontece, Rafael?

— Também, algumas vezes, já pensei sobre isso, mas não encontrei resposta. No final, só posso dizer que Deus é quem sabe das coisas, a nós, só resta esperar e procurar viver da melhor maneira possível.

— Sim, Rafael, só Ele é quem sabe das coisas. Como você disse, vamos entregar nossa vida nas mãos Dele.

— Tem razão, é a única coisa que podemos fazer.

Rafael olhou para Maria, que brincava com uma boneca de tecido feita por Lola, e comentou:

— Maria está muito bem, não é, Lola? Ela, na sua inocência, não percebe o que está acontecendo.

— Graças a Deus que ela não percebe o que está acontecendo, agradeço também por não ter tido a febre. Agora, acho que o perigo passou. Não sei como agradecer a você e a Carmem por terem cuidado dela todo esse tempo e tentarem deixá-la afastada o máximo possível dos doentes.

— Não foi trabalho algum. Gostamos muito dela e só cuidamos porque você estava cuidando dos doentes. Era o mínimo que poderíamos fazer.

— Apesar de eu ter cuidado deles, não adiantou muito, pois todos que ficaram doentes morreram.

— Adiantou, sim, Lola! Mesmo que tenham morrido, você estava ao lado deles, dando-lhes conforto e carinho.

— Tentei fazer o melhor, mas gostaria de poder ter ajudado mais.

— Você ajudou, Lola. Eles, tendo você ao seu lado, morreram em paz.

— Infelizmente, nada mais pude fazer...

Ele fixou um tempo com os olhos perdidos no espaço, depois, disse:

— Não sei se é hora, mas preciso lhe dizer uma coisa, Lola.

— O quê, Rafael? Pode dizer.

— Desde o primeiro dia em que a vi, me apaixonei. Estive esperando este tempo todo para me declarar. Agora que tudo está passando e estamos quase chegando ao nosso destino, acho que chegou a hora de eu lhe fazer uma pergunta.

— Que pergunta?

— Quer se casar comigo?

Lola levou um susto. Também estava apaixonada por ele, mas não pensou que ele se declararia daquela maneira. Emocionada, respondeu:

— Não sei o que dizer. Também gostei de você, mas jurei que nunca mais deixaria me envolver por homem algum. Pretendo viver somente para Maria.

— Você é muito jovem para tomar uma decisão como essa. Não sei o que aconteceu em sua vida e não me interessa. Gosto de você e quero que seja minha mulher. Desejo viver ao seu lado e ajudá-la a cuidar de Maria. Se aceitar o meu pedido, vou fazer tudo para sermos felizes.

— Não sei... não sei... já sofri tanto...

— Isso foi no passado. Daqui para frente, vai ser diferente. Sei que, na realidade, não sabemos o que nos espera no futuro, mas, seja o que for, quero estar ao seu lado. Sei que, juntos, seremos felizes e conseguiremos ultrapassar qualquer dificuldade. Aceite o meu pedido, Lola... garanto que não se arrependerá.

— Embora não quisesse, assim que o vi, também gostei de você, mas, mesmo assim, estou com medo...

— Não sei o que fizeram com você, mas o que passou, passou, daqui para frente, uma nova vida surge para nós. Vamos pedir ao comandante que nos case. Ele pode fazer isso. Assim, quando chegarmos, poderemos nos apresentar como marido e mulher.

Ela pensou por algum tempo. Depois disse:

— Está bem. Aceito seu pedido, mas é preciso que lhe conte o que aconteceu em minha vida, o porquê de eu estar viajando sozinha somente com minha filha.

— Para mim, não fará a menor diferença. Não me interessa. O que passou, passou e só me interessa daqui para frente. Porém, se quiser, se achar necessário, conte. Ouvirei com atenção.

— Preciso contar. Se vamos ficar juntos, não quero que haja segredo algum. Precisamos sempre ser sinceros um com o outro.

— Está bem. Embora saiba que não fará diferença alguma, ouvirei o que quer dizer.

Lola contou até o momento em que Manolo estava se preparando para partir. Continuou:

— Estávamos felizes. Eu me sentia a mulher mais feliz deste mundo. Faltavam dez dias para ele partir, quando descobri que estava grávida. Aquilo me tomou de surpresa, pois, durante todo o tempo em que nos encontramos, nunca havia pensado nem passado pela minha cabeça que eu poderia ficar grávida. Assustada, disse para Manolo:

— *Estou grávida.*

— *Como? Grávida?!*

— *Sim, acabei de saber. Não sei o que vamos fazer.*

— *Não se preocupe com isso. Vou conversar com meus pais, nos casaremos e tudo ficará bem. Sei que eles ficarão felizes em saber que serão avós e, juntos, criaremos a nossa criança.*

— *Será que eles entenderão e me aceitarão? Sabe que não sou a mulher com quem eles sonharam para você...*

— *Isso não importa. Eu vou escolher a mulher com quem quero ficar. Embora, hoje em dia, isso seja normal, não vou permitir que meus pais interfiram na minha vida. Eles sabem disso. Meu pai quer que eu me case com a filha de um rico fazendeiro, mas já lhe disse que não farei isso, pois ela não é a mulher com quem quero me casar. Desde que a conheci, soube que era com você que eu queria ficar, Lola.*

— Tomara que eles entendam e me aceitem...

— Eles, a princípio, ficarão bravos, mas com o tempo terão de aceitar. Sei que, embora, para nós, pareça que estejam errados, para eles não. Você sabe que sempre foi assim, os pais que escolhem com quem os filhos se casam, mas, com os meus, será diferente. Eles me amam e, assim que tiverem a certeza de que nos amamos de verdade e de que o nosso casamento será o melhor que poderia me acontecer, aceitarão e seremos felizes para sempre.

— Eu ouvi aquilo e fiquei tranquila. Sabia que Manolo me amava e que aquele amor enfrentaria qualquer dificuldade, mas...

— Mas o quê, Lola? O que aconteceu? Ele não cumpriu o prometido?

— Cumpriu! Manolo me pegou pela mão e fomos conversar com seus pais. Assim que entramos, os encontramos sentados em poltronas na sala de estar. Ainda segurando minha mão, Manolo me puxou e nos aproximamos. Seus pais acompanharam nossos movimentos com os olhos. Dom Antônio, nervoso, levantou-se e perguntou, gritando:

— Que significa isto, Manolo?

— Precisamos conversar com o senhor e com a mamãe, papai.

— Precisamos? O que está fazendo com essa moça e segurando-a pela mão?

— É justamente por isso que estamos aqui. Eu quero me casar com a Lola e vim pedir a sua bênção.

— Casar? O que está dizendo? Casar com uma serviçal, meu filho? Nunca, nunca!

— Sei que o senhor agora não está entendendo nem aceitando, mas sei também que, com o tempo, entenderá e aceitará Lola e o nosso filho que vai nascer. Sei que vamos ser felizes e que é isso o que o senhor quer, a minha felicidade.

— Dona Maria das Graças que, até aquele momento permanecia sentada, levantou-se rapidamente e também perguntou:

— Um filho? Está dizendo que ela está esperando um filho seu?

— Exatamente isso, mamãe. Ela está esperando um filho e eu estou muito feliz. Por isso, quero me casar com ela e dar um nome para essa criança.

— O pai dele ficou furioso e gritou:

— *Meu nome? Acha que vou dar meu nome para uma criança qualquer que nem tenho certeza de que seja meu neto mesmo? Você sabe ou imagina o que o nosso nome significa, Manolo? Você sabe quanto ele é respeitado?*

— *Sei que para o senhor isso tem muito valor, papai, mas para mim é simplesmente um nome, nada além disso.*

— *Não, não é só isso, não senhor! Nosso nome é o mais respeitado neste lugar e em muitos outros! Como posso chegar aos meus amigos e dizer que meu filho se casou com uma camponesa que não tem nem onde cair morta? Você está louco mesmo, Manolo!*

— *Não me importa o que as pessoas possam pensar ou dizer, papai! Amo Lola e quero me casar e ser feliz ao lado dela e do nosso filho!*

— Manolo disse isso segurando forte a minha mão, que tremia muito. Seu pai olhou para mim e gritou com fúria:

— *Você foi muito inteligente, menina, conseguiu envolver o meu filho e ele, ingênuo como é, se deixou levar por seus encantos. Ele é ingênuo, mas eu não. Não vou permitir que ele cometa essa loucura! Quanto quer para deixá-lo livre? Posso lhe dar dinheiro suficiente para ir embora desta cidade e ter uma boa vida onde quiser, você e essa sua cria! Quanto quer? Pode pedir o valor que quiser! Eu pago!*

— Ao ouvir aquilo, embora tentasse segurar, não consegui e lágrimas começaram a cair por meu rosto. Antes que Manolo ou eu dissesse alguma coisa, dona Maria das Graças, calma, disse:

— *Espere aí, Antônio, você está nervoso e se esquecendo do principal, da felicidade do nosso filho e dessa criança que está vindo e que não tem culpa alguma. Essa criança é nossa neta, Antônio... não podemos abandoná-la...*

— *Nossa neta? Como pode dizer isso, Graça? Não sabe com quantos homens essa aí se deitou!*

— Manolo se ofendeu e falou em minha defesa:

— *Não admito que o senhor diga isso a respeito da mulher com quem vou me casar com a sua aprovação ou não*

— Dona Maria das Graças, desesperada, voltou a intervir:

— *Espere, meu filho, tenha calma, pois, se essa conversa continuar assim, não poderá dar bom resultado. Vamos nos acalmar e encontrar uma solução que faça a todos felizes...*

— *Cale a boca, mulher! Quem lhe autorizou a se intrometer em uma conversa como essa? Você não tem que dar palpite algum, tem apenas que ouvir e aceitar a minha decisão! Quem manda nesta casa sou eu, mais ninguém, entendeu? Vá para a cozinha junto às empregadas, lá é o seu lugar! Este assunto é meu!*

— Para meu desespero, vi que dona Maria das Graças, chorando, abaixou a cabeça e saiu da sala. Manolo, alterado, disse:

— *O senhor pode mandar nesta casa, na mamãe, nos seus empregados, mas não na minha vida! Quem manda nela sou eu e vou me casar com Lola, queira o senhor ou não!*

— *Vai se casar? Pois faça isso e não terá um tostão meu! Hoje mesmo vou ao tabelião e mandarei que tire o seu nome do meu testamento! Viva com aquilo que ganhar com o seu trabalho! Com aquilo que sabe fazer! Que é nada! Durante toda sua vida, viveu do meu dinheiro, só estudando! Agora, chega! Saia da minha casa e só volte quando pensar bem e entender que está estragando sua vida por uma mulher que não vale nada e que por qualquer tostão se entregaria a você ou a outro qualquer!*

— Manolo, ainda segurando minha mão, ficou calado e me arrastou dali. Eu, chorando, o acompanhei.

— Se ele saiu com você dali, por que está fazendo esta viagem sozinha, apenas com sua filha?

Lola ia responder, mas Carmem se aproximou e, assustada, disse:

— Lola, Rafael, meu pai está com a febre, será que ele também vai morrer?

Imediatamente, os dois se levantaram e foram para junto do pai de Carmem, que realmente tremia muito e delirava.

Lola olhou para Rafael e ele entendeu aquele olhar, não havia o que fazer. Eles sabiam que o velho senhor, assim como havia acontecido com os outros, também morreria. Carmem também sabia disso e, desesperada, começou a chorar:

— Ele não pode morrer, Lola. Minha mãe já foi jogada ao mar e agora, se acontecer o mesmo com ele, só restarão meus irmãos e eu. O que vamos fazer? Nunca tomamos decisão alguma sem eles, foi papai quem sempre decidiu a nossa vida...

— Fique calma, Carmem. Seu pai é forte, pode ser que ele consiga sobreviver, alguns estão conseguindo.

— Sim, mas todos são jovens e fortes, ele já está velho, sei que vai morrer. Além disso, quem garante que aqueles que estão resistindo continuarão assim até chegarmos ao porto?

— Tem razão, não há garantia alguma, mas vamos rezar para que eles consigam e seu pai também. Precisamos cuidar dele da maneira que pudermos e esperar que se recupere.

— Lola está certa, Carmem. Não adianta se desesperar. Vamos cuidar dele e esperar a vontade de Deus...

— Que Deus, Rafael? O mesmo Deus que fez com que todos chegassem a um extremo de pobreza que nos obrigou a abandonar as nossas casas e terras? O mesmo Deus que permitiu que tantas pessoas já tão sofridas pegassem essa maldita febre, morressem e fossem jogadas ao mar como animais, sem ter um túmulo onde as pessoas que as amam possam rezar e chorar ou simplesmente acender uma vela? Não posso acreditar nesse Deus! Ele nunca me deu nada, apenas tirou tudo. Aliás, o pouco que eu tinha! Não posso rezar, só posso amaldiçoar esse Deus!

— Você está nervosa, Carmem, e não sabe o que está dizendo. Fique com Maria, eu cuido do seu pai. Você não está em condições. Sabe que farei tudo o puder e que estiver ao meu alcance.

— É isso mesmo, Carmem. Você está nervosa, tente se acalmar. Embora não seja o ideal, é a única coisa que podemos fazer. Fique com Maria. Eu e a Lola cuidaremos do seu pai.

Carmem, chorando, pegou Maria dos braços de Lola e se afastou.

Lola e Rafael foram até onde o pai de Carmem estava. Ela, olhando primeiro para o senhor, depois para Rafael, abaixou-se e colocou a mão na testa do velho senhor. Levantou-se, molhou um pano branco com água e colocou sobre a testa dele. Fechou os olhos e começou a rezar.

Rafael também se abaixou, perguntando:

— O que você acha, Lola, ele está mal?

Ela respondeu baixinho:

— Está sim, Rafael, acho que não vai resistir...

— Isso é terrível. Carmem já está revoltada o suficiente. Não sei o que vai fazer.

— Também sinto isso, mas, se pensarmos bem, ela tem razão. Já sofremos tanto, fomos obrigados a abandonar nossas casas, terras e até o país e agora toda essa dor e tristeza. Tantos sonhos desfeitos...

— Infelizmente, o que está dizendo é a verdade, Lola, mas não há nada a fazer. Sei que vai cuidar dele o melhor possível.

— Com certeza, eu vou cuidar. Agora, vá até onde a Carmem está e converse com ela. Está precisando de uma palavra amiga. Embora eu só a tenha conhecido agora, me considero sua amiga e, depois que tudo isto terminar, vou ficar ao seu lado. Ainda bem que estamos indo para a mesma fazenda. Vamos estar sempre juntos, não é?

— Claro que sim. Os irmãos dela são ainda muito jovens, não saberiam viver sem o pai para encaminhá-los.

— É verdade... mas nós lhes daremos toda a assistência de que precisarem. Agora, vá até lá.

Rafael levantou-se e foi para junto de Carmem, que olhava Maria brincar com as outras crianças.

— Ele não está bem, Carmem, precisa se preparar.

— Como me preparar, Rafael? Quando meu pai decidiu fazer esta viagem, foi pensando no nosso bem. Ele sempre dirigiu a nossa vida. Como vamos fazer para viver sem ele? Nem eu nem meus irmãos temos experiência alguma da vida e do trabalho. Por que está acontecendo isso com a gente, Rafael? O que fizemos para merecer tanto sofrimento?

— Não sei responder, Carmem. Só sei dizer que todas as pessoas que conhecemos estão na mesma situação. Às vezes, chego a pensar igual a você, parece que Deus se esqueceu de todos nós.

— Ele não existe, Rafael!

— Está bem, mas, agora, fique calma, estaremos sempre ao seu lado e ao de seus irmãos. Estamos indo para a mesma fazenda, eu vou orientar seus irmãos para o trabalho. No final, tudo vai passar e a vida vai continuar.

Carmem secou o rosto com as mãos e disse:

— Obrigada, Rafael. Sei que sempre estarão ao meu lado. Só posso agradecer por você ter vindo junto conosco nesta viagem e eu ter conhecido Lola. Ela é uma boa amiga.

— É, sim, e pode ter certeza de que ela vai fazer tudo o que puder para ajudar o seu pai.

Carmem ia dizer alguma coisa, mas Maria se aproximou correndo e se abraçou a ela, que, correspondendo ao abraço, recomeçou a chorar.

Rafael, percebendo que Carmem se distrairia com a menina, afastou-se e foi para junto de Lola, que continuava ao lado do pai de Carmem.

— Como ele está, Lola?

— Nada bem. Acho que ele não vai passar desta noite. Precisamos estar preparados para ficar ao lado de Carmem e de seus irmãos. Ainda bem que, segundo o comandante, faltam menos de quinze dias para chegarmos. Isso é bom, pois, se alguém mais ficar doente, em terra vai ser mais fácil receber atendimento.

— Vamos esperar que os dias que faltam passem depressa, Lola...

Durante o resto daquele dia e toda a noite, Lola e Rafael ficaram ao lado do velho senhor. Carmem, que não suportava ver o pai naquelas condições, ficou com os irmãos, cuidando de Maria, que, inocente, queria brincar.

Não eram ainda seis horas da manhã, quando o senhor deu o último suspiro. Lola, chorando pela impotência diante da morte e pela falta de atendimento médico que tanto ele como todos os outros tiveram, começou a chorar.

Rafael afastou-se e foi avisar Carmem, seus irmãos e o comandante do navio que, nervoso, disse:

— Se eu soubesse que transportando vocês no meu navio isso poderia acontecer, jamais teria aceitado a proposta! No final, o dinheiro que vou receber não vai valer a pena. Meu navio está contaminado, nem sei quanto vou gastar para que ele possa navegar novamente.

— Desculpe, senhor, mas essa doença chegou ao navio, devido à falta de condições e de higiene. O senhor deveria, em vez de ficar preocupado só com o dinheiro que ia receber, se preocupar em dar uma melhor condição para aqueles que iam fazer esta viagem.

Ao ouvir aquilo, o comandante ficou furioso e gritou:

— O senhor sabe que eu sou o comandante, portanto sou a lei neste navio e não aceito que venha me criticar! Pelo dinheiro que me pagaram, não poderia oferecer nada melhor! Agora, vamos fazer o que tem de ser feito.

Rafael, ao mesmo tempo que ficou nervoso com o que ele disse, entendeu sua situação. Afinal, aquele era o seu meio de ganhar dinheiro para sustentar sua família e, no final, ele também era uma vítima como eles.

Carmem e os irmãos, embora chorassem, sabiam que nada poderia ser feito.

A mesma cerimônia que ocorrera tantas vezes voltou a acontecer. O corpo do senhor, após uma breve oração, foi jogado ao mar.

Carmem, durante todo o tempo, ficou calada e não permitiu que lágrima alguma caísse de seus olhos.

Lola, cansada por todo o tempo que ficou ao lado do doente, durante a cerimônia, chorando, pensou:

Por que, meu Deus? Por que tudo isso está acontecendo? Por que tanto sofrimento? Somos pessoas simples, nunca fizemos mal algum a ninguém... não merecemos tanto sofrimento...

Após a cerimônia, todos os que a acompanharam voltaram aos seus lugares. Estavam em silêncio, não tinham o que falar.

De todas as pessoas que embarcaram cheias de esperança, mais da metade havia morrido e o restante estava apavorado, com medo de também ser acometido por aquela febre, já que havia pouca chance de sobrevivência.

Incompreensão

Lola, cansada por ter passado a noite toda em claro, recostou-se na esteira e, sem perceber, adormeceu. Rafael, ao vê-la dormindo, sorriu e deitou-se ao seu lado, abraçou-a e adormeceu também.

Carmem, que estava brincando com Maria no convés, desceu para falar com Lola. Ao vê-la dormindo abraçada a Rafael, voltou para o convés e continuou brincando com a menina.

Depois de algum tempo, Lola acordou. Ao ver Rafael ao seu, lado, sorriu e pensou:

Ele é um bom homem. Sinto que, ao seu lado, vou, finalmente, ser feliz. Ele gosta da Maria e ela dele. Pensar que tudo poderia ter sido diferente. Que hoje eu poderia estar ao lado de Manolo... sei que seríamos felizes... ele bem que tentou, mas não conseguiu. Quando me lembro daquele dia, meu corpo todo treme. Quando saímos da casa de seu pai, ele, tranquilo, disse:

— Lola, não importa o que meu pai diga, vou ficar com você e com a nossa criança que está chegando.

— Não acho certo você brigar com seu pai por minha causa. Em parte, ele tem razão. Sou apenas a filha de um agricultor e você tem um bom sangue e um nome respeitável que não pode ser dado a qualquer uma...

— Como pode dizer isso? Você não é qualquer uma, é a mulher que amo e com quem quero passar o resto da minha vida! Esse negócio de sangue, de nome, é tudo bobagem, porque, no final, tanto o sangue do meu pai como o do seu, tanto o meu nome quanto o seu, vão para o mesmo lugar, todos morrem e o nome, com o tempo, desaparece também, Lola! Acredito que estamos nesta terra para sermos felizes e sei que só serei feliz ao seu lado e ao da nossa criança. Nós nos amamos e nada nem ninguém vai poder mudar isso ou impedir! Vamos ser felizes, você vai ver!

Eu gostei de ouvir o que ele disse, mas, ao mesmo tempo, senti muito medo. Desde o início, sempre soube que aquele amor era impossível. Disse:

— Tenho medo de que seu pai queira se vingar do meu e nos expulse da fazenda. Se isso acontecer, não sei o que vai acontecer. Meu pai, com certeza, vai ficar muito bravo quando descobrir o que aconteceu. Ele respeita muito o seu por ter nos recebido na fazenda, nos dado trabalho quando não tínhamos para onde ir. Se seu pai o expulsar por minha causa, ele vai me odiar, me expulsar de casa e eu nunca vou me perdoar, Manolo...

— Fique tranquila, Lola. Meu pai não vai mandar o seu embora. Ele não os recebeu porque é bom ou porque gosta do seu pai. Ele os recebeu porque precisa de mão de obra barata e, na situação em que seu pai chegou, exigiria pouco para trabalhar. Ele sabia que seu pai, agradecido, trabalharia com vontade e não se importaria com quanto receberia por isso. Ele poderá fazer tudo contra nós, mas nada contra a sua família. Não é o seu pai que precisa dele, ao contrário, é o meu que precisa do seu pai.

— Espero que esteja certo, pois minha família não tem para onde ir. Não quero que nada aconteça a ela por aquilo que estou fazendo.

— Não se preocupe, nada vai acontecer com eles.

— Espero que esteja certo, mas, agora que você enfrentou seu pai e saiu da sua casa, o que vamos fazer?

— Vamos até sua casa, preciso conversar com seu pai e pedir sua mão em casamento.

O DESTINO EM SUAS MÃOS

— Você vai fazer isso?

— Claro que vou! Tinha alguma dúvida sobre isso? Até que eu resolva o que fazer com a nossa vida, pedirei ao seu pai que nos deixe ficar na sua casa por algum tempo. Acha que ele vai concordar?

— Não sei, Manolo. Meu pai é muito rígido quanto a questões morais. Assim que souber que estou esperando um filho, ficará possesso, não posso imaginar o que vai fazer. Além do mais, você não pode ficar morando na nossa casa, pois ela, além de pequena, é muito pobre. Não é lugar para você...

— Não se preocupe com isso, o meu lugar é ao seu lado seja onde for. Não me importo de morar em casa simples. Só quero ficar ao seu lado, nada mais.

— Está bem. Amo você e vou fazer o que quiser. Vamos até a casa e ver o que meu pai diz. Só quero lhe avisar que não deve esperar muito. Ele dificilmente fará qualquer coisa que possa desgostar ao seu pai.

— Sei disso, mas precisamos saber o que ele vai fazer e isso só vai acontecer quando falarmos com ele. Vamos para sua casa e veremos o que ele vai dizer.

Quando chegamos em casa, era um pouco mais de onze horas da manhã. Meu pai, que havia trabalhado durante toda a manhã, estava no quintal, sentado em um banco com um prato de comida na mão. Estranhou ao nos ver chegar, então, perguntou:

— O que está fazendo aqui, Lola? Não devia estar trabalhando?

— Ela não trabalha mais lá em casa, senhor José.

— Como não? Por quê?

— Porque vamos nos casar e ela não vai precisar trabalhar mais.

Meu pai levantou-se, assustado:

— Casar? O que está dizendo?

— Estou dizendo que vou me casar com sua filha e que é por isso que estou aqui. Quero pedir a mão dela em casamento. Espero que aceite e nos abençoe.

— Abençoar?! Acha que acredito que o senhor, sendo quem é, pode querer se casar com uma moça como a minha filha? Pobre e sem instrução? O senhor deve estar brincando! Pois saiba que, embora pobre, sou uma pessoa honesta e não vou permitir que minha filha seja iludida pelo senhor! Lola! Entre em casa e não saia até eu mandar!

Eu conhecia meu pai, sabia como levava a sério a moral. Tremendo e sabendo que seria difícil fazer com que ele aceitasse a minha situação, chorando, entrei e fiquei ouvindo a conversa. Manolo, mantendo-se calmo, disse:

— Não estou iludindo sua filha. Gosto dela e quero realmente me casar. Estou aqui para pedir o seu consentimento, mas, se não der, não teremos alternativa a não ser irmos embora.

— Nunca! Minha filha não sai da minha casa sem estar casada para acompanhar o senhor nem outro qualquer! Ela é minha filha e não faz nada sem minha autorização! Sou o pai dela! Eu mando nela e na sua vida! Ela vai fazer o que eu quiser!

— Sinto muito, mas sua autoridade terminou. Ela está esperando um filho meu e, agora, é minha obrigação cuidar dos dois.

— Um filho? Está dizendo que ela está esperando um filho?

— Sim, por isso quero me casar, para poder dar o meu nome a ela e à criança.

Ao lado de minha mãe, que apertava meu braço com força, vi que meu pai ficou vermelho. Pareceu que todo o sangue de seu corpo subiu para a cabeça. Nervoso, gritou:

— Lola!

Tremendo muito, pois sabia que, quando contrariado, ele se tornava violento, saí. Fiquei junto a ele com a cabeça baixa. Ele, gritando, disse:

— Levante a cabeça, olhe nos meus olhos!

Com muito esforço e tremendo de medo, levantei a cabeça e olhei em seus olhos. Ele, ainda gritando e muito nervoso, perguntou:

— Lola! É verdade o que esse moço está dizendo?

— É, pai. Estou mesmo esperando uma criança.

— Como pôde fazer isso? Não foi para isso que a criei! Nunca pensei que minha filha se tornaria uma vagabunda! Você sabe que, com essa sua atitude, enlameou o meu nome que, embora pobre, sempre foi honesto?

Eu sabia que ele, em parte, tinha razão. Eu havia mesmo praticado um erro horrível. Sem saber o que dizer, continuei calada e abaixei a cabeça. Ele levantou o braço para me bater. Manolo segurou sua mão:

— O senhor não vai bater nela! Não vou permitir! Ela agora está sob a minha responsabilidade! Está esperando um filho meu!

Meu pai percebeu que, pela primeira vez, Manolo levantou a voz e que faria qualquer coisa para me proteger. Abaixou o braço, perguntado:

— Seu pai sabe disso?

— Sim, sabe. Acabei de conversar com ele.

— Ele aceitou?

— Não, mas isso não me importa. Gosto da sua filha e quero me casar com ela.

Meu pai, vermelho de ódio, voltou-se para mim e perguntou:

— Lola, você percebeu o que fez? Dom Antônio foi bom para mim, me recebeu aqui, deu trabalho e você paga dessa maneira? O que acha que ele vai fazer agora? Vai colocar todos nós para fora daqui! O que eu e seus irmãos vamos fazer? Sabe que não temos para onde ir!

— Não se preocupe com isso, senhor José, meu pai nada fará com o senhor nem com sua família. Ele não os recebeu por bondade, mas porque precisa do seu trabalho quase escravo. Como ele não aceitou o meu casamento, saí de casa e preciso de algum tempo para resolver o que fazer. Quero saber se o senhor me acolhe na sua casa por esse tempo. Prometo que não vai demorar muito.

— Aqui na minha casa? Nunca! Se eu fizer isso, seu pai não vai me perdoar. Além do mais, não quero, na minha casa, nem o senhor nem essa vagabunda que não é mais minha filha! Pode, por favor, sair da minha casa e levar essa perdida com o senhor!

De hoje em diante, minha filha morreu e não me importa o que possa acontecer com ela!

— *Está bem, vamos embora, mas não admito que fale assim da sua filha!*

— *Já disse que ela não é mais minha filha! Ela acabou de morrer e já está enterrada! Saía, por favor!*

Minha mãe, que estava dentro de casa, saiu, veio para junto de nós e tentou interferir:

— *Espere José, você está nervoso. Ela é nossa filha, não pode ser colocada na rua, ainda mais esperando uma criança. Você precisa ajudar os dois. Eles se gostam e o moço está com boas intenções... quer se casar com ela...*

Ele olhou para ela com os olhos faiscando:

— *Não lhe pedi opinião! Fique no seu lugar! Já mandei você ir para a cozinha lavar a louça! Lá é o seu lugar! Não aqui dando palpite no que não lhe diz respeito!*

Ela olhou para mim, percebi que seus olhos estavam cheios de lágrimas, talvez não só por minha causa, mas também pela humilhação que estava sentindo. Eu sabia que, embora não gostasse, a vida era assim, a mulher nada representava. Era apenas a reprodutora e a doméstica da casa. Não tinha o direito de dar uma opinião nem de decidir. Olhei para ela e sorri, tentando dar-lhe um pouco de tranquilidade. Ela, com lágrimas nos olhos, sorriu e voltou para a cozinha. Assim que ela se afastou, embora preocupada com o que meu pai e Manolo resolveriam, pensei: Por que tem de ser assim? Por que a mulher não pode ser dona da sua vida, do seu destino? Deus queira que isso, um dia, mude. Que a mulher possa ser considerada gente, não um animal sem vontade...

Percebendo que nada mais poderíamos fazer ali, Manolo pegou em minha mão e disse:

— *Está bem. Já que o senhor quer assim, estamos indo embora. Quando encontrarmos um lugar para ficar, mandarei avisá-lo para que saiba onde sua filha está.*

— *Não precisa se dar a esse trabalho! Já lhe disse que, de hoje em diante, não tenho mais filha! Ela morreu e está enterrada.*

Aquelas palavras entraram em meus ouvidos como se fossem flechas. Senti vontade de me ajoelhar e pedir perdão. Quando Manolo percebeu minha intenção, segurou com força meu braço:

— Vamos embora, Lola. Nada mais temos para fazer aqui.

Sem saber o que fazer, olhei mais uma vez para meu pai que permanecia com o rosto crispado e para minha mãe que, por detrás da janela acompanhava toda a conversa. Percebi que ela chorava. Entendi sua impotência. Sorri e, com a ponta dos dedos, mandei-lhe um beijo. Ela, com lágrimas nos olhos, também sorriu e retribuiu.

— No que está pensando, Lola? – perguntou Rafael.

Ela, que estava com o pensamento distante, olhou para Rafael e respondeu:

— Em nada, apenas em como a vida pode mudar de repente.

— Está certa. Em um momento estamos bem e em outro tudo muda. Ainda bem que algumas vezes é para melhor.

— Por que está dizendo isso, Rafael?

— Quando decidi fazer esta viagem, era porque estava desesperado, sem trabalho, sem futuro e nunca imaginei que encontraria você e que sentiria esperança novamente.

— Minha mãe sempre diz que a vida é como uma roda, que algumas vezes estamos em cima e outras embaixo.

Rafael deu uma gargalhada.

— Por que está rindo, Rafael?

— Se isso for verdade, estive sempre por baixo na roda. Minha vida sempre foi de muito sacrifício. Nunca tive um momento de paz e felicidade, a não ser agora. Acho que minha roda está subindo e logo chegará ao alto. Não sei por que, mas estou sentindo que agora chegou a minha vez.

Agora quem riu foi Lola:

— Sabe que estou sentindo o mesmo. Sinto que a seu lado e ao da Maria, também vou, finalmente, ter um pouco de felicidade.

— Claro que vai! Tem alguma dúvida?

— Não sei, diante de um futuro tão bom, chego a sentir medo.

— Pois não tenha medo, Lola! Nada vai impedir que fiquemos juntos nem que sejamos felizes!

— Está bem, mas, antes, você precisa saber o que aconteceu na minha vida e o porquê de eu estar aqui, sem marido, somente com a Maria.

— Quer saber, com sinceridade, isso não me importa. Só sei que está aqui e que vou fazer tudo para que seja feliz.

— Eu preciso lhe contar tudo. Só assim vamos poder começar uma vida, sem segredos e com confiança.

— Está bem, se isso lhe fizer bem, pode contar.

Sorrindo e com carinho deu um beijo em sua testa. Nesse momento, Carmem, com Maria chorando nos braços, se aproximou:

— Ainda bem que acordou, Lola. Maria está impaciente perguntando pela mãe. Já não sabia mais o que fazer para que ela parasse de chorar.

— Por que não me acordou, Carmem?

— Vim aqui várias vezes. Sabia que estavam cansados pela noite que passaram. Dormiam tão profundamente que não tive coragem de acordar vocês.

— Obrigada, Carmem, por ter ficado com a Maria. Eu estava realmente cansada e precisava dormir.

Lola se levantou, pegou Maria e beijou-a:

— Não precisa chorar, Maria. Mamãe está aqui e vai ficar para sempre, até que você cresça e tenha seu marido e filhos.

Assim que Maria se viu nos braços da mãe, parou de chorar. Lola, segurando-a pela mão, saiu dali e foi lhe dar comida.

Carmem, com os olhos, acompanhou Lola se afastando, depois, sentou-se ao lado de Rafael e disse:

— Ela é uma boa moça. Estou feliz que estejam se gostando.

Ele suspirou fundo e, sorrindo, disse:

— Também estou feliz, Carmem. Assim que a vi, meu coração bateu forte, senti que queria que ela fosse minha mulher e que vivesse ao meu lado até o fim dos meus dias. Acho que, agora, finalmente, serei feliz.

— Estou torcendo para que tudo dê certo. Nós nos conhecemos desde criança, sou sua amiga e só desejo a sua felicidade.

— Obrigado, Carmem, não poderia esperar outra coisa de você. Sei que é minha amiga. Como você está?

— Pode imaginar. Estou perdida, sem rumo. Ao contrário de você, parece que minha vida está cada vez pior. Por mais que pense, não entendo por que isso acontece. Por que tudo que tento fazer nunca dá certo? Não sei o que fazer com meus irmãos. Eles são ainda tão jovens.

— Já lhe disse para não se preocupar. Eu e a Lola estaremos sempre ao seu lado e daremos toda assistência a vocês. Essa terra para onde estamos indo, segundo soube, tem muitas oportunidades para aqueles que querem trabalhar. Sei que você e seus irmãos não têm medo do trabalho. Tudo vai ficar bem.

— Como bem, Rafael? Perdi meus pais. O corpo deles foi jogado ao mar e nunca poderei visitar suas sepulturas.

— Não sei, Carmem, mas acho que a alma não fica presa na sepultura. Acho que lá só fica o corpo. Não seria justo para a alma ficar presa, depois de uma vida tão sofrida como a de seus pais. Por isso, não precisa visitar a sepultura. Lá não tem nada, apenas pense com saudade neles. Foram boas pessoas. Ouvi dizer que cada um tem uma missão para cumprir, se isso for verdade, eles cumpriram bem a deles.

— Acredita mesmo nisso?

— Alguém, não me lembro quem, no dia em que minha mãe morreu, disse isso. Naquele dia, eu estava triste e desesperado e não dei muita atenção, mas hoje acho que até pode ser. Ela também, assim como seus pais, cumpriu bem sua missão, por isso, deve estar em um lugar melhor que a sepultura.

— Seria bom se isso fosse verdade. Que a alma realmente continuasse, mas não acredito nisso, acho que, quando a gente morre, acaba tudo e só resta o pó.

— Pois eu não. Acho que, se fosse assim, seria muito triste e realmente Deus não existiria. Não seria justo alguém viver com toda dificuldade, sofrer todo tipo de privação e, quando morrer, tudo se acabar.

— Depois de tudo o que passou, do que viu acontecer neste maldito navio, ainda acredita em Deus, Rafael?

— Sim, Carmem, acredito. Não sei se é Deus, mas acho que uma força maior nos protege e nos conduz.

— Onde aprendeu essas coisas, na igreja?

— Não. Sabe que não sou de ir muito à igreja. Não sei como, apenas sinto. Ainda mais agora que encontrei a Lola, só pode ser coisa de Deus, do destino, sei lá, só sei que estou feliz demais para ficar triste com esse tipo de pensamento. Só quero ser feliz ao lado dela e da Maria e de todos os outros filhos que vamos ter.

— Espero que sejam felizes. Agora vou para junto dos meus irmãos. Eles também estão desesperados.

— Faça isso. Eles estão mesmo precisando de companhia.

Carmem se levantou e se afastou. Rafael continuou ali, sentado.

A ajuda sempre chega

Lola pegou um pouco de sêmola, colocou em um prato e acrescentou água e um pouco de açúcar, mexeu bem e deu para Maria. Enquanto a menina comia, ela pensava:

Sei que isso não é alimento para você, minha filha, mas é só o que tenho. Quando chegarmos ao nosso destino, você comerá tudo o que é bom e do que gosta. Esse tempo ruim vai passar...

Rafael, após conversar com Carmem, ficou com os olhos fechados, pensando no futuro.

Quando decidi fazer esta viagem, jamais poderia imaginar que encontraria Lola e que me apaixonaria por ela. É uma mulher maravilhosa. Sinto que ao seu lado serei feliz. Vou ver onde ela está. Meu único desejo é o de me casar com ela e protegê-la em todos os momentos.

Levantou-se e foi em busca de Lola. Ela terminava de dar comida para Maria que, pelo choro manhoso, demonstrava que queria dormir. Lola que, desde o começo da doença, evitava que Maria ficasse junto aos doentes, estava sentada em uma sombra. Ele se aproximou:

— Parece que ela está com sono, não é, Lola?

— Está, sim, Rafael. Essa comida que estou lhe dando não é suficiente, mas é tudo o que tenho. Logo estaremos em terra e isso mudará. Ela poderá tomar leite e ter uma alimentação saudável.

Quando decidi fazer esta viagem, embora soubesse que seria difícil, não imaginei que fosse tanto, a ponto de não ter uma alimentação decente. Nós, os adultos, conseguimos superar, mas as crianças precisam se alimentar bem. Minha esperança é que cheguemos logo em terra e que, em breve, tenhamos uma boa cama para dormir, boa alimentação e água para tomar um banho decente. Maria, apesar de tudo, está reagindo bem.

— Ela é valente, Lola. Puxou a quem, a você ou ao pai?

Lola sorriu, sabia que, embora não admitisse, ele desejava saber o que havia se passado em sua vida. Sorriu enquanto dizia:

— Vou lhe contar o que aconteceu.

— Não precisa, Lola. Só se isso não lhe trouxer sofrimento.

— Não traz, Rafael. Não posso negar que sofri muito, mas tudo já foi superado. Agora, só penso no meu futuro ao lado da minha filha e no desejo que ela seja feliz.

Ele sorriu e disse:

— Não se esqueça de me incluir nesses planos.

Ela também sorriu, mas permaneceu calada. Algum tempo depois, começou a contar o que havia acontecido. Contou até o momento em que foram expulsos por seu pai. Continuou:

— Sem destino, saímos dali. Como brigou com o pai, Manolo não teve tempo de pegar dinheiro algum e só tinha alguns trocados. Ainda segurando firme em minha mão, disse:

— *Lola, sabe que, daqui para frente, teremos de enfrentar um tempo difícil, mas logo passará. Vamos até a cidade. Lá, tenho um amigo que poderá nos dar abrigo por um tempo e me ajudar a encontrar um trabalho.*

— *Trabalhar em quê, Manolo? Você, durante sua vida, somente estudou e ainda não terminou. O que acha que poderá fazer?*

— *Não sei, Lola, mas sinto que alguma coisa vai aparecer. Vamos, continue andando. Não se preocupe, antes de o nosso filho nascer, teremos uma casa para morar e comida não vai lhe faltar. Ele ou ela será feliz. Pode ter certeza disso que estou lhe dizendo.*

— Eu, não sei por que, acreditei naquilo que ele disse e, também segurando sua mão com força, confiante, o acompanhei. Embora fosse cedo, o sol estava forte e, por muitas vezes, tivemos de parar sob uma árvore para descansarmos. Embora não demonstrasse, eu sabia que ele estava preocupado, mas permaneci calada. A hora do almoço chegou. Comecei a ficar com fome, mas, sabendo que não havia o que comer, me calei. Ele, entendendo a minha situação e querendo me animar, perguntou:

— *Lola, como você quer que eu construa a nossa casa?*

— *Como casa, Manolo? Estamos caminhando sem destino. Como construir uma casa?*

— *Não custa sonhar, Lola! Hoje estamos nesta situação, mas tudo vai mudar! Encontraremos um lugar para ficar, arrumarei um emprego e construirei uma casa! Por isso quero saber como você quer que ela seja.*

— Entendi o que ele estava fazendo, Rafael, e resolvi entrar na brincadeira. Pensei um pouco, depois disse:

— *Quero uma casa toda branca e com as janelas pintadas em azul. Não precisa ser muito grande. Uma sala para eu colocar uma mesa bem grande de madeira de lei. Uma cristaleira para eu colocar os cristais que vou ter. Um quarto para a nossa criança que está vindo. Quero um berço bonito. Vou colocar um véu sobre ele para os mosquitos não a incomodarem. Claro que quero o nosso quarto. Este precisa ser bem espaçoso. As paredes precisam ser pintadas de verde bem claro. Na cama, vou colocar uma colcha de cetim verde também só que um pouquinho mais escuro. O quintal precisa ser grande. Quero fazer a minha horta e ter muitas árvores frutíferas. Ela deve ser toda cercada com muros brancos e um portão azul.*

— Ele começou a rir e disse:

— *Só isso? Quer uma casa simples assim?*

— Comecei a rir, Rafael, sabendo que ele estava sendo irônico e continuei a brincadeira.

— *Pode ser simples para você, mas, para mim, que sempre morei em casa muito pobre, seria como se morasse em um castelo.*

— *Está bem. Um dia terá sua casa e vai ser da maneira como sonhou.*

— Eu sorri feliz. Desejava ardentemente uma casa como aquela, mas sabia que, naquele momento, era impossível. Continuamos andando e chegamos em frente a um portão de uma casa mal pintada e com uma pequena cerca feita com bambu. Manolo disse:

— *Lola, sei que está com fome, mas, como sabe, por enquanto, não temos o que comer, mas logo tudo isso passará. Vamos pedir um pouco de água nesta casa.*

— Paramos. Manolo bateu palmas. Da porta que, provavelmente, deveria ser da sala, uma senhora apareceu. De longe, nos olhou e se aproximou:

— *Posso ajudar?*

— Manolo, ainda segurando minha mão, respondeu:

— *Desculpe, senhora, mas estamos viajando, o sol está forte e estamos com sede. Será que poderia nos dar um pouco de água para bebermos?*

Ela nos olhou e, sorrindo, respondeu:

— *Claro que sim. Esperem um pouco, vou buscar.*

— Ela entrou e nós nos sentamos em um pequeno banco feito sobre um tronco de árvore que havia do lado de fora do portão. Estávamos não só cansados, mas com fome também. Minutos depois, ela voltou, trazendo uma leiteira e duas canecas de alumínio. A água estava fresca, provavelmente ela havia tirado de uma moringa. Aquela água, enquanto descia por nossas gargantas, era com se fosse o maná dos deuses. Enquanto bebíamos, ela continuou a nos olhar. Quando lhe devolvemos as canecas, ela disse:

— *Vocês são muito jovens. Está parecendo que estão fugindo de casa. É isso que está acontecendo?*

— Manolo olhou para mim, sorriu e respondeu:

— *Não, senhora. Não estamos fugindo, estamos indo embora. Fomos expulsos. Nossos pais não aceitam o nosso amor. São dominados pelo preconceito. Sendo assim, como não queremos ficar separados, não nos restou alternativa e aqui estamos, indo para um destino ainda não bem definido, mas sempre juntos.*

— Ela ouviu com atenção. Enquanto ele falava, ela não moveu um músculo do rosto. Assim que ele terminou de falar, ela disse:

— *Pelo que estou vendo, da maneira como o senhor está vestido e da maneira como você também está vestida, pode-se dizer que são de classe social diferente. Esse foi o motivo de seus pais não terem aceitado? Foi a diferença social?*

— Manolo, com a voz firme, respondeu:

— *Sim, senhora. Infelizmente, foi esse o motivo. Meu pai tem um nome conhecido e poderoso, julga-se, por isso, quase um deus. Eu não me importo com nome, só quero ficar ao lado de Lola, a mulher que amo e que escolhi para me casar e com quem quero ficar para o resto da minha vida. Ele nos expulsou, mas isso não tem importância. Assim que chegarmos à cidade, vou conversar com um amigo e ele me arranjará um trabalho.*

— *Parece que estão, mesmo, dispostos a ficar juntos.*

— *Estamos, sim, e nada nem ninguém vai impedir que isso aconteça.*

— *Está bem, moço. Pelo visto, além de sede, devem estar com fome também. Entrem. Vou lhes preparar um prato de comida. Não é muito, mas o suficiente para que consigam chegar à cidade.*

— Entramos e, intimamente, agradecemos a Deus por aquela mulher que Ele havia colocado no nosso caminho. Assim que entramos por aquela porta por onde ela havia saído, constatamos que realmente era a sala. Em seguida, nos levou até a cozinha e nos mostrou duas cadeiras junto a uma mesa. Voltou-se para o fogão de lenha e começou a mexer nas panelas que estavam sobre ele. Eu, sem saber o que dizer, olhei para Manolo. Ele também permaneceu calado, mas pegou minha mão e, sorrindo, beijou-a. Logo depois, a senhora nos apresentou dois pratos contendo batata e verduras cozidas e um pedaço de carne. Enquanto colocava os pratos sobre a mesa, disse:

— *Desculpe, mas só tenho isso para oferecer. Espero que consiga sustentar vocês por algum tempo.*

— Felizes por estarmos diante de um prato com comida, nada dissemos, apenas começamos a comer. Era uma comida simples, mas saborosa e representou muito para nós. Enquanto comíamos, ela ficou junto à pia lavando louça. Percebemos que fez aquilo para que nos sentíssemos bem. Quando terminamos, ela, enquanto recolhia os pratos, disse:

— *Enquanto comiam, estive pensando. Minutos antes de chegarem, eu estava pensando que precisava tomar uma providência para que minhas terras não continuassem abandonadas. Sou viúva, meu marido morreu faz seis anos. Ele trabalhava na Prefeitura, por isso, recebo uma pequena pensão. Mesmo trabalhando na Prefeitura, ele, com a ajuda de meus dois filhos, plantava e, depois de tirar o nosso sustento, vendia o resto na cidade. Só tive dois filhos, que se casaram e moram na cidade e também trabalham na Prefeitura. Desde que se casaram, nunca mais se interessaram pelo sítio ou pela plantação. Eles querem vender as terras e me levar para morar na cidade com eles, mas eu não quero. Não vou vender minhas terras nem sair da minha casa. Aqui me sinto em segurança. Eu e meu marido trabalhamos muito para consegui-la e só sairei daqui quando morrer. Meus filhos, de vez em quando, aparecem por aqui, eu entendo que não possam vir mais vezes, pois sei que têm suas famílias, suas próprias vidas e não me importo. Sei que se, precisar, eles me acudirão. Meu marido morreu e eu, sozinha, não tive como cuidar da casa e da plantação e tudo, como podem ver, está abandonado. Você é forte e, como me parece que estão caminhando sem destino, poderiam morar aqui comigo. Além de eu não ficar mais sozinha, teriam também um teto para ficar. Tenho dois quartos e só preciso de um* – disse rindo.

— Manolo olhou para mim e, pelo brilho dos meus olhos, percebeu que eu concordaria. Eu estava cansada e, como ela disse, não tínhamos mesmo um lugar para ir. Se o amigo de Manolo não nos ajudasse, não imaginaria como seria. Ele também, sabendo disso, disse:

— *A senhora tem razão. Estamos indo para a cidade, mas não sabemos se realmente encontraremos um lugar para ficar.*

Se a senhora quiser nos dar essa chance, ficaremos aqui e eu trabalharei na plantação e na casa também. A senhora não vai se arrepender.

— Sei disso, meu filho. Assim que os vi, percebi que eram pessoas de bem e que, se ficarem aqui, tudo será diferente. Não precisarei mais me preocupar com a solidão nem com minha plantação.

— Só podemos agradecer, senhora, mas, antes de ficarmos, precisamos lhe contar que Lola está esperando uma criança.

— Isso, para mim, não será problema algum. Ao contrário, faz tempo que eu não ouço o choro e a risada de uma criança aqui nesta casa. Essa criança será bem-vinda e, na medida do possível, terá tudo o que precisar, além de muito amor.

— Ficamos ali. Manolo, como havia dito e embora nunca antes houvesse trabalhado, muito menos em um serviço pesado, para minha surpresa se dedicou muito. Cuidou da terra, plantou, fez alguns pequenos reparos na casa, pintou. Em pouco tempo, ela não lembrava nem de longe aquela que encontramos pela primeira vez. Dona Isabel estava feliz e nós também. Ela me ensinou a bordar, fazer tricô e crochê e, juntas, preparamos o enxoval da Maria. Seus filhos, durante o tempo em que estivemos ali, só apareceram uma vez e ao verem como o sítio se encontrava, admiraram-se:

— *Mãe, como tudo está bonito por aqui! Parece que a plantação vai render muito!*

— *Vai sim. Manolo e Lola estão trabalhando muito.*

— *Isso é muito bom, pois, além do bom trabalho que estão fazendo, ficamos sossegados em saber que a senhora não está sozinha.*

— *Também estou mais tranquila.*

— Daquele dia em diante, Rafael, eles nunca mais voltaram. Manolo construiu um galinheiro, comprou galinhas que, durante o dia, andavam pelo quintal e, à noite, dormiam no galinheiro. Com isso, tínhamos ovos e carne. Construiu também um chiqueiro, comprou dois pequenos leitões que seriam engordados. A ideia era que, quando estivessem no ponto, fossem mortos. Uma parte da carne seria salgada e guardada para o nosso uso e a outra seria vendida. Plantou trigo que crescia além do imaginado, o que demonstrava que a colheita seria boa e que, quando fosse feita, teríamos um bom dinheiro.

Rafael, que a ouvia com atenção, interrompeu-a:

— Se tudo estava tão bem, se Manolo assumiu você e a criança, não entendo qual é o motivo de ele não estar aqui ao seu lado, Lola...

— A vida é estranha, Rafael. No mesmo instante em que estamos bem, ela pode dar uma volta e tudo mudar. É aquela história da roda. Foi isso o que aconteceu. Desde que chegamos à casa de dona Isabel, a roda começou a subir e ficou no alto por um bom tempo, mas, depois começou a descer novamente.

— O que aconteceu, Lola?

— Faltavam dois meses para Maria nascer. Manolo havia calculado que, assim que ela nascesse, seria a hora de fazer a colheita. Eu passava bem. Todo mês íamos à cidade fazer consulta. Manolo, todas as manhãs, após tomar café, ia para a plantação. Eu, no início, o acompanhava, mas como faltava pouco tempo para a criança nascer e como eu estava muito pesada, tanto ele como dona Isabel me proibiram. Ele ia sozinho pela manhã e só voltava na hora do almoço. Naquele dia, quando chegou a hora do almoço, ele não voltou. A princípio, ficamos preocupadas, mas dona Isabel disse:

— *Não precisa ficar nervosa, Lola. Conhece o seu marido. Enquanto não terminar o trabalho, não vai sair da plantação. Deve estar chegando.*

— Eu sabia que ela tinha razão, pois Manolo era mesmo assim. Esperamos até as duas horas da tarde. Vendo que ele não chegava, resolvemos ir até lá. Assim que chegamos, percorremos os corredores plantados e, de longe, vimos Manolo deitado. Corremos até ele e, após chamar muito, dona Isabel colocou a mão no pescoço do rapaz e, chorando, disse:

— *Ele está morto, Lola.*

— Ao ouvir aquilo, não quis acreditar. Parecia que eu estava sonhando. Aquilo não podia estar acontecendo. Desesperada e, com dificuldade, me abaixei e comecei a chamar por ele. Eu chorava, gritava e o sacudia:

— *O que aconteceu, dona Isabel? Por que ele morreu?*

— Ao perceber o meu desespero, embora entendesse, sabia que nada mais poderia ser feito. Colocou as mãos em meus ombros e me ajudou a levantar. Depois, disse:

— *Não sei o que aconteceu, mas nada mais podemos fazer, Lola. Vamos para casa. Vou pedir ao Paco que vá chamar a polícia. Só eles podem responder a essa pergunta.*

Rafael, ao ouvir aquilo, nervoso, perguntou:

— Nossa, Lola! Como isso foi acontecer?

— Também não sabia e não entendia, Rafael. Como dona Isabel disse, ela chamou o Paco, nosso vizinho, contou o que aconteceu e pediu que fosse até a cidade chamar a polícia. A polícia veio, levou o corpo de Manolo e, um dia depois, constatou-se que ele havia tido um ataque no coração. Provavelmente, ele sofria de algum mal ou talvez tenha sido o esforço sob o sol forte. Eles não tinham certeza, mas também não me importava. A única coisa que eu sabia era que Manolo estava morto e que eu estava sozinha com uma criança que ia nascer. Pode imaginar o meu desespero? Pedi a Paco que fosse até a fazenda avisar aos meus pais e aos pais de Manolo o acontecido. Ele foi e quando voltou, disse:

— *O pai de Manolo disse que ele não conhece Manolo algum e que não tem filho. Disse que seu filho morreu no momento em que saiu de sua casa para ficar com você.*

— Embora eu soubesse que a sua reação poderia ser essa, pedi que Paco fosse avisá-lo apenas por obrigação. Sabia que ele era um homem muito orgulhoso, jamais perdoaria ao filho, não por ter saído de casa, mas, sim, por não ter feito sua vontade e ter desobedecido a uma ordem sua. Perguntei:

— *E a mãe dele, o que disse, Paco?*

— Quando ouviu o que eu falei, começou a chorar e queria vir imediatamente, mas o pai dele, com ódio na voz, gritou:

— Não sei por que está chorando, Graça? Essa pessoa que morreu é um estranho!

— É nosso filho, Antônio...

— Já lhe disse que não temos filho algum! Aquele que tínhamos morreu no dia em que saiu desta casa!

— Eu, com tristeza, ouvi aquilo e disse:

— Eu imaginava que essa seria sua reação, Paco, mas achei que deveria avisá-lo. Sinto pena de dona Maria das Graças que não vai poder dar o último adeus ao filho. Posso imaginar o que está sentindo. Até quando a mulher será tratada como uma coisa, como uma doméstica sem salário?

— Não, sei, Lola, mas é muito triste mesmo. Embora seja homem, também julgo um exagero como a mulher é tratada.

— Você é diferente, Paco. Está sempre disposto a nos ajudar.

— Tem razão, Lola. Gosto de dona Isabel como se fosse minha mãe e agora, depois que você veio para cá, gosto da mesma maneira de você, como se fosse minha irmã, assim como gostava do Manolo. Minha mulher entende toda essa atenção que tenho para com vocês e não se incomoda. Ela também gosta de dona Isabel. Nasci aqui e fui estudar na cidade. Lá conheci minha mulher, nos casamos e continuamos ali. Minha mãe morreu, queria que meu pai fosse morar comigo, mas ele não quis. Um dia, recebemos uma carta de dona Isabel, dizendo que ele estava muito doente. Viemos o mais rápido possível. Quando chegamos, constatei que ele, realmente, estava muito mal. Dona Isabel ficou ao seu lado durante todo o tempo. Cuidou com muito carinho. Por mais que eu faça, nunca poderei lhe pagar. Depois que ele morreu, viemos morar aqui e nunca mais iremos embora.

— Tenho certeza de que ela não quer pagamento algum. Fez com seu pai o mesmo que fez comigo e Manolo. Quando percebeu que precisávamos de ajuda, nos acolheu sem nada perguntar. Acho que ela nasceu para ajudar as pessoas em momentos críticos da vida.

— Também penso assim, Lola.

— Contou aos meus pais?

— Sim, e a resposta foi a mesma. Seu pai disse quase a mesma coisa. Não entendo como as pessoas podem agir dessa maneira, nem diante da morte permitem que seu orgulho seja afastado.

— Também não entendo, Paco, mas o que há de se fazer? Cumpri minha obrigação, o resto fica por conta dele. E minha mãe, o que disse?

— Coitada dela. Tentou falar, mas seu pai também não permitiu. Disse que dependiam do pai do Manolo para viverem ali e que, de maneira alguma, faria algo que o desagradasse. Sua mãe entrou em casa depois, chorando e, disfarçando, saiu e me deu este dinheiro. Ela não disse nada, mas deduzi que é para você.

— Coitada da minha mãe e o mesmo posso dizer também do meu pai. Ele tem razão, precisa do trabalho e de um lugar para morar. Fui eu quem me afastei da família, por isso tenho de encarar, sozinha, o meu destino.

— Por tudo o que me contou, você não teve outro caminho. Não se culpe, Lola, é muito jovem, tem a vida toda pela frente. Deus não pode ficar distante por tanto tempo. Logo tudo passará e você nem acreditará que passou por tudo isso. O que importa, agora, é essa criança nascer e, tomara, com saúde. Ela vai preencher sua vida. Tenha fé, Lola...

— Eu ouvia o que Paco dizia, Rafael, mas aquelas palavras nada representavam. Estava revoltada. Ele me falava para ter fé em um Deus em que, após a morte de Manolo, eu já não acreditava mais. Ele, realmente, não poderia existir, pois, se existisse, não permitiria que um homem orgulhoso e pretensioso como o pai de Manolo tivesse tudo na vida e meu pai, que sempre fora honesto e trabalhador, não tivesse nada. Não permitiria jamais que Manolo morresse e que eu ficasse sozinha com uma criança que estava para nascer. Como acreditar em um Deus mau como aquele? Naquele momento e até agora, não entendo, mas fiquei calada, sabia que Paco não entenderia o que eu estava pensando.

— Tudo o que está me contando, Lola, é compreensível. Você, realmente, teve motivo para estar revoltada. Acho que todas as pessoas, em algum momento de suas vidas, pensam assim. Mas não posso deixar de estar de acordo com Paco, realmente, tudo passa. Hoje, você está aqui e eu estou feliz por isso. Quer continuar contando o que se passou depois? Se não quiser, pode deixar para outra hora. Sinto que essas lembranças fazem mal a você.

— Preciso contar tudo, Rafael. Realmente, as lembranças me trazem tristeza, mas sei que preciso continuar. Agora, ao seu lado, acho que encontrarei um pouco de paz.

— Pode ter certeza disso. No que depender de mim, nunca mais vai ter motivo para chorar.

— Sinto que está dizendo a verdade. Vou continuar. Manolo foi enterrado. Enquanto a terra era jogada sobre seu caixão pobre, eu parecia estar sonhando e achava que, a qualquer momento, ele acordaria. Não queria aceitar que aquilo estava realmente acontecendo. Não acreditava que estava sozinha com uma criança prestes a nascer. Durante muitos dias, chorei sem parar. Dona Isabel permitiu que eu expressasse minha dor, até que um dia disse:

— *Sei o que está sentindo, Lola. Seu marido foi embora, mas, antes, lhe deixou uma criança a quem deve amar. Se continuar chorando assim, só poderá fazer mal a ela que não tem culpa do que aconteceu. De hoje em diante, precisa pensar só nela. Esperar que ela nasça e lhe dar todo o carinho que puder. Essa será a única maneira de homenagear Manolo. Infelizmente, a vida é mesmo assim. Um dia, todos morrerão.*

— Ouvi o que ela disse e entendi que tinha razão, Rafael. Meu marido fora embora, mas minha criança estava vindo e precisava ter carinho e atenção. Eu sabia disso, mas, ao mesmo tempo, sentia que não poderia criá-la, pois não tinha mais vontade de viver. Sentia que não conseguiria lhe dar amor, pois, dentro de mim, esse sentimento não existia mais. Só tinha muita revolta por tudo o que havia acontecido comigo. Desde o momento em que nasci, nunca havia sido feliz. Os poucos momentos de felicidade que passei foram ao lado de Manolo, mas, agora, ele não estava mais ali. Embora não contasse para dona Isabel, pensei:

Não quero mais viver, mas sei que essa criança vai nascer e precisa viver. Sei que não tenho o direito de impedir que isso aconteça, mas, assim que ela nascer, vou pegar o veneno de rato que Manolo tem guardado e terminar com esta vida cheia de sofrimento. Morrendo, vou me encontrar com ele. A criança será criada, com muito carinho, por dona Isabel e sei que ficará muito bem. Embora dona Isabel e Paco digam o contrário, eu é que não posso continuar minha vida sem Manolo... neste momento, só quero morrer...

— Daquele dia em diante, fiquei ansiosa, esperando o nascimento dela. O tempo todo pensava em Manolo. Não conseguia esquecê-lo por um instante sequer. Contava os dias que, para mim, passavam lentamente. Sabia que meu sofrimento terminaria assim que eu morresse e fosse ao encontro dele. Pensava:

Falta pouco tempo, Manolo, logo mais vou estar ao seu lado.

— Pensou isso, Lola? Pensou em se matar? Em abandonar sua filha?

— Pensei, Rafael. Com a morte de Manolo, para mim, nada mais restava. Quanto a abandonar a minha filha, eu ainda não a conhecia, mas pensei sim. Não entendia o porquê de aquilo ter acontecido nem de Deus haver permitido que ele morresse, já que nos amávamos tanto e estávamos esperando uma criança. Conversando com dona Isabel, ela disse:

— *Não adianta ficarmos perguntando o porquê das coisas, Lola. Elas simplesmente acontecem. Não sei, mas acho que temos um tempo de vida e acho que, nesse tempo, precisamos cumprir uma missão e, quando essa missão é cumprida, nada mais nos resta a fazer nesta terra a não ser voltamos para o Pai.*

— *Missão? Que missão, dona Isabel? Mesmo que isso fosse verdade, não posso aceitar, pois a missão de Manolo estava apenas começando, ele precisava ficar ao meu lado para criarmos a nossa criança.*

— *Não sei, Lola, mas talvez a missão dele fosse a de permitir que essa criança nascesse, foi a de ser pai dela.*

— Ao ouvir aquilo, fiquei pensando por um instante e disse:

— *A senhora nunca me disse que tinha uma religião. Nunca a vi se arrumando para ir à igreja. Onde ouviu isso?*

— *Não tenho religião mesmo. Quando criança, frequentava a igreja, mas, quando cresci, ela deixou de me dar as respostas que procurava, por isso, deixei de frequentar, mas não de acreditar em Deus e nos Santos. Quanto ao lugar onde eu ouvi isso, não sei... não tenho a menor ideia. Talvez não tenha ouvido, apenas sentindo.*

— Ouvi o que ela disse, Rafael e, embora não concordasse com aquela teoria, sabia que nada poderia fazer. Achava errada, pois, para mim, Manolo não havia cumprido sua missão. Eu estava sozinha com uma criança que não conheceria seu pai nem sua mãe, pois, assim que ela nascesse, eu me mataria. Já estava decidido e nada faria com que eu mudasse de ideia. Para mim, aquilo não estava certo e eu passei não só a não acreditar em religião, como no próprio Deus. Coloquei em dúvida sua existência.

— Diante de tudo o que me contou, não posso condená-la por isso. Realmente, foi muito triste. Mesmo assim, não entendo o porquê de você querer se matar, achando que ia se encontrar com seu marido.

— Por que não acredita nisso, Rafael? Se existe uma alma, ela está em algum lugar e é para lá que todos vamos, não é?

— Acredito que sim, mas acredito também que existe uma enorme diferença entre morrer naturalmente, como aconteceu com seu marido, e tirar a nossa própria vida. Não sei qual foi o motivo que fez com que você mudasse de ideia, mas graças a Deus isso aconteceu. Ainda não me disse o motivo de estar aqui, sozinha, somente com sua filha. Dona Isabel me pareceu ser uma boa pessoa e, com certeza, deve ter-lhe dado todo apoio, por que não continuou ao lado dela?

— Tem razão, Rafael, ela realmente foi uma mãe para mim, mas a vida nem sempre é como imaginamos ou desejamos. Minha roda continuou descendo. O tempo foi passando. Embora triste, eu esperava com ansiedade que a criança nascesse, pois, assim, poderia completar o meu plano. Em uma manhã, acordei com uma forte dor na barriga, pelos meus sintomas, dona Isabel disse:

— *Não se preocupe, Lola, é assim mesmo. Prepare-se, pois a dor que vai sentir, nunca imaginou que poderia existir, mas, ao mesmo tempo, assim que vir o rostinho da criança, essa dor passará. Vou pedir ao Paco que vá chamar dona Anita. Ela está aguardando o nosso chamado. Não se preocupe, ela é a parteira daqui e já ajudou muitas crianças a nascer. Aprendeu com sua mãe que havia aprendido com a sua. Foi ela quem me ajudou com meus dois filhos. Tudo vai ficar bem. Não vejo a hora de ver o rostinho da criança.*

— Eu sorri pela animação dela. Estava aliviada, pois, para mim, meu tormento havia chegado ao fim. Depois que a criança nascesse, eu me mataria. Não sentia curiosidade nem de olhar para seu rosto. Ela não me interessava e nada representava para mim. Eu havia traçado o meu destino e nada faria com que mudasse.

— Como pôde pensar isso, Lola?

— Hoje também não entendo, mas, naquele tempo, eu achava que seria a única solução. Sentia o peito apertado, e, às vezes, parecia que não conseguia respirar. Meu único pensamento era só o de estar ao lado de Manolo.

— Ainda bem que não levou esse plano à frente.

— Realmente. Sempre que olho para Maria, sinto remorso por ter pensado aquilo. Dona Anita chegou acompanhada por Paco. Ficou ao meu lado durante todo o dia. A dor era imensa, muitas vezes achei que não ia aguentar, mas dona Isabel segurava minha mão e dizia:

— *Tenha calma, Lola. Aguente mais um pouco. Logo terá a sua criança nos braços e nem se lembrará dessa dor.*

— Era quase meia-noite quando, finalmente, Maria nasceu. Ela demorou um pouco para chorar, até que, finalmente, deu uma espécie de grunhido. Eu estava feliz por ter cumprido aquilo que eu julgava ser minha missão: permitir que ela nascesse, mas sabia que meu papel terminava ali e que também não era obrigada a ficar com ela, não que não quisesse, mas por sentir que minha vida havia terminado e que ela seria mais feliz sem minha tristeza, pois, sendo criada por dona Isabel, só conheceria alegria e felicidade. O quarto era iluminado por lampiões e lamparinas a querosene, cuja luz tremulava pelas paredes. Como não queria olhar para a criança, desviei meu olhar para a janela e vi que, apesar da falta de luz, ele estava iluminado pela lua que, naquele momento, estava sobre a janela. As estrelas ao lado da lua piscavam e me pareceu que dançavam. Fiquei encantada com aquela visão. Dona Isabel, parecendo saber das minhas intenções, pegou a menina no colo, deu a volta e colocou-a sobre o meu peito. Eu, que olhava para a janela, continuei. Ela também olhou para a janela e disse:

— *Olhe, Lola, que bela noite! Olhe como a lua e as estrelas estão lindas! Parece que estão saudando a vinda da sua filha! Acho que ela vai ser muito feliz e vai fazer outros felizes também. Esta menina é abençoada, Lola!*

— Maria, chorando, colocou sua mãozinha sobre o meu peito. Não dá para descrever a emoção que senti. Segurei-a pelo corpinho, olhei em seu rostinho e, naquele momento, percebi que nada poderia me afastar daquela criança. Chorando, aconcheguei-a ao meu peito e disse:

— *Dona Isabel, a senhora tinha razão, não existe felicidade maior do que a de se ter uma criança nos braços. Vou cuidar dela, ela vai crescer e se tornar uma linda mulher. Como a senhora disse, ela é a única coisa que me restou de Manolo, vou amá-la muito, muito, muito...*

— Ainda bem que isso aconteceu, não foi?

— Foi sim, Rafael, hoje, quando me lembro daquele dia e no que pensava fazer, sinto um arrepio pelo corpo e peço perdão a Deus. Minha filha está linda. Agora, nessa nova terra para onde estamos indo, sei que seremos felizes.

— Pode ter certeza de que será sim, e tudo o que depender de mim vou fazer para que isso aconteça. Amo você e amo Maria também. Os caminhos estão se abrindo, a roda da nossa vida está subindo novamente e ficará no alto por muito tempo, você vai ver! Juntos, conseguiremos tudo o que desejarmos.

— Você é muito bom, Rafael. Novamente, preciso agradecer a Deus por tê-lo colocado em minha vida.

Antes que Lola dissesse algo, Carmem se aproximou:

— Parece que a conversa está boa...

— Está sim, Carmem. Lola está me contando a sua vida e o motivo de estar viajando sozinha com a Maria. Você não pode imaginar o que ela já passou.

— Gostaria de conhecer sua história, Lola. Confesso que estou curiosa, pois não é comum se ver uma mulher sozinha, sem um marido.

— Sente-se, Carmem. Vou contar. Não é nada demais, somente a vida foi que me conduziu até aqui.

Carmem sentou-se ao lado deles. Maria brincava com as outras crianças.

Uma porta que se abre

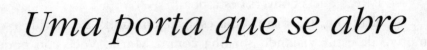

Lola tornou a contar até o momento em que Maria havia nascido. Rafael já sabia da história, mas, mesmo assim, continuou ouvindo com atenção. Quando terminou de contar, Carmem, emocionada, disse:

— Nossa, Lola, por quanta coisa você passou! Quando vi você sozinha fazendo esta viagem, nunca imaginei que tivesse passado por tanta coisa.

— Quando estava passando, também achava que era muito, mas, hoje, vejo que não foi tanto assim. No momento de maior tristeza, sem um caminho para eu e Manolo seguirmos, apareceu em nossa vida dona Isabel, um anjo que Deus nos mandou. Ao lado dela, tivemos momentos de paz e tranquilidade, e Maria pôde nascer.

— Sim, mas seu marido não precisava ter morrido...

— Nisso você tem razão, Carmem, mas quem somos nós para tentar entender os motivos de Deus...

— Deus? Não sei como ainda pode acreditar Nele!

— Como não acreditar Nele, Carmem?

— Você não viu o que passamos aqui? Não viu as pessoas ficarem doentes, em poucos dias morrerem e serem jogadas ao mar sem o direito a uma sepultura? Não viu a pobreza em que, assim como nós, todas sempre viveram? Não viu seu marido morrer e você ficar sozinha com uma filha para criar? Como pode existir um Deus,

Lola? Aquele que dizem ser o Pai de todos, se Ele permite que alguns tenham tudo e outros nada! Que as mulheres sejam tratadas como animais, não como seres humanos, assim como aconteceu com sua mãe e a mãe de Manolo e tantas outras? Com minha mãe foi a mesma coisa e comigo também. Não fui preparada para enfrentar um momento como este. Não sei o que fazer com meus irmãos. Não sei o que dizer. Se eu tivesse sido criada de modo diferente, hoje não estaria tão insegura e com medo do futuro.

— Não se preocupe com seus irmãos, eu estarei ao lado deles e lhes ensinarei o trabalho e, quando precisar, vou ter com eles uma conversa de homem. Eles ficarão bem e você também, Carmem. É bonita e encontrará um homem para se casar e ter alguém que cuide de todos.

— Não acabei de dizer que não quero isso, Rafael? Não quero um homem para cuidar de mim. Quero eu mesma cuidar de mim! Preciso provar a mim mesma que isso é possível. De tudo isso, a única coisa certa é que estou sozinha no mundo e responsável por meus irmãos que ainda são quase crianças. De agora em diante, eu sou a dona da minha vida e ninguém mandará nela! Desculpe-me, Lola, mas não posso acreditar em Deus ou em nada parecido.

— Pois eu, apesar de tudo, continuo acreditando. Acho que nossa vida é comandada por uma força maior, que temos de passar por alguns momentos de tristeza e sofrimento, mas é nesses momentos que aprendemos, nos modificamos e caminhamos para o bem ou para o mal. Todo sofrimento por que passei me conduziu até aqui. Não sei, ainda, como será minha vida, mas estou com o coração cheio de esperança. Sinto que, daqui para a frente, tudo será melhor. Acho que já usei toda a minha cota de sofrimento e só mereço a felicidade. Carmem, se não pensarmos assim, se não tivermos esperança no futuro, não conseguiremos sobreviver.

— Penso igual a ela, Carmem. Nós não podemos ter nascido do nada e sem propósito. Deve existir uma razão, também não sei qual, mas que existe, existe. Deus, com toda sua sabedoria, não nos colocaria no mundo apenas para viver e morrer. Precisa existir algo mais. Além disso, o homem só protege a mulher, porque vocês são frágeis e precisam de proteção.

— Quem disse isso, Rafael? Nosso corpo pode ser frágil, mas nossa cabeça é igual à de qualquer homem. Pensa e sonha igual. Acho que temos a mesma capacidade de escolher o caminho que desejarmos.

— Está certa em pensar assim, mas sabe que, entre pensar e realizar, existe uma distância considerável. A mulher é frágil e precisa de proteção. Você não pode negar que ela não tem a mesma força física que os homens.

— Pode não ter a mesma força física, mas pensa igual ou melhor que eles. Pode decidir o que quer fazer com sua vida, fazer suas escolhas. O cérebro é igual, Rafael.

— Não sei, não. Acho que, embora não queira admitir, existe uma grande diferença entre os dois, mas isso não quer dizer que sejam tratadas como escravas, mas que precisam de proteção, isso precisam.

— Pois continue pensando assim, Rafael. Eu mudei... sou outra pessoa e tenho fé que, um dia, tudo isso mudará. Chegará o tempo em que a mulher será responsável por sua vida, poderá se casar com quem quiser, trabalhar, ter seu dinheiro, enfim, ser independente. Esse dia há de chegar, Rafael... há de chegar...

— Sabe muito bem que isso que está dizendo não passa de um sonho, de uma utopia, Carmem. Esse dia jamais chegará. A mulher é e continuará para sempre sendo dependente de um homem.

— Eu não serei mais, Rafael! Disso pode ter certeza!

— Está bem, Carmem. Entendo o que está sentindo. Vamos esperar para ver o que acontece, mas, no momento, estou mais interessado em saber o motivo de você, Lola, estar viajando sozinha, pois, por tudo o que contou, morava com dona Isabel e ela, da maneira como gostava de você e da Maria, jamais permitiria que fizesse uma viagem como esta.

— Não permitiria mesmo, mas a vida nem sempre é como a gente quer ou imagina. Muita coisa aconteceu até que eu chegasse aqui.

— O que aconteceu?

— Vou contar, Carmem. Depois que Maria nasceu, toda nossa atenção foi voltada para ela. Manolo havia trabalhado muito. A plantação de trigo estava linda. Chegou a hora da colheita. Eu e dona Isabel não conseguiríamos fazer esse trabalho. Embora Paco quisesse nos ajudar, também não podia, pois precisava cuidar de sua própria plantação. Dona Isabel resolveu ir até a cidade e conversar com seus filhos. Assim que chegou, reuniu-os e disse:

— *Vocês foram até o sítio e viram como a plantação está bonita. Foi tudo obra do Manolo. Agora, chegou a hora de colher, mas ele não está mais lá para fazer isso. Estou aqui para propor uma coisa a vocês.*

— *O que, mamãe?*

— *A colheita precisa ser feita. Vocês são meus filhos e sei que, se quiserem, podem tirar alguns dias de férias e contratar alguns homens para fazer a colheita. Quando tudo estiver colhido, vocês vendem e me dão o dinheiro. Assim vou poder ficar tranquila por mais um ano e não precisarei incomodar vocês.*

— *Mas, mamãe, sabe que não gostamos do trabalho no sítio...*

— *Sei disso, mas é uma emergência. A plantação está bonita e vai dar um bom dinheiro. Com ele, eu e a Lola vamos ficar bem e poderemos cuidar da Maria com tranquilidade. Depois da colheita e que tudo for vendido, com esse dinheiro, posso contratar alguém para plantar novamente e ainda guardarei um pouco. Assim, na próxima colheita, não precisarei incomodar mais vocês. Mas, hoje, preciso da ajuda de vocês. Não vejo outra solução.*

— Eles, a contragosto, atenderam ao seu pedido. Contrataram alguns homens e, em pouco tempo, tudo havia sido colhido. Como dona Isabel havia previsto, a colheita foi boa. Quando estavam colocando as últimas sacas na carroça, Francisco, um de seus filhos disse:

— *A senhora tinha razão, mamãe, a colheita foi boa mesmo e vai dar um bom dinheiro. Vamos levar para vender, depois, voltaremos com o dinheiro.*

— *Façam isso, meus filhos. Estou muito feliz e seu pai também ficaria, pois, apesar de trabalhar muito, nunca conseguiu uma colheita como esta.*

— Eles ensacaram todo o trigo e partiram. Dona Isabel ficou esperando que retornassem com o dinheiro. Passaram-se dez dias e nada. Preocupada, me disse:

— *Eles devem ter tido algum problema com a venda, Lola. Estou preocupada. Vou até a cidade para ver o que aconteceu.*

— Eu também estava preocupada e concordei. Ela pediu ao Paco que a levasse até a cidade, já que ele possuía uma carroça. Eu queria ir junto, mas ela achou melhor que eu ficasse com Maria em casa, pois ela era muito pequena e uma viagem como aquela, embora não fosse muito longe, com certeza a cansaria. Concordei. No dia seguinte, bem cedinho, ela subiu na carroça e, acompanhada por Paco, foi para a cidade. Eu, preocupada, fiquei em casa esperando sua volta. Estava com um mau pressentimento e fiquei rezando, pedindo a Deus que nada de ruim tivesse acontecido com eles. A manhã demorou a passar. Eu fiquei cuidando de Maria, mas com os olhos presos na estrada, esperando a volta deles. Isso só aconteceu quase à uma hora da tarde. Assim que se aproximaram, pela expressão do rosto de dona Isabel e de Paco e, vendo que ela estava com os olhos vermelhos de chorar, me aproximei:

— *O que aconteceu, dona Isabel? Por que demoraram tanto e por que está com os olhos vermelhos de chorar? Aconteceu alguma coisa com um de seus filhos?*

— Ela me olhou e, sorrindo, disse:

— *Vamos entrar, Lola. Estou cansada, depois de tomar um pouco de água, contarei o que aconteceu.*

— Paco, também com o rosto crispado, despediu-se e foi para sua casa. Eu e ela entramos. Depois de tomar água, ela começou a falar:

— *Assim que chegamos à cidade, fomos para a casa dos meus filhos. Como você sabe, eles moram vizinhos. Assim que chegamos, estranhei ao ver que as casas pareciam abandonadas.*

Mesmo assim, bati palmas, mas ninguém atendeu. Quem saiu na janela foi a Joana, vizinha deles que estranhou em me ver ali e, intrigada, perguntou:

— O que aconteceu, dona Isabel? A senhora não sabia que seus filhos se mudaram?

— Ao ouvir aquela pergunta, um arrepio percorreu meu corpo, com a voz embargada, perguntei:

— Eles se mudaram?

— Sim, disseram que a senhora havia lhes dado o dinheiro da colheita para que se mudassem. Abandonaram o emprego dizendo que, com o dinheiro, abririam seu próprio negócio na capital.

— O que está me dizendo, Joana?

— Estou dizendo o que aconteceu. Faz uma semana que foram embora. A senhora não sabia?

— Não, eu não sabia, mas está bem. Eles, com certeza, fizeram o melhor e têm razão. Com o dinheiro, poderão melhorar de vida.

— Ela percebeu a minha frustração, mas se calou e, sem saber o que dizer, nos despedimos e viemos embora. Durante a volta, só chorei por não acreditar que aquilo havia acontecido, que meus filhos, apesar de saberem da necessidade que eu tinha do dinheiro, não se importaram e me roubaram. Estou triste, pois eles não precisavam ter feito isso. Se essa era a vontade deles, se queriam ir embora da cidade, bastava me dizer e, como toda mãe, eu lhes daria o dinheiro. Não precisavam ter me roubado...

— Ao ouvir aquilo, fiquei sem saber o que dizer. Também não entendia que um filho pudesse roubar sua mãe, mas havia acontecido. Tentei argumentar.

— Não faz mal, dona Isabel. Vamos sobreviver. Temos um resto da colheita, galinhas, uma horta e com o leite que o Paco nos fornece, não precisamos de nada mais.

— Eles fizeram isso, Lola? Roubaram a própria mãe?

— Fizeram, Carmem. Roubaram a mãe e foram embora da cidade.

— Como pode acontecer uma coisa como essa? Como um filho pode roubar uma mãe, ainda mais sendo idosa?

— Não sei, Rafael, mas aconteceu. Eles pegaram o dinheiro e desapareceram sem deixar endereço.

— É difícil, para mim, acreditar que uma coisa como essa possa acontecer. Como ela ficou? – perguntou Carmem.

— Pode imaginar, Carmem. Daquele dia em diante, deixou de ser a mulher que sempre fora. Quase não falava e ficava pelos cantos chorando. Eu não sabia o que fazer. Lembrava-me de quando Manolo morreu e das coisas que ela me dizia, mas eu não tinha a mesma facilidade com as palavras como ela e não sabia como consolá-la. Além do mais, sabia que nada que dissesse poderia fazer com que se conformasse, pois o que aconteceu, o que os filhos fizeram foi muita maldade com uma mulher tão boa como aquela.

— O que aconteceu depois, ela morreu? – quis saber Rafael.

— Não, não morreu. Ficou assim por alguns dias. Eu, sem saber o que fazer, apenas a observava. Até que em uma noite, Maria acordou chorando. Eu e dona Isabel nos assustamos, pois ela costumava dormir a noite toda. Levantamos e constatamos que a menina ardia em febre. Ficamos assustadas, pois era alta madrugada, não tínhamos como ir até a cidade. Dona Isabel sabia que, se precisasse, Paco nos levaria, mas não quis incomodá-lo, pois sabia que ele teria de trabalhar no dia seguinte, então, disse:

— *Vamos fazer um chá e, assim que amanhecer, vamos ver o que fazer e, se não houver alternativa, se ela não melhorar, pedirei ao Paco que nos leve até a cidade.*

— Foi o que fizemos, demos o chá e, em poucos minutos, Maria estava dormindo. Ficamos acordadas por mais um pouco de tempo e, vendo que a febre baixara e que ela estava bem, fomos nos deitar novamente. No dia seguinte, Maria acordou bem, como se nada houvesse acontecido. Ficamos aliviadas. Percebi, naquela manhã, que dona Isabel brincou com Maria e conversou muito comigo. Ela voltou a ser como antes. Fiquei feliz, pois estava triste por ela e não sabia o que fazer. Depois de alguns dias, perguntei:

O DESTINO EM SUAS MÃOS

— Dona Isabel, fiquei preocupada de ver a senhora chorando pelos cantos. Estou feliz por ver que está bem, mas preciso confessar que estou curiosa. O que fez com que a senhora voltasse a ser como antes?

— Quando vi Maria doente, lembrei-me de quantas vezes meus filhos ficaram doentes e eu me apavorei. Lembrei-me daqueles dias e em como eu ficava feliz quando eles se recuperavam. Fiz a minha parte, Lola. Criei, dei carinho e amor. Cabe a cada um deles fazer sua parte. Não entendo por que fizeram isso, se eu fosse aquele tipo de mãe que fica cobrando dos filhos dedicação total durante a vida toda, por ter tido trabalho ou sofrido para criá-lo e por se julgar ter sido uma boa mãe, eu até entenderia, mas nunca fui assim. Sempre achei que ser boa mãe não devia ser qualidade, mas, sim, obrigação Eles nasceram porque eu quis. O mínimo que eu poderia fazer era dar-lhes toda assistência, amor e carinho e tudo o que estivesse ao meu alcance para o bem-estar deles. Por isso, achava que não tinha o direito de lhes cobrar coisa alguma. Embora tenha dado tudo de mim, sabia que, um dia, teriam suas famílias e eu, embora continuasse sendo amada, passaria a um segundo plano. Deixei que vivessem suas vidas da maneira como quisessem. Sabia que muitas vezes eles errariam nas escolhas e sofreriam, mas sabia também que tudo isso seria necessário para que eles crescessem e aprendessem a escolher melhor. Eles sempre souberam que, quando algo não desse certo, eu estaria pronta a acolhê-los sem nada perguntar ou cobrar, simplesmente amar. Por me lembrar de tudo isso, foi que decidi não ficar mais triste. Enquanto eu viver, ajudarei você a cuidar da Maria com todo carinho. Quando eu morrer, continue dando a ela o melhor de você e, se quando ela crescer, for ingrata, assim como os meus filhos foram, nada poderá fazer, mas agora, cumpra a sua obrigação, para quando, e se, acontecer, possa se sentir tranquila e falar como eu estou fazendo agora: fiz a minha parte e entreguei nas mãos de Deus.

— Ela disse isso, Lola? Disse que ser mãe não é qualidade, mas, sim, obrigação? – Carmem perguntou, surpresa.

— Disse, Carmem. Ela dizia que teve os filhos porque quis e, portanto, devia a eles todo carinho e atenção e que nunca lhes cobraria ou obrigaria que tivessem por ela os mesmos sentimentos. Cabia a eles darem isso de boa vontade e não obrigados.

— Bem, se pensarmos dessa maneira, ela tem razão. Os filhos nascem porque os pais querem e devem gostar dos pais porque querem, não por obrigação. Não entendo como ela pensava e falava assim, em um tempo como este, em que a mulher não tem direito algum, nem mesmo o de pensar e dar uma opinião.

— Ela é especial. Às vezes, acho que ela nasceu cem anos antes do nosso tempo, Carmem. Acho que Deus, de vez em quando, faz com que nasçam pessoas como ela, para nos ajudar a caminhar.

— Tem razão, Lola. O que aconteceu depois? Desculpe, mas estou curiosa. Já que estava vivendo com ela, tinha amor e segurança, por que está aqui sozinha?

— A vida nem sempre é como a gente imagina ou deseja. Dona Isabel cuidava de Maria com todo carinho. Eu voltei à plantação e, dentro das minhas possibilidades, iniciei o plantio da nova safra. O trabalho era pesado, mas eu não me importava. Trabalhava o dia inteiro. Algumas vezes, à tarde, depois de cuidar de sua plantação, Paco vinha até o sítio para nos ajudar. Sua esposa, que também gostava muito de dona Isabel, não se importava e até, quando podia, nos ajudava também. Costurava para fora e, com isso, ganhava algum dinheiro para ajudar nas despesas. Tudo corria bem. Nunca mais conseguimos contratar alguém para o plantio nem para a colheita, mas com o que conseguíamos, mais a pensão que ela recebia, vivíamos relativamente bem. Com o tempo, dona Isabel deixou de falar e, quem sabe, até de pensar nos filhos. Estávamos bem. Maria crescia forte e bonita. Suas gracinhas faziam com que ríssemos e esquecêssemos nossos problemas. Maria ia fazer quatro anos. Eu e dona Isabel estávamos pensando em fazer um bolo para que as crianças de Paco cantassem parabéns. Maria estava animada com a sua festa. Tudo corria bem até que, em uma manhã, dona Isabel acordou com uma forte dor de cabeça. Tomou um chá, mas a dor não passou. À tarde, sem aguentar mais a dor, pediu que eu fosse chamar o Paco. Assim fiz e ele atendeu imediatamente. Colocou-a na carroça e foram ao hospital que havia na cidade. Demoraram muito. Ele voltou sozinho. Assustada, perguntei:

— *O que aconteceu, Paco, onde está dona Isabel?*

— *O médico não sabe o que ela tem, Lola, e me chamando à parte disse que, pelo sintoma, desconfia de que esteja com um tumor ou coágulo na cabeça.*

— *Eu não sabia o que era aquilo e perguntei ao doutor do que se tratava. Ele explicou que é uma bolha de ar que se forma e percorre o corpo e, às vezes, se aloja na cabeça. É um caso muito sério. Um dia, talvez se encontre um remédio para isso, mas, hoje não há nenhum. Perguntei o que podíamos fazer e ele respondeu que nada, só mesmo esperar e ver se o próprio corpo responde e afasta essa doença.*

— *O que mais, Paco?*

Disse que ela é uma mulher forte e pode resistir. Falou que ia dar um remédio para acalmar a dor...

— Ouvi aquilo e fiquei assustada. Eu adorava dona Isabel e a considerava minha mãe. Não conseguia me imaginar vivendo sem ela por perto.

— Não era para menos, também teria ficado preocupada, Lola. Posso imaginar o seu desespero.

— Foi isso mesmo que aconteceu, Carmem. Fiquei desesperada. Não só por ela ser a minha única companhia, mas também pelo muito que gostava dela. Mas essa preocupação não adiantou. Três dias depois, com muita dor, ela morreu. O médico nos avisou que sua situação havia piorado, por isso deixei a Maria com a esposa do Paco e fui ao hospital. Fiquei ao seu lado. Ela ficou o tempo todo adormecida, mas, de um momento para o outro, abriu os olhos. Ao me ver ali, sorriu e disse:

— *Lola, você está aqui? Com quem está a Maria?*

— *Não se preocupe, dona Isabel, ela está com Dora. Como está se sentindo?*

— Estou bem. Sonhei com meu marido, ele sorria feliz.

— A senhora vai ficar boa bem depressa e logo vai voltar para casa.

— Não, Lola. Sinto que não vou voltar para casa. Estou velha e cansada. Acho que está na hora de eu ir ao encontro do meu marido. Estive pensando, se for verdade que cada um de nós tem uma missão aqui na Terra, sinto que cumpri a minha. Minha única preocupação é com você e com Maria. Embora você não saiba, há muito tempo, sabendo da minha idade e de que a qualquer momento poderia morrer, deixei, na segunda gaveta da cômoda do meu quarto, uma carta para meus filhos, dizendo que, enquanto você viver, esta casa será sua e da Maria, para que você possa ter a tranquilidade necessária para criá-la. Essa é a minha última vontade e sei que meus filhos a atenderão. Eles não precisam do sítio. Afinal, nunca gostaram dele e, agora, nem moram mais aqui na cidade.

— Após dizer isso, sorriu, fechou os olhos e deu o último suspiro.

— Ainda bem que ela pensou em você.

— Sim, ela pensou, mas os filhos não aceitaram. Não tive como avisá-los da morte da mãe, pois não tinha o endereço. Com a ajuda de Paco, chorando e sofrendo muito, enterrei-a. Eu não me conformava por aquilo ter acontecido. Ela era uma mulher tão boa. Havia nos dado abrigo quando estávamos perdidos e sem um caminho. Por que Deus estava fazendo aquilo comigo? Por que havia me tirado Manolo e, agora, dona Isabel? Eu não entendia e me revoltei novamente, mas, ao mesmo tempo, tinha Maria e precisava criá-la. Continuei minha vida. Passaram-se quinze dias, quando os filhos dela apareceram. Francisco perguntou:

— Por que não nos avisou da morte da mamãe?

— Eu não tinha o endereço. Não sabia para onde tinham mudado. Apesar de estar muito triste com o que fizeram, ela falou até o último momento no quanto gostava de vocês.

— Ela não tinha motivo para ficar triste. O dinheiro que levamos era nosso. Afinal, quem comprou e cuidou deste sítio o tempo *todo foi o nosso pai, e o dinheiro tirado dele é nosso e não para ser dado a uma pessoa como você, que surgiu do nada só para explorar a nossa mãe.*

— *Nunca explorei sua mãe! Ela nos recebeu, a mim e ao meu marido, nos deu carinho e amizade. Embora nunca haverá dinheiro suficiente para pagar o bem que ela nos fez, meu marido trabalhou muito para pagar sua bondade. Ela foi um anjo em nossa vida e eu serei agradecida para sempre.*

— *Tudo bem que seja agradecida. Não faz mais do que sua obrigação, mas agora chega! Decidimos vender o sítio. Como sabe, não moramos mais aqui na cidade e não temos como cuidar dele. Estamos aqui para lhe dizer que tem noventa dias para sair daqui. Nenhum dia a mais.*

— *Sair daqui? Não tenho para onde ir! Sou sozinha com a minha filha!*

— *A filha é sua, não nossa! O problema é seu!*

— *Sua mãe deixou uma carta para que eu lhes entregasse. Vou pegar.*

— Entrei, voltei com a carta, entreguei a Francisco que, após ler, entregou para o irmão que também leu. Depois disso, um olhou para o outro. Francisco, por ser o mais velho, disse:

— *Não nos interessa o que fez para que nossa mãe escrevesse algo como isso. Deve tê-la ameaçado de alguma maneira.*

— Ao ouvir aquilo, comecei a chorar e disse:

— *Não fiz isso nem sabia dessa carta! Sua mãe só me contou quando estava no hospital e no último momento...*

— *Não acredito nisso! Além do mais, o que nossa mãe podia querer não importa mais! Ela está morta e este sítio é nosso. Precisamos de dinheiro, portanto, arrume um lugar para ir!*

— Eles fizeram isso, Lola? Leram a carta e, mesmo assim, não fizeram a última vontade da mãe?

— Não acreditaram que era vontade dela, Rafael. Depois de Francisco dizer isso, saíram. Fiquei desesperada, não tinha para onde ir e não sabia o que fazer da minha vida. Fui procurar Paco e após lhe contar tudo, perguntei:

— *O que vou fazer, Paco? Não tenho para onde ir...*

— *Eu esperava que isso acontecesse, Lola. Conheço aqueles dois. Nunca deram a menor atenção para os pais. Nunca entendi a atitude deles. Foram criados com carinho e atenção. Nunca lhes faltou o que vestir ou comer. Sempre puderam frequentar a escola, coisa difícil por aqui. Os pais geralmente não se preocupam muito com a educação dos filhos. Como eles próprios não sabem ler, acham que os filhos também não precisam. Sabem que, assim como eles, só trabalharão na lavoura, portanto, não precisarão perder tempo indo à escola. Eu mesmo, só aprendi a ler por causa de uma vizinha nossa que me ensinou e contra a vontade de meu pai. Dizia que, enquanto eu perdia tempo estudando, deixava de trabalhar. Mesmo que eu estudasse só à noite.*

— Sei como é, Lola. Também não aprendi a ler. Só sei assinar o meu nome – confessou Rafael.

— Também não sei, Rafael. Meu pai dizia que mulher não precisava ler, porque nasceu para cuidar da casa, do marido e dos filhos – disse Carmem.

— Para ver como é, Carmem. Não é só a mulher que não tem direitos, as crianças também não.

— Tem razão, Lola, mas o que aconteceu depois?

— Paco continuou falando:

— *Dona Isabel foi uma ótima mãe e o seu Francisco também, um ótimo pai. Esses meninos são muito gananciosos. Gostaria de poder ajudá-la, mas, como sabe, minha casa é pequena para mim, minha mulher e meus filhos. Não temos como abrigar você e a menina. Tenha fé que alguma coisa vai acontecer para que tudo seja resolvido.*

— Que situação, Lola! O que você fez?

— Voltei para casa, Rafael. Com Maria no colo, fiz a única coisa que poderia fazer. Chorei e pedi a Deus que me ajudasse. Embora tivesse me revoltado com a morte de dona Isabel, sabia que Deus era o único que podia fazer alguma coisa por mim. Sabia que, em último caso, precisaria voltar para casa, mas sabia também, que meus pais não me receberiam. Passaram-se três dias e eu ainda não havia encontrado uma solução. Certa manhã, o carteiro me entregou uma carta. Era para dona Isabel, de uma amiga sua que morava no Brasil. Dona Isabel já havia me falado sobre ela.

— *A Maria Augusta foi para o Brasil. Está gostando de morar lá.*

— Assim que peguei a carta na mão, fiquei sem saber se devia abrir ou entregar para os filhos dela. Voltei à casa de Paco e perguntei:

— *O que acha que devo fazer, Paco, abrir a carta ou entregar para os filhos dela?*

— *Acho que deve ler. Afinal, eles nunca ligaram para a mãe, não deve lhes interessar o que uma amiga tinha para lhe contar.*

— Nisso ele teve razão, Lola. Você leu a carta?

— Naquele mesmo momento, abri a carta e li:

Querida amiga Isabel,

Estou lhe escrevendo para dizer das últimas novidades. Estamos bem aqui. No começo, foi difícil me adaptar, mas, com o tempo, aprendi a gostar desta terra e deste povo que é muito hospitaleiro. Gostaria que viesse me visitar e descobrisse as belezas desta terra. Meu único problema continua sendo a comida, pois tenho problema com o idioma e, por mais que tente me comunicar com a cozinheira e ensinar-lhe, ainda não consegui. O governo brasileiro, depois da abolição, precisa de mão de obra e está pagando para que as pessoas de outros países venham trabalhar aqui. Estou lhe escrevendo para, além de lhe dar notícias, pedir para que me consiga uma boa cozinheira. Sei que a situação na Espanha não está boa e que muitos estão querendo sair daí e tentar a vida em outros lugares. Se conseguir alguém, mande-me os documentos da pessoa que eu providenciarei tudo para que possa vir. Quanto ao resto, está tudo bem. Berenice está aí, morando com a avó, mas, antes de se casar, está se preparando para vir nos visitar. Estamos bem de saúde, e meu marido, com a fazenda que comprou e plantando café, está ganhando muito dinheiro.

Sem mais, um abraço,

Maria Augusta

— Assim que terminei de ler a carta, olhei para Paco, que disse:

— *Olha aí a sua oportunidade, Lola! Você sabe cozinhar. Aprendeu com dona Isabel. Responda a esta carta e vá para o Brasil. Dizem que é uma terra de oportunidades e que todos que vão para lá conseguem suas terras e ficam ricos!*

— Ao ouvir aquilo, uma luz de esperança surgiu ao mesmo tempo em que fui tomada de muito medo.

— *Tenho vontade de ir, Paco, mas tenho medo também. Nunca saí daqui, não imagino como será a vida em um outro lugar, muito menos em outro país. E se não me acostumar em uma terra estranha?*

— *Claro que vai se acostumar, Lola! Em todo lugar é a mesma coisa. As pessoas acordam de manhã, tomam café e vão trabalhar. É tudo igual! O que você tem aqui? Não tem para onde ir com sua filha nem família que te acolha. Não se preocupe com o futuro, ele virá de qualquer maneira e, quando chegar a hora, você resolve o que fazer. Por enquanto, deve aproveitar essa oportunidade e seguir o caminho que lhe está sendo mostrado! Faça isso, responda a esta carta, conte tudo o que aconteceu e o seu desejo de ir para lá. Deus nunca abandona Seus filhos!*

— *De onde tirou essa ideia?*

— *Não sei, apenas dedução. Se o pai, aqui da terra, está sempre ao lado do filho e não o abandona nunca, não se importando com o que o filho fez, imagine Deus. Ele sempre estará ao nosso lado, Lola, nos amparando e nos mandando ajuda nos momentos difíceis. Olhe o que está fazendo com você. Olhe a porta que está abrindo. Não pense muito! Aceite!*

— Pensei por algum tempo, depois, disse:

— Você tem razão, Paco. Nada mais me resta aqui. Vou responder a esta carta e, assim como você disse, vou entregar tudo nas mãos de Deus. Seja feita a Sua vontade.

— Assim que se fala, Lola. Sei que não vai se arrepender. Tenho certeza de que, nessa terra, vai encontrar um homem que goste de você e da Maria e que vai proteger as duas.

— Não estou interessada em homem algum, Paco. O único homem que amei foi o Manolo e ele foi embora. No dia em que ele morreu, jurei que viveria somente para criar a minha filha e dar a ela todo o conforto que nunca tive. É isso o que pretendo fazer.

— Não diga isso, Lola. Você é muito jovem, tem uma vida toda pela frente e não vai poder ficar sozinha para sempre. O ser humano não sabe viver sozinho, precisa viver em grupo, ter uma companhia.

— Já tenho a Maria, não preciso de mais nada.

— Está bem, não vamos falar mais nisso. O importante é que responda a esta carta e que vá para o Brasil. O que vier depois será resolvido na hora.

— Tem razão, Paco. Vou agora mesmo para casa fazer isso.

— Fui para casa. Escrevi uma carta, contando tudo o que havia se passado na minha vida, de como dona Isabel havia nos acolhido, da morte de Manolo, da sua própria morte e da atitude dos filhos. Contei que eles haviam roubado o dinheiro da plantação e que agora queriam vender o sítio, mesmo não atendendo ao último pedido da mãe. Escrevi que estava sozinha no mundo e já que eu havia aprendido a cozinhar com dona Isabel, poderia ser a cozinheira de que ela precisava. Escrevi também que, se ela me aceitasse, eu poderia ir, mas que não tinha dinheiro para a passagem do navio. Escrevi o meu nome e o da Maria. Esperançosa, mandei a carta junto com os nossos documentos e fiquei esperando a resposta.

— Pelo jeito, ela respondeu.

— Respondeu, Rafael. Quase dois meses depois, chegou uma carta. Nela, ela dizia da sua tristeza em saber que a amiga havia morrido, pois se conheciam desde a juventude. Disse que queria, sim, que eu fosse para o Brasil trabalhar em sua casa. Como eu havia lhe mandado os meus documentos, e com uma carta de chamada escrita por seu esposo, conseguira duas passagens que também estavam no envelope. Disse para eu ir até as autoridades espanholas que elas providenciariam o meu passaporte com a minha fotografia e a da Maria e me indicariam o navio que deveria tomar. Disse que, embora a nossa viagem fosse por conta do governo brasileiro, lhe garantiram que seria confortável.

Carmem começou a rir. Eles estranharam. Rafael perguntou:

— Por que está rindo, Carmem?

— Porque disseram que a viagem seria confortável, imagine se não fosse?

Os dois não se contiveram e começaram a rir também. Depois, Rafael disse:

— Foi muito triste o que aconteceu com você, Lola, mas se nada disso tivesse acontecido, nós não teríamos nos conhecido. Como o seu amigo Paco disse, você encontrou um homem que gosta de você e da sua filha. Prometo, mais uma vez, que farei tudo para que sejam felizes.

— Ele tem razão, Lola. Conheço Rafael desde que nasci e sei que ele é um homem de bem e de palavra. Tenho certeza de que será feliz ao lado dele.

Lola ficou calada, apenas olhou para ele e, com os olhos brilhantes de felicidade, sorriu.

Rafael beijou sua testa. Ela, um pouco constrangida, levantou-se, pegou Maria que até o momento brincava com as outras crianças, mas por um motivo qualquer, começara a chorar.

Triste notícia

O tempo foi passando lentamente. De acordo com o comandante, faltavam, agora, dez dias para chegarem ao Brasil. As pessoas, embora não na mesma quantidade, continuavam adoecendo e morrendo. Por várias vezes a cerimônia de jogar os corpos ao mar foi feita. Lola e algumas outras mulheres continuavam cuidando dos doentes que ficavam juntos em um dos compartimentos na parte mais baixa do navio, separados dos que ainda estavam bem. Enquanto ela cuidava dos doentes, Carmem e Rafael ficavam com Maria, que se entregava a eles totalmente. Carmem era quem, na maior parte do tempo, limpava, alimentava e fazia a menina dormir. Lola se dedicava totalmente a ajudar os doentes.

Em uma manhã, após passar a noite toda cuidando dos doentes e de ter respirado, o tempo todo, aquele ar viciado e com cheiro de doença, Lola, cansada, sentiu vontade de ir até o convés. Antes, passou pelo compartimento transformado em quarto, onde estavam Carmem, seus irmãos, Rafael e Maria, que dormia segurando a mão dele. Lola sorriu e continuou caminhando.

Chegando no convés do navio, sentou-se. Assim que foi ao chão, sentiu uma brisa fresca em seu rosto e pôde respirar o ar puro. Sorriu e sentiu um prazer enorme.

Como é bom respirar um ar puro. Meu Deus, até quando essa doença vai durar? Chega de tanto sofrimento, as pessoas que estão neste navio não merecem...

Depois de algum tempo e de ter respirado profundamente várias vezes, percebeu que seu corpo tremia, que estava suada e com dificuldade para respirar. Levantou a manga da blusa que vestia e, aterrorizada, viu que seus braços estavam cobertos de pequenas manchas vermelhas. Levantou um pouco a saia e teve a certeza daquilo que muito temia. Suas pernas também estavam tomadas pelas manchas. Assustada, pensou:

Meu Deus, estou com a doença! Por tudo o que vi acontecer com as pessoas quando estas manchas começaram a aparecer, sei que não há cura! Isso não pode estar acontecendo! Não é justo! Depois de tudo o que passei. Logo agora, que estou prestes e reiniciar uma nova vida ao lado de Rafael! Com a minha morte, o que vai ser da Maria? Quem vai cuidar dela? Ela não pode ficar sozinha... Manolo, me ajude a ficar boa. Nossa filha precisa da minha presença.

Lembrou-se de todos os doentes de que havia cuidado e que haviam morrido.

Já vi muitos morrerem, sei que o sofrimento é terrível. Por que isso teve de acontecer? Estou com muito medo. Sei que, como aconteceu com os outros, meu corpo também será jogado ao mar. Isso na realidade não me importa, o que me deixa mais triste é não poder acompanhar o crescimento da minha filha nem saber o que vai acontecer com ela. Por favor, meu Deus, não permita que eu esteja com essa doença nem que eu morra. Preciso criar minha filha...

Por ter visto o sofrimento das pessoas, desesperada, chorava. Tinha medo, não só pela dor que sabia, aconteceria, mas pela morte.

Sei o que vai me acontecer e toda a dor e sofrimento que vou ter de passar até o último momento, mas minha preocupação maior é com Maria. Ela é tão pequena. Queria tanto vê-la crescer. Não entendo como isso foi acontecer. Sempre tive muito cuidado enquanto cuidava dos doentes. Sempre mantive certa distância e coloquei um pano sobre o rosto para evitar respirar diretamente o mesmo ar. Achei que estava protegida, mas, pelo visto, não estava. O que fiz de mal para merecer tanto sofrimento? Tenho medo de morrer. Não sei o que vai me acontecer depois da morte. Será que vou para o céu ou para o inferno? Não, para o inferno não posso ir. Nunca fui má. Nunca fiz mal a ninguém. Será que sou boa o bastante para ir para o céu? Também acho que não. Embora não seja má para ir para o inferno, também não sou boa o suficiente para ir para o céu. Meu Deus do céu, o que vai acontecer comigo?

Impotente, continuou chorando.

Rafael acordou. Sorriu ao ver que Maria segurava sua mão. A menina também acordou, olhou para ele e, apertando ainda mais sua mão, sorriu. Ele não pôde deixar de abraçá-la e de dizer:

— Você é muito querida. Daqui para frente, vai ter uma vida cheia de felicidade, pois, no que depender de mim, farei de tudo para que isso aconteça.

Beijou sua testa e olhou para o lugar em que Lola costumava dormir. Ao ver que ela não estava ali, pensou:

Ela deve estar cuidando dos doentes. Estranho, pois, sempre pela manhã, costuma pegar Maria para lhe dar algo para comer.

Levantou-se, pegou Maria pela mão e foi até onde os doentes ficavam, mas não viu Lola. Subiu ao convés e, assim que saiu da escada, viu que ela estava ali. Aproximou-se:

— Bom dia, Lola. Quando acordei, procurei por você e não a encontrei. Imaginei que estivesse aqui.

Ela olhou para ele e disse:

— Cheguei há pouco.

Ele, percebendo que ela chorava, preocupado, perguntou:

— O que aconteceu, Lola? Por que está chorando?

Ela levantou a manga da blusa e nada precisou dizer. Ele arregalou os olhos e, quase chorando, disse:

— Não pode ser, Lola! Deve estar com alguma alergia!

— Sabe que não é alergia, Rafael. Estou com a doença e, como todos os outros, também vou morrer.

— Não, Lola! Isso não pode acontecer! Estamos indo para a terra das oportunidades, vamos nos casar, criar a Maria e ter outros filhos! Desde que a vi tenho sonhado com isso! Vamos começar uma nova vida e seremos felizes!

— Também tenho sonhado, mas parece que não nasci para ser feliz, Rafael. Por que, na minha vida, foi sempre assim? Por que, sempre que me julgo tranquila e feliz, algo acontece? Tudo o que me aconteceu até agora foi triste, mas, embora estivesse sozinha, venci. Agora é diferente. Tenho Maria. Quando eu morrer, o que vai ser dela? Não quero que seja levada a um orfanato. Ela é tão pequena e querida. Não merece ser criada por estranhos. O que vou fazer, Rafael?

— Não, Lola, não fale assim! Você não vai morrer! Não pode morrer! Vai criar a Maria e verá ela se transformar em uma linda moça!

— Vimos muitos doentes, Rafael. Sabemos que não há cura. Sei que vou morrer e que meu corpo, como aconteceu com os outros, também será jogado ao mar. Estou desesperada, pensando no quanto vou sofrer antes que isso aconteça.

— Não se preocupe, Lola. Essa doença não vai tomar conta do seu corpo, mas, se realmente ficar doente, ficarei ao seu lado e o meu amor fará com que se cure. Com o meu amor, sei que conseguirá resistir. Faltam poucos dias para chegarmos e lá, com certeza, deve haver algum hospital para cuidar de você. Resista só um pouco de tempo.

— Vou tentar, mas sabe que não vai adiantar...

Ele dizia aquelas palavras, mas seu coração estava apertado. Sabia que Lola tinha razão, pois todos os que ficaram doentes, após sofrerem muito, morreram. Realmente, não havia cura. Estava desesperado, mas tentou disfarçar. Estendeu os braços para que Lola se aconchegasse, mas, para sua surpresa, ela o afastou e, nervosa, disse:

— Não, Rafael, afaste-se de mim! Você não pode ficar doente! Não sabemos se essa doença é contagiosa, mas parece que é...

Rafael sabia que ela tinha razão, mas, mesmo assim, disse:

— Não sabemos se essa doença é contagiosa ou não. A única coisa que sei é que não saberei viver sem você. Portanto, não me importo de ficar doente e morrer, desde que continue com você...

Carmem também acordou e, ao ver que nem Rafael nem Lola estavam nos seus lugares, levantou-se e foi à procura dos dois. Logo os encontrou. Ao se aproximar, viu que Lola chorava e pôde ouvir as últimas palavras dele. Pelo semblante deles, percebeu que estavam preocupados, ou melhor, assustados. Não podia imaginar o que estava acontecendo. Preocupada, perguntou:

— O que aconteceu? Por que estão chorando? Rafael, por que está tão preocupado?

Lola, que estava sentada, olhou para ela, sem responder. Levantou a manga da blusa e mostrou o braço. Carmem, embora não quisesse, deixou transparecer em seu rosto o susto. Queria dizer algo, mas não sabia o quê. Ficou calada. Lola, sabendo o que ela pensava, disse:

— É isso mesmo o que está pensando, Carmem. Estou com a doença e vou morrer...

— Não, Lola! Isso não pode acontecer. Você vai conseguir reagir. É jovem...

— Não precisa tentar me animar, Carmem. Ninguém melhor do que eu sabe que não há cura. Já vimos várias vezes isso acontecer. Todos os que ficaram doentes não conseguiram sobreviver. Sabemos que vou morrer...

— Não, Lola. Isso não pode acontecer! Não é justo! Você ficou o tempo todo cuidando dos doentes!

— Mas está acontecendo, Carmem. Não entendo como pôde acontecer, pois tomei todos os cuidados. Até há pouco, estava com medo de morrer, mas agora não estou mais, pois sei que a morte é inevitável. Minha única preocupação é Maria e o que vai ser dela. Não quero que seja criada em um orfanato com pessoas estranhas. Ela não merece isso, precisa de muito amor e carinho. Somente esta é minha preocupação.

Carmem olhou para Rafael e percebeu que ele não estava em condições de falar, então, disse:

— Fique calma, Lola. Vamos cuidar de você e ficará bem; você mesma vai criar Maria.

— Sabe que isso não é verdade, Carmem. Não há cura, todas as pessoas que adoeceram morreram rapidamente.

— Sei disso, mas você é jovem e tem muita vontade de viver. Vai ficar boa, mas, se algo pior acontecer, Maria vai ficar bem! Vamos cuidar dela, não é, Rafael?

Rafael não respondeu, pois ouvia a voz de Carmem distante e não prestou atenção ao que ela dizia. Estava desesperado e pensava:

Meu Deus, ela não pode morrer. O que será da minha vida sem ela? Isso não é justo. Logo agora que nos encontramos e que temos tantos planos para o futuro. Faça com que ela fique bem.

Carmem, percebendo que ele não a havia escutado, tornou a perguntar:

— Nada vai acontecer, não é, Rafael? Lola vai conseguir superar, estamos quase chegando e ela vai ter ajuda, mas, se algo acontecer, tomaremos conta da Maria e ela não vai precisar ir para um orfanato, não é?

Rafael, voltando de seus pensamentos, ao ouvir o que Carmem perguntou, respondeu:

— Ela vai ficar boa, Carmem, nada vai acontecer!

Lola, que ainda chorava, disse:

— Não adianta tentarmos nos enganar, Rafael. Já me conformei com minha morte, pois sei que não há alternativa, mas preciso saber como vai ficar a Maria. A Carmem disse que vocês tomarão conta dela, posso confiar nisso?

— Você não pode morrer, Lola. É o amor da minha vida! É a mulher com quem sonhei a vida toda e que demorei tanto para encontrar...

— Esse também é o meu desejo, mas sabemos que ninguém que ficou doente resistiu, por isso preciso saber, você tomará conta da Maria?

— Você não vai morrer, mas, se acontecer, claro que vou tomar conta dela, Lola! Essa menina é como se fosse minha filha. Vou fazer tudo para que seja feliz, mas, de preferência, ao seu lado.

Lola, entre lágrimas, sorriu:

— Obrigada a vocês dois. Não entendo por que isso está acontecendo, mas minha maior preocupação é ela. Sabendo que ficará bem, posso morrer tranquila.

Ele, com lágrimas nos olhos, tentou abraçá-la novamente, mas ela, outra vez, o afastou:

— Não, Rafael, nem você nem Carmem podem ficar doentes. Precisam cuidar da Maria.

Ele não queria aceitar aquilo, mas sabia que ela tinha razão e que, infelizmente, não havia cura e que ela morreria logo. Fazendo força para não deixar que lágrimas caíssem por seu rosto, disse:

— Está bem, Lola, se é assim que quer, vou cumprir o seu desejo. Daqui para frente, ficaremos ao seu lado, mas tomando cuidado para não nos contagiar, não é, Carmem?

— Isso mesmo, Lola. Vamos cuidar de você, mas distante o bastante e tomando cuidado para não nos contagiar. Quanto à Maria, não se preocupe. Ela vai ficar bem. Agora, vou pegar um pouco de água e lavar os lugares onde as manchas estão. Vamos rezar para que elas não aumentem.

— Obrigada, Carmem, mas, assim como eu, sabe que não vai adiantar. Em breve essas manchas se transformarão em feridas. A dor e a febre serão imensas. Sei que chegará um momento que, por não suportar tanta dor, pedirei a Deus para morrer. Já vimos isso acontecer muitas vezes.

— Não fale assim, Lola! Com você vai ser diferente! Você é forte, seu corpo vai reagir!

Impotente, Lola permaneceu calada, apenas sorriu.

Como o previsto, em poucos dias, as manchas tomaram conta do corpo de Lola e se transformaram em bolhas. A febre também aumentou. Eles sabiam que o fim se aproximava. Rafael estava inconsolável:

— Isso não pode estar acontecendo, Carmem! Ela não pode morrer, não é justo! Logo agora que parecia que minha vida tinha um sentido. Não consigo me conformar...

Carmem, também chorando, tentava consolá-lo:

— Tem razão, Rafael, mas o que podemos fazer? Tantos já ficaram doentes e morreram e nada pôde ser feito. Também não entendo por que isso está acontecendo, também não acho justo, mas o que podemos fazer?

Ele ouvia, mas não conseguia se acalmar.

— Sei que ela não está bem, e, embora não queira que eu me aproxime, vou até lá e vou ficar com ela, até o último momento. Não quero desperdiçar um momento sequer que tiver para ficar ao seu lado.

— Ela não quer que nos aproximemos, Rafael, e eu entendo seu motivo. Sabe que vai morrer e tem medo de que Maria fique sozinha sem ter quem cuide dela e vá para um orfanato. Ela confia em nós dois para que isso não aconteça. Sabe que cuidaremos muito bem dela e que, em nossas mãos, estará protegida.

— Ela nunca irá para um orfanato! Isso nunca vai acontecer, Carmem! Vou cuidar dessa menina como se fosse minha filha e ao lado da Lola!

— Tomara que ela consiga sobreviver, mas se isso não acontecer, se Lola morrer, para que possa cuidar da Maria, você precisa estar vivo, Rafael.

— Você precisa me prometer uma coisa, Carmem.

— O quê? Pode falar.

— Não quero nem acredito que vai acontecer, mas se Lola morrer e acontecer alguma coisa comigo também, promete que cuidará da Maria?

— Nada disso vai acontecer, Rafael! Porém, se acontecer, claro que cuidarei dela e vou fazer tudo para que seja feliz, mas não será a mesma coisa. Você ama Lola e sei que a amará da mesma maneira.

— Sei que você tem razão, mas não posso deixar que Lola morra sozinha. Vou até lá.

— Não adianta, Rafael. A última notícia que tive foi a de que ela está com muita febre, quase inconsciente e delirando. Não vai ver você ali.

— Não importa! Quero desfrutar de sua presença até o último momento.

Sem que Carmem pudesse impedir, ele se levantou e desceu para o compartimento inferior, onde os doentes se encontravam.

Ao entrar no local, notou que já não havia muitas pessoas doentes como nos primeiros dias, o que o levou a pensar:

Parece que a doença está indo embora. Por que, meu Deus, teve de atacar Lola? Ela não pode morrer, temos muita felicidade pela frente.

Viu Lola deitada em uma esteira. Aproximou-se e constatou que, como Carmem havia dito, ela realmente parecia inconsciente. Ajoelhou-se e pegou sua mão. Com a voz embargada, disse:

— Lola, estou aqui. Como você está?

Ela estava olhando para o lado. Pareceu não ouvir o que ele disse. Para espanto dele, ela sorria. Intrigado, perguntou:

— O que você está vendo, Lola? Com quem está conversando?

Ela continuou da mesma maneira que estava. Rafael, desesperado por entender que ela não estava bem e que o fim se aproximava, calou-se e, segurando sua mão, começou a chorar.

Lola, por sua vez, continuava olhando e, sorrindo, disse:

— Eu não posso morrer, Manolo. Preciso cuidar da Maria...

Ao ouvir aquilo, Rafael se assustou. Ele não podia ver, mas ali, ao lado dela, estavam Manolo e dona Isabel que, com as mãos abertas, jogavam luzes brancas sobre ela. Rafael não se conteve e perguntou:

— Com quem você está falando, Lola?

Ela, parecendo não ouvir, continuou na mesma posição anterior. Ele percebeu que não adiantaria insistir, que ela já não estava mais ali. Entendeu que nada mais lhe restava a fazer a não ser chorar e lamentar pelo amor perdido. Continuou ali, ao lado dela, segurando sua mão e chorando.

Ela, sem que ele visse ou ouvisse, continuou olhando para Manolo, que disse:

— *Não se preocupe, Lola. Você está voltando para casa. Eu e dona Isabel estamos aqui para levá-la com segurança. Seu tempo terminou, já cumpriu sua missão. Está tudo bem.*

Ela se mexeu com violência, o que assustou Rafael que, desesperado, perguntou:

— O que está acontecendo, Lola?

Ela não ouviu o que ele disse. Continuou olhando para o mesmo ponto. Manolo continuou falando:

— Não se preocupe com Maria. Ela está iniciando sua jornada e será longa. Eu, você e dona Isabel a acompanhamos neste primeiro momento, mas, daqui para frente, terá de seguir seu caminho. Sua missão terminou no momento em que a entregou para Rafael e Carmem. Cabe a eles darem a ela toda segurança. Não sabemos se isso vai acontecer, mas estamos torcendo para que aconteça. Tudo está certo, Lola. Você teve uma vida terrena muito difícil, mas foi necessário para que os três pudessem se encontrar e, juntos, resgatar erros passados. Tenha calma. Já está quase na hora. Quando chegarmos a casa, assim como aconteceu comigo, que também me revoltei por ter morrido e ter deixado você sozinha, conhecerá toda a história, entenderá e verá que foi necessário que tudo isso acontecesse.

Rafael não ouvia o que Manolo dizia, mas percebeu que as mãos de Lola foram ficando frias. Desesperado, começou a esfregá-las para que se aquecessem:

— Lola, meu amor, volte para mim! Você não pode morrer. Precisamos realizar os nossos sonhos. Não saberei viver sem você...

Ela, parecendo ouvir o que ele disse, voltou os olhos para ele, sorriu e respirou fundo. Ele percebeu que a mão dela amoleceu e que seu rosto começou a ficar branco, como se não houvesse mais sangue. Não demorou muito para entender que ela havia morrido. Seu desespero foi total. Chorando, chamava-a e sacudia-a, tentando reanimá-la. Ficou assim até que uma senhora que estava ali cuidando dos doentes se aproximou:

— Não adianta mais, Rafael. Ela se foi.

— Não pode ser, dona Lúcia! Ela não pode morrer! Isso não é justo, não está certo!

— Você está nervoso e assustado. Eu entendo, mas o tempo é o senhor de tudo. Essa dor logo passará.

— Nunca vai passar! Acabei de perder a única mulher que já amei e sei que amarei para o resto da minha vida! Por mais que o tempo passe, isso não vai mudar!

Dona Isabel estendeu sua mão em direção à garganta de Lúcia que, sem saber como ou por que, disse:

— Está bem, Rafael. Chore e lamente tudo o que sentir e puder. Você tem esse direito, mas, agora, acho melhor que se afaste daqui. Embora pareça que a doença foi embora, ela é traiçoeira e você poderá ser atacado. Suba para o convés e, olhando para o mar, diga adeus à Lola. Deixe que vá em paz. Não se esqueça de que, um dia, todos nós iremos também e nos reencontraremos com aqueles que foram na nossa frente. Ninguém ficará aqui para sempre.

— Não quero sair daqui! Quero ficar ao lado dela...

— Se quiser, pode ficar, mas nada mais poderá fazer e você ainda pode ficar doente. Vá para cima e fique ao lado da menina dela. Ela, sim, vai precisar do seu amor e de proteção. Quando Lola ainda estava consciente, ela me disse que você e Carmem prometeram que cuidariam da menina. Faça isso, Rafael. Assim, poderá demonstrar o amor que sente por ela. Faça isso, cuide da menina, pois, somente dessa maneira, Lola ficará em paz. Agora vá, pois, se continuar aqui e pegar a doença, não vai poder cumprir a última vontade dela.

Ele pensou por um curto tempo. Depois, disse:

— A senhora tem razão, dona Lúcia. Não posso ficar doente, preciso cuidar da Maria. Falarei muito sobre sua mãe e quanto ela a amava. No que depender de mim, ela crescerá feliz.

— É isso que tem de fazer, Rafael. Não entendemos por que certas coisas acontecem, mas elas acontecem e só nos resta aceitar. Eu mesma estou aqui cuidando das pessoas. Não tenho medo de ficar doente, mas, se acontecer, será até bom. Iniciei esta viagem com meu marido e quatro filhos. Estávamos esperançosos, mas os cinco ficaram doentes e morreram. Não sei o que vai ser da minha vida, sozinha, em uma terra estranha, mas o que posso fazer? Por não entender o motivo de tudo isso ter acontecido e por saber que nada pode ser mudado, só me resta esperar e pedir a Deus para também ficar doente e morrer. Porém, Deus é quem sabe.

Ao ouvir falar em Deus, Rafael olhou para ela que, parecendo saber o que ele estava pensando, disse:

— Não se revolte contra Deus, Rafael. Ele sabe o que faz. Se Lola teve de morrer, algum motivo deve existir. Continue sua vida, cuide da menina.

Realmente, ele, que sempre acreditara em Deus, naquele momento estava revoltado e duvidando de sua existência, mas, diante do que ela disse, se calou. Continuou segurando a mão de Lola.

Dona Isabel recolheu a mão.

Rafael, nem por um segundo, poderia imaginar o que se passava com ela nem viu que, assim que ela deu o último suspiro, seu espírito se desprendeu do corpo e Manolo o segurou. Com ela nos braços, ele e dona Isabel desapareceram.

Rafael ficou ali segurando a mão de Lola, deixando que lágrimas escorressem por seu rosto. Olhava para aquele rosto sem vida que até poucos dias sorria e sonhava com o futuro. Por mais o que dona Lúcia havia lhe dito, por mais que quisesse, não conseguia aceitar e pensava:

Isso não está certo. Não podia ter acontecido...

Ao seu lado, sorrindo, sua mãe jogava sobre ele luzes brancas.

— Fique tranquilo, meu filho. Não está sozinho. Não poderei ficar aqui, mas, mesmo assim, sempre terá companhia.

Mandando um beijo com a ponta dos dedos e sorrindo, desapareceu.

Lúcia voltou a falar:

— Agora, Rafael, você precisa sair daqui. Sabe o que precisa ser feito. Vou preparar o corpo dela para que possamos lhe dar o último adeus.

— Ela vai ser jogada ao mar, dona Lúcia?

— Sabe que precisa ser assim. Mesmo que pudesse ser diferente, não haveria lugar no navio para tantos corpos, mas não se preocupe. Acredito que somente o corpo dela está aqui, sua alma deve ter ido para outro lugar e com certeza bem melhor do que este.

Ele sabia que ela estava certa no que dizia, pois ele mesmo havia dito aquelas mesmas coisas para Carmem, quando seus pais morreram. Entretanto, naquele momento, seu coração estava apertado e era difícil aceitar.

Dona Lúcia, com carinho, segurou-o pelos ombros e o obrigou a se levantar. Ele, sem pensar que poderia também pegar a doença, deu um beijo na testa de Lola, levantou-se e se afastou em direção à escada que o levaria para o convés.

Assim que surgiu no alto da escada, viu Carmem brincando com Maria. Pela expressão do rosto dele, ela pôde deduzir o que havia acontecido e começou a chorar.

— Ela se foi, Rafael?

Ele, também em lágrimas, respondeu:

— Sim, Carmem, neste momento. O que vai ser de mim agora? Como vou viver sem ela?

Carmem não sabia o que dizer. Já havia passado por aquilo e sabia como doía. Abraçou-o e choraram copiosamente.

Ficaram abraçados por algum tempo, tendo Maria no meio dos dois. A menina não entendia o que estava acontecendo nem podia imaginar que, daquele momento para frente, estava sozinha no mundo.

Continuaram abraçados e chorando por muito tempo. Os outros passageiros foram se aproximando e tomando conhecimento do que havia acontecido. Consternados, mas já acostumados com aquela cena, se afastavam e temiam ser os próximos.

Dona Lúcia, com carinho, preparou o corpo de Lola que, após uma breve oração feita pelo comandante, foi jogado ao mar.

Rafael queria gritar, impedir que aquilo acontecesse, mas sabia que nada poderia fazer. Ele estava sozinho. Olhou para Maria que estava perto de Carmem e pensou:

Nada pude fazer para evitar que isso acontecesse, meu amor, mas, neste momento, diante deste mar e deste sol, prometo que cuidarei de sua filha como se fosse minha e que farei tudo o que estiver ao meu alcance para que ela seja feliz...

Depois do fim da pequena cerimônia, todos voltaram a ocupar seus lugares. Estavam nervosos e assustados, pois faltavam ainda alguns dias para chegarem ao destino e temiam não conseguir terminar a viagem.

Acordo preocupante

Após a cerimônia, Rafael, no convés e com os olhos perdidos no horizonte, olhava o imenso oceano que parecia não ter fim. Embora tivesse consciência de que tudo aquilo havia acontecido, sua cabeça e seu coração não conseguiam entender nem aceitar:

Isso não podia ter acontecido. Aprendi, desde criança, que existe um Deus que é justo, Pai, e que está sempre ao nosso lado. Tenho vontade de continuar acreditando, mas como posso fazer isso? Como posso aceitar que Ele é pai, justo e que está sempre ao nosso lado, se permitiu algo como o que aconteceu aqui, neste navio? Como permitiu que tantas pessoas que só estavam atrás de um pouco de felicidade sofressem da maneira como sofreram e continuam sofrendo? Como pôde permitir que Lola morresse, logo agora que, depois de uma vida tão sofrida, tinha diante de si um futuro feliz ao meu lado? Como posso acreditar nesse Deus que fez com que eu a conhecesse para depois tirá-la de mim? Não! Não posso acreditar! Não existe Deus algum, o que existe somos nós, pessoas que nascem, vivem e morrem e viram pó! Nada mais!

Carmem, embora triste com tudo o que havia acontecido em sua vida, cuidava de Maria, que dormia, e também pensava:

Agora, com a morte de Lola, Rafael vai sofrer muito, mas, com o tempo, ele vai esquecer e vai voltar a ter paz. Quando meus pais morreram, também fiquei desesperada, mas, agora, vendo que não há nada que eu possa fazer, só me resta aceitar e seguir vivendo. Porém, por mais que pense, não consigo entender por que tudo isto está acontecendo. Tantas famílias desfeitas, tantas pessoas sozinhas. Pessoas que estão indo para um país desconhecido sem saber realmente o que vão encontrar. Como nunca fui educada para tomar decisão, como vou poder levar a minha vida e cuidar dos meus irmãos?

Olhou para Maria que, sonhando, sorria e continuou pensando:

Rafael também está lá pensando e tenho certeza de que, se não estiver pensando o mesmo que eu, deve estar pensando algo parecido. O que será da nossa vida? O que vamos encontrar quando chegarmos ao nosso destino? Não sei... não sei...

Maria acordou e começou a chorar. Ela pegou a menina no colo e disse:

— Sei que está chorando por ter acordado e por não ver sua mãe. Você não pode imaginar o que está acontecendo em sua vida nem o que será do seu futuro. Está com fome? Vou tentar encontrar algo para que você coma. Sei que o que há aqui não é suficiente para que uma criança cresça saudável, mas é tudo o que temos.

Segurando a menina pela mão, foi em busca de um dos tripulantes que, após ouvir o que ela disse, falou:

— Sabe que não temos muita comida, mas vou ver o quer posso fazer.

Saiu dali e, pouco depois, voltou trazendo um pouco de sêmola e água. Constrangido, disse:

— Foi a única coisa que consegui.

— Está bem e agradeço. Embora não seja muito, servirá para que ela se alimente por algum tempo.

Ele sorriu sem vontade e saiu dali.

Carmem misturou a água na sêmola e deu para Maria, que comeu com vontade.

O tempo foi passando. Carmem continuou cuidando de Maria e dos irmãos que, por serem jovens, estavam assustados com tudo o que havia acontecido. Rafael, por sua vez, ficava calado o tempo todo, só pensando.

Na noite anterior à chegada, o comandante, do alto do navio, falou para aqueles que estavam no convés:

— Amanhã pela manhã, chegaremos ao porto. Não posso lhes dizer o que vai acontecer com cada um, pois, nas outras viagens que fiz, não houve problema algum e, assim que chegamos, todos foram levados a um lugar e encaminhados ao destino. Desta vez é diferente. Com a doença que tomou conta do navio, serei obrigado a comunicar às autoridades e só elas saberão o que fazer. É preciso que todos tenham seus documentos em mãos para que possam ser apresentados.

Quando terminou de falar, percebeu que as pessoas começaram a conversar entre si. Por estar em um lugar mais alto, não conseguiu entender o que estava acontecendo. Pediu a um dos tripulantes que estava ao seu lado para que descesse e fosse ver o que estava acontecendo. O tripulante obedeceu, desceu e logo depois voltou dizendo:

— Estão preocupados porque muitos, durante a tempestade, perderam os documentos. Não sabem o que acontecerá com eles.

O comandante, com a voz grave, disse:

— Como havia dito, nunca em viagem alguma que fiz, tive problemas como tive nesta. Não sei o que acontecerá com aqueles que não têm documentos, mas, assim que chegarmos, falarei com as autoridades, contarei o que aconteceu e, provavelmente, eles entenderão e darão documentos novos, bastando para isso que vocês deem os seus nomes.

Abatidos e cansados, ouviram com felicidade o que ele disse. Não sabiam o que encontrariam nem o que seria feito com eles, mas tinham esperança de que teriam assistência, um banho decente e, quem sabe, uma comida melhor.

Carmem e os irmãos também estavam felizes por terem conseguido chegar. Rafael também estava e pensava:

Ainda bem que chegamos. É uma pena, Lola, que você não esteja aqui para sentir a mesma emoção que estamos sentido. Eu, por minha vez, embora preferisse ter morrido também, vou continuar vivendo e cuidando de Maria. Farei o possível para que ela tenha uma vida feliz.

O DESTINO EM SUAS MÃOS 101

Após abraçar os irmãos, Carmem olhou para Rafael para abraçá-lo também. Percebeu que ele estava com o pensamento distante. Ao lado de Maria, aproximou-se dele:

— Finalmente chegamos, Rafael. Vamos torcer para que tudo o que foi prometido naqueles folhetos seja realmente verdade.

— Sim, Carmem, agora é que vamos ver.

— Rafael, estive pensando.

— Em quê, Carmem?

— O que vamos fazer com a Maria?

— Ela vai ficar comigo e com você.

— Sim, mas como vamos fazer isso?

Ele pensou por um momento, depois disse:

— Vai ficar e pronto. Lola, antes de morrer, pediu que cuidássemos dela e é isso que vamos fazer.

— Claro que vamos cuidar dela, mas não pode ser assim, Rafael. Se contarmos às autoridades que sua mãe morreu na viagem, eles vão levá-la para um orfanato.

— Eles não podem fazer isso, Carmem! Lola, antes de morrer, pediu para que cuidássemos dela!

— Pode ser que eles aceitem a nossa palavra, mas e se não aceitarem? O que poderemos fazer?

Ele, ao mesmo tempo em que pensava, começou a ficar nervoso. Carmem, também após pensar, disse:

— Só vejo uma solução, Rafael.

— Qual, Carmem?

— Como várias pessoas perderam os documentos na tempestade e o comandante disse que basta dizer os nomes e cada um terá novos documentos, podemos dizer que perdemos os documentos, que somos casados e que Maria é nossa filha.

— Isso não pode ser, Carmem.

— Por que não?

— Se fizermos isso, estaremos casados e não acho justo com você.

— Não estou entendendo, Rafael.

— Sabe que, depois de casados, nunca mais poderemos nos separar. Somos amigos, mas nunca poderemos viver como marido e mulher. Você é jovem e bonita, se aparecer alguém de quem goste, não poderá se casar e seguir sua própria vida.

— Você acha que, depois de tudo o que passei, de ter sido dominada por meu pai, de nunca ter tido liberdade, vou querer me casar para ter um homem que comande a minha vida? Isso não vai acontecer, nunca vou me casar.

— Está dizendo isso agora, mas, com o tempo, sentirá necessidade de ter alguém ao seu lado e, quando isso acontecer, estará presa a mim, que nunca poderei lhe dar amor. Amizade, sim, mas amor, não, Carmem.

— Não estou pensando em nós, Rafael, mas na Maria. Precisamos tomar uma decisão. Depende disso o destino dela. Não penso em me casar ou ao menos ter alguém, mas se, e quando acontecer, vamos encontrar uma solução. Por enquanto, nossa prioridade é Maria.

Rafael estava confuso. Sabia que uma decisão como aquela poderia afetar suas vidas para sempre. Depois der pensar por um tempo, disse:

— Tem razão, Carmem. Vamos fazer isso. Maria estará protegida ao nosso lado e será criada com todo amor e carinho.

Carmem sorriu e abraçou Maria com mais força.

No dia seguinte, ao olharem para o horizonte, viram terras muito verdes. Rafael disse:

— Estamos chegando, Carmem. Tomara que tudo dê certo. Preciso ganhar muito dinheiro para dar a Maria tudo o que merece.

— Sinto que tudo vai dar certo, Rafael. Vamos ganhar muito dinheiro e, depois, voltaremos para casa. Com dinheiro, não existe melhor lugar para se viver. Lá está a nossa raiz, os nossos amigos.

Um pouco mais tarde, viram que uma pequena cidade se aproximava. Viram casas e prédios baixos.

O navio atracou. O comandante, daquele lugar alto no qual sempre conversava com os passageiros, avisou:

— Chegamos. Agora, precisamos desembarcar com calma. Primeiro eu, para conversar com as autoridades. Depois, todos desembarcarão e deverão ser encaminhados. Os doentes vão desembarcar primeiro para que possam ser atendidos. Depois, em ordem, será a vez de todos. Espero que tudo o que passaram seja esquecido e que tenham muita sorte nesta terra.

Os passageiros estavam animados. Pegaram suas coisas e ficaram esperando a hora de desembarcar.

Rafael, Carmem e seus irmãos permaneceram juntos. Ela ficou o tempo todo com Maria segura pela mão. Tinha avisado aos irmãos sobre o que ela e Rafael haviam combinado. Eles, que também gostavam da menina, assim como todos os passageiros, concordaram e prometeram apoiar a história.

O comandante, como havia dito, foi o primeiro a desembarcar. A escada de ferro do navio foi baixada. Em terra, foi recebido por um policial. Os passageiros, que a tudo acompanhavam, perceberam que, enquanto ele falava, o policial demonstrava preocupação em seu rosto. Deduziram que devia ser por saber da doença que havia tomado conta do navio. Ficaram conversando por um bom tempo, depois o policial se afastou e o comandante voltou para o navio, dizendo:

— Conversei com o policial responsável pelo desembarque de vocês e contei sobre a doença. Ele ficou preocupado e foi perguntar aos seus superiores o que pode ser feito. Ele disse que talvez não tenhamos ordem para desembarcar. Vamos esperar que volte com uma solução que seja outra.

Ao ouvirem aquilo, um enorme murmurinho tomou conta do navio. Todos, desesperados, falavam ao mesmo tempo. O comandante, ao ver aquilo, disse:

— Eu avisei que talvez isso pudesse acontecer. Quem disse foi o policial, mas só quem poderá tomar essa decisão será um superior seu. Vamos nos acalmar e esperar.

Aquilo fez com que os passageiros fossem tomados pelo desespero. Não queriam nem imaginar ter de voltar naquele mesmo navio no qual haviam sofrido tanto e, o pior, deixarem seus sonhos para trás.

O tempo foi passando e o policial não voltava. Algumas horas depois, embarcaram no navio cinco médicos acompanhados por enfermeiras e começaram a examinar aqueles que ainda estavam doentes. Não eram muitos, mas precisavam de atenção.

Após examinar, um dos médicos, nervoso, disse ao comandante:

— Examinamos os doentes e deduzimos que, pior que a doença, é a condição de falta de higiene neste navio. Como o senhor trouxe essas pessoas nessas condições?

— Pelo preço que me pagaram, não poderia oferecer coisa melhor. Além do mais, meu navio é um cargueiro, não é de passageiro.

— Por isso mesmo, o senhor não deveria ter aceitado trazer pessoas. Isso foi uma irresponsabilidade.

— Durante a viagem e diante da doença, também pensei isso, mas nunca havia acontecido coisa igual e já viajei muito.

— Bem, agora não adianta lamentar. Não deveria, mas foi feito. Ainda não sabemos que doença é essa. Precisam ser feitos alguns exames. Por enquanto, vou providenciar remédios para os doentes, assim, não sentirão tanta dor. As enfermeiras os limparão e passarão pomadas nas lesões. É preciso que o navio seja lavado e pintado. Forneceremos cal para isso. Os que estão doentes permanecerão aqui, só que em um compartimento mais limpo e arejado. Quanto aos outros, não podemos permitir que desçam e tenham contato com a população da cidade, mas também não poderão continuar no meio de tanta sujeira. Continuarão no navio por mais alguns dias. Veremos se a doença deixa de atacar, mas, diante das condições do navio, realmente isso não é possível, pois ela faz com que a doença tenha facilidade de se espalhar. Precisamos providenciar um lugar para que possam ficar afastados, sim, mas com uma condição de vida melhor. Vou comunicar aos meus superiores o que vi aqui e o senhor terá notícias do que foi decidido.

Aquilo fez com que os passageiros fossem tomados pelo desespero. Não se imaginavam ter de ficar nem mais um minuto naquele mesmo navio no qual haviam sofrido tanto.

Mais de três horas depois, o comandante foi avisado que deveria descer. Ele, sob os olhos nervosos e assustados dos passageiros, desceu. Enquanto descia, os passageiros foram para o lado do navio em que ele descia e ficaram olhando. Os passageiros viram que o primeiro policial, agora, estava acompanhado por mais dois homens. Não conheciam a graduação dos policiais, mas, por seu uniforme, parecia ser uma autoridade maior.

Assim que o comandante chegou junto aos policiais, perguntou:

— O que foi decidido? Meus passageiros podem desembarcar?

Aquele que, por suas estrelas, parecia ser o mais graduado, respondeu:

— Estivemos todo esse tempo tentando encontrar uma solução. Algo como isto nunca havia acontecido. Sabemos que não há como impedir que essas pessoas desçam nem podemos mandá-las de volta.

— Com certeza. Isso não pode acontecer. Eles sofreram muito durante a viagem e não conseguiriam.

— O senhor, como comandante, sabe bem o que eles passaram, nós só podemos imaginar. Por isso, sabemos que não seria humano exigir isso deles.

O policial balançou a cabeça concordando e continuou falando:

— Por outro lado, também temos medo de que essa epidemia se espalhe pela cidade. Depois de conversarmos muito, chegamos à conclusão de que, embora não seja o ideal, o melhor que podemos fazer é esperar que os médicos façam uma avaliação. Só aí poderemos tomar providências. Não temos como oferecer comida de qualidade para tantas pessoas, durante muito tempo. Por isso, só podemos oferecer leite, café, açúcar, folhas e legumes para que possa ser preparada sopa. Infelizmente, o tempo que ficarem aqui terão de se alimentar só com isso. Não terão boa alimentação nem muito conforto, mas é tudo que, em uma emergência como esta, se pode fazer. Além do mais, embora tenham de sofrer por mais algum tempo, será melhor do que voltarem para a Espanha. Logo mais, alguns médicos e enfermeiras subirão no navio para cuidarem dos doentes. Os demais terão de esperar até que consigamos providenciar todo o necessário.

— Quanto tempo vai levar para que possam ser liberados?

— Não posso precisar, pois as providências que terão de ser tomadas são muitas. Vai ser difícil transformamos os galpões em dormitórios, mas faremos o possível para que não demore muito.

— Depois que estiverem instalados, quanto tempo acha que vai levar para que possam seguir até os lugares de trabalho?

— Isso quem vai decidir serão os médicos.

Após dizer isso, despediu-se do comandante e foi embora.

O comandante retornou ao navio e, do mesmo lugar de sempre, comunicou aos passageiros aquilo que havia conversado. Quando terminou, novamente o murmurinho recomeçou. Alguns ficaram desesperados, pois não suportavam mais ficar no navio. Outros também estavam desesperados, pois queriam pisar em terra firme. Novamente, o comandante teve de tomar uma atitude firme e, com a voz grave, disse:

— Ninguém melhor do que eu sabe o que estão sentindo, mas precisam entender que as autoridades brasileiras estão fazendo o melhor que podem. Poderiam, simplesmente, impedir que desembarcássemos. Ao contrário, resolveram nos ajudar da melhor maneira possível. Precisamos ter um pouco mais de paciência

Aos poucos, todos foram se acalmando. Carmem, segurando Maria pela mão, disse:

— Como está difícil chegarmos à terra dos sonhos, Rafael. Tomara que valha a pena.

— Tomara, Carmem... tomara...

Ficaram no navio. Ansiosos e quase sem paciência, esperaram pela notícia, tão desejada, de que poderiam desembarcar, pisar novamente em terra.

Algumas horas depois, os médicos e as enfermeiras voltaram e foram até os doentes. Limparam e fizeram curativos nas feridas e deram remédios para que não sentissem mais dor. Enquanto isso era feito, um dos médicos disse ao comandante:

— Estamos cuidando daqueles que apresentam sintomas. Eles não poderão ter contato com os demais passageiros. As enfermeiras, devidamente protegidas, cuidarão e os alimentarão. Isso precisa ser feito para evitarmos futuros contágios. Os demais, por enquanto, não podem ter contato com a população da cidade. Precisarão ficar no navio por mais quarenta dias. Só aí, se ninguém mais ficar doente, poderão desembarcar e ser encaminhados. Providenciarei para que seja trazido para o navio água, sabão e bacias para que as pessoas possam tomar banho e lavar suas roupas. Essas esteiras onde dormem precisam ser levadas a terra para serem queimadas. Colchões estão sendo providenciados e, por isso, durante algum tempo, terão de dormir sem elas, mas sob roupas que cada um deve ter. As roupas também terão de ser lavadas com água e sabão. Como aqui o sol é forte, não terão problema algum para secar. Vou comunicar aos meus superiores como tudo está caminhando. O senhor deve providenciar para que tudo o que eu falei seja cumprido, para o bem de todos. Logo terá notícias.

Os médicos desceram, as enfermeiras continuaram cuidando dos doentes.

O comandante comunicou aos passageiros o que havia conversado com o médico. Claro que o desespero foi geral, mas, por outro lado, sabiam que não havia o que fazer. Só restava esperar.

Tripulação e passageiros lavaram todo o navio e passaram uma mão de cal. Com isso, esperavam que a doença não encontrasse um ambiente propício e fosse embora. O trabalho ajudou a não sentirem, com tanta intensidade, o tempo passar. Aquelas providências deram certo. Muitos daqueles que chegaram doentes, vivendo em um ambiente limpo e com tratamento adequado, conseguiram sobreviver.

Rafael se entregou de corpo e alma ao trabalho. Estava triste e sem vontade de conversar. Carmem tentava fazer com que ele se animasse:

— Embora tenhamos de esperar mais alguns dias, Rafael, estamos aqui e teremos uma vida melhor. Ao menos, temos sopa para comer e água para tomar banho. Não suporto mais o cheiro de sujeira que sai, não só do meu corpo como do de todos.

— Quando entrei neste navio, tinha muita esperança de encontrar a felicidade, mas essa esperança se foi, Carmem. Sinto que sem Lola ao meu lado, nunca vou ser feliz.

— Não fale assim, Rafael. Também perdi meus pais, fiquei sozinha com dois irmãos, quase crianças, mas não desanimei. É impossível que não vamos ter um pouco de felicidade nesta vida.

— Já pensei várias vezes se vale a pena continuar vivendo. Não sei, Carmem, sinto uma vontade imensa de morrer e ir me encontrar com a Lola. O que mais posso esperar desta vida?

— Não sei o que podemos esperar, mas acho que devemos viver para ver.

— Não sei, Carmem... não sei. Embora esteja vivo, na realidade, minha vida terminou no dia em que Lola morreu. Nada mais me resta...

Maria, que estava sentada no chão, ao lado deles, se levantou e, sorrindo, abriu os bracinhos para Rafael e jogou-se sobre ele que, surpreso, abraçou-a, chorando.

— Preciso viver por você, pequena... prometi a sua mãe...

A menina, embora não entendesse o que aquelas palavras queriam dizer, abraçou-o com força.

Carmem acompanhou aquela cena e não resistiu, também permitiu que lágrimas caíssem por seu rosto.

Sem alternativa, continuaram no navio. Com as verduras e os legumes oferecidos pelo governo brasileiro, alimentaram-se somente com sopa, mas, para eles que haviam sofrido tanta privação, parecia um manjar dos deuses.

Quase um mês se passou sem que houvesse notícia alguma de como ficariam. Não houve mais casos de doença. Aqueles que estavam doentes e morreram foram retirados. Os outros continuaram sendo atendidos pelos médicos e pelas enfermeiras.

Mesmo parecendo que nunca chegaria ao fim, a quarentena terminou. No dia anterior, o policial embarcou e conversou com o comandante:

— Parece que a doença foi dizimada, pois não houve mais casos. Os médicos autorizaram o desembarque.

O comandante ficou eufórico:

— Até que enfim! Depois que desembarcarem, poderei seguir viagem! Perdi muito tempo com esse povo todo! Nunca mais vou carregar passageiros no meu navio. O dinheiro que me pagaram não compensou!

O policial, mesmo com raiva daquele homem que só pensava em dinheiro, continuou:

— Assim que desembarcarem, todos terão de mostrar os documentos para que possam entrar no país.

Alguns passageiros que estavam próximos e ouviram o que ele disse começaram a murmurar. O policial, sem entender o que estava acontecendo, curioso, perguntou para o comandante:

— O que está acontecendo?

— Estão preocupados pois alguns, durante a tempestade que tivemos de enfrentar, perderam seus documentos.

O policial pensou por algum tempo, depois, disse:

— Não precisam se preocupar. Sabemos que todos são espanhóis e que se estão aqui é porque já têm um destino certo, algum tipo de contrato ou uma carta de chamada. Quem tiver documentos, a carta ou o contrato de trabalho, deve apresentá-los. Aquele que não tiver, dê o seu nome e providenciaremos novos documentos.

Todos respiraram aliviados. Carmem olhou para Rafael e sorriu. O plano deles estava dando certo. O policial continuou:

— Assim que receberem os documentos, serão encaminhados a uma hospedaria destinada aos imigrantes que chegam. Ficarão por uma noite e amanhã, bem cedo, serão levados até a estação de trem e seguirão para São Paulo. De lá, cada um seguirá o seu destino. Não se esqueçam de pegar os seus pertences.

Depois de dizer isso, sorriu e desceu do navio.

Novamente o murmurinho começou. Só que, agora, era de euforia. Felizes e com o coração cheio de esperança, começaram a arrumar seus pertences.

No dia seguinte, como o policial havia dito, logo pela manhã começaram a desembarcar. Em mesas espalhadas, logo na saída, aqueles que tinham, apresentaram seus documentos, os que não, davam seus nomes e uma autorização de entrada lhes era dada.

Quando chegou a vez de Rafael e Carmem, eles disseram que haviam perdido os documentos. Um homem, falando em espanhol, perguntou a Rafael:

— São uma família?

Carmem, seus irmãos e Rafael se olharam. Ele respondeu:

— Sim. Eu, minha mulher, seus irmãos e nossa filha. Meus sogros nos acompanhavam, mas morreram com a doença.

— Muito bem. Vocês ao menos sabem para onde estão indo?

— Sim, para a fazenda Pinheral na cidade de Oeste Grande.

— Muitos estão indo para essa fazenda.

— O dono dela, antes de vir para o Brasil, morava em nossa cidade.

— Têm contrato de trabalho?

— Tinha, mas se perdeu junto com os outros documentos.

— Está bem. Os nomes, por favor.

Rafael deu seu próprio nome. No de Carmem acrescentou o seu. Os irmãos também deram seus próprios nomes e o de Maria recebeu o sobrenome de Rafael.

O homem foi anotando. Colocou Rafael como chefe da família, Carmem como sua esposa e Maria como sua filha. Os irmãos de Carmem, como uma nova família. O homem entregou alguns papéis para Rafael, dizendo:

— Com estes documentos não terão problema algum. Pela quantidade de pessoas que estão indo para essa fazenda, acredito que, quando chegarem a São Paulo, terá alguém para contatá-los e levá-los até ela, mas se não tiver ninguém, poderão ficar por alguns dias em uma hospedaria reservada para vocês até conseguirem entrar em contato com seus empregadores.

— Obrigado, senhor.

O senhor sorriu e continuou:

— Agora sigam essa fila e chegarão à hospedaria.

Tanto as pessoas que os conheciam, por morarem na mesma cidade, como aqueles que não os conheciam, mesmo diante daquela mentira, entenderam e se calaram. Conheceram Lola e sabiam que, antes de morrer, ela havia pedido para que eles tomassem conta da menina.

Com os documentos em mãos, se retiraram, felizes. Longe do homem, abraçaram-se, rindo. Rafael, abraçando Maria, disse rindo:

— Agora você é minha filha e será muito feliz! Sempre estarei ao seu lado! Vou cumprir o que prometi a sua mãe. Agora, você precisa prestar bem atenção no que vou dizer. Sabe que sua mãe está no céu, mas ela, antes de ir, deu você para eu e a Carmem cuidarmos de você. Para que isso possa acontecer sem problema, e possa ficar ao nosso lado para sempre, de hoje em diante, você precisa me chamar de pai e Carmem de mãe. Entendeu o que eu disse?

A menina, sem entender o que estava acontecendo, mas percebendo que ele estava feliz, riu e o abraçou com carinho.

— Está bem, pai.

Carmem ouviu e viu aquilo, mas permaneceu calada.

Maria, ainda rindo, voltou-se para ela e, abraçando-a, disse:

— Mãe...

Carmem, diante da felicidade de Rafael, abraçou-a e, sorrindo, disse:

— Sou sua mãe, Maria, e vou ser a melhor do mundo...

Juntos, seguiram para o local que lhes era indicado.

Intenções reveladas

Seguindo a fila apontada pelo senhor, chegaram a um galpão grande com corredores separados por armários. Em cada corredor, havia muitas camas. As pessoas foram encaminhadas para um dos corredores. Cada família tinha o direito de usar um dos armários, onde guardaram suas poucas coisas.

Rafael conduziu sua nova família. Carmem, sempre segurando Maria pela mão, acompanhou Rafael e os irmãos. Assim que chegaram às camas que seriam deles naquela noite, Pepe, um dos irmãos de Carmem, se jogou sobre ela e disse feliz:

— Até que enfim uma cama decente para se dormir! Minhas costas não aguentavam mais dormir naquele chão duro!

Todos riram e seguiram o exemplo dele. Por alguns minutos, ficaram deitados, saboreando aquele momento de felicidade.

Após algum tempo, Carmem disse:

— Depois de me deitar em uma cama de verdade, o que mais desejo e preciso é tomar um banho decente.

— Todos nós precisamos, minha irmã.

— Será que tem um lugar reservado para isso, Rafael?

— Deve ter. Esperem aqui, vou me informar.

— Está bem. Enquanto isso, vou abrir as malas e tirar algumas roupas para que possamos nos trocar. Ainda bem que temos roupas limpas. Como vamos ficar aqui só por um dia, não tirarei todas.

O DESTINO EM SUAS MÃOS

Pepe disse:

— Também vamos com você, Rafael. Venha, Pedro. Vamos ver como é tudo por aqui.

Os homens saíram. Carmem levantou-se para pegar as roupas. Maria continuou deitada sobre a cama.

— Agora você vai ficar bem quietinha. Vou pegar um vestido bem bonito para você colocar.

A menina, sem entender o que estava acontecendo, obedeceu e ficou deitada, quieta, apenas observando tudo.

Depois de algum tempo, eles voltaram. Rafael aproximou-se da cama onde Carmem estava deitada ao lado de Maria e disse:

— Encontramos o lugar onde as pessoas tomam banho. Tem um enorme fogão à lenha com caldeirões grandes onde a água fica esquentando. Existem várias bacias. Basta pegar a água, misturar com um pouco de água fria e levar para um compartimento separado por lonas. Não é muito confortável, mas bem melhor do que o que tínhamos no navio.

Ao ouvir aquilo, Carmem se assustou:

— Separados por lona? As pessoas não poderão nos ver?

— Sim, Carmem, basta levantar a lona, mas para que tenham tranquilidade, vamos para lá. Enquanto um toma banho, outro fica tomando conta para que nada aconteça.

Embora soubessem que não era o ideal, sabiam também que não havia alternativa. Precisavam urgente de um banho. Pegaram suas roupas e foram para lá.

Após tomarem banho e com roupas limpas, foram encaminhados até um outro galpão, onde havia grandes mesas e bancos feitos de madeira. Viram que uma enorme fila se formava diante de outra mesa, também muito grande, e que as pessoas, com pratos nas mãos, passavam. Entraram na fila.

No início da mesa, havia tigelas feitas de barro e colheres. Cada um deles pegou uma tigela e uma colher e continuou seguindo a fila. Sobre a mesa, havia vários caldeirões e panelas. Conforme iam passando, mulheres colocavam sopa em seus pratos. Embora fosse apenas sopa, ela não era rala, mas com muitos legumes e folhas.

— Esta sopa parece estar muito boa.

— Tem razão, Pepe. Melhor do que aquela que temos comido desde que embarcamos no navio.

— Preferia algumas tortilhas e um copo com vinho.

— Eu também, mas depois de toda a fome que passamos no navio, qualquer prato de sopa como este será bem-vindo.

As mulheres que serviam comida conversavam entre si. Eles não entendiam uma palavra e perceberam que teriam outro problema pela frente: aprender o idioma.

Com as tigelas nas mãos, foram até uma das mesas, sentaram-se e começaram a comer.

Enquanto comiam, Rafael disse:

— Vocês viram que aquelas mulheres conversavam e que não entendemos palavra alguma? Assim que chegarmos à fazenda, vamos precisar aprender o idioma, senão tudo será mais difícil.

— Será que vamos aprender, Rafael? – questionou Pedro.

— Vamos, não, Pedro, precisamos. Sem o idioma, não conseguiremos nos comunicar e, sem comunicação, não conseguiremos nada.

— Será que na fazenda tem alguém que vai nos ensinar? – perguntou Carmem.

— Deve ter, Carmem. Não se esqueça de que o dono é espanhol e deve se lembrar da dificuldade que teve quando chegou aqui sem saber falar português.

— Tem razão, Rafael. Ele deve se lembrar. Mas, mesmo assim, acho difícil aprender...

— Difícil deve ser, mas nada é impossível. Nós vamos aprender, Carmem. Precisamos vencer nesta terra e voltar para a Espanha, vitoriosos. Preciso ganhar muito dinheiro para dar à Maria tudo o que ela merece e que prometi a Lola. Sei que ela, de onde estiver, deve estar nos ajudando.

Carmem, ao ouvir aquilo, permaneceu calada, apenas balançou a cabeça concordando.

Depois que terminaram de comer, Pepe disse:

— Vamos caminhar um pouco? Gostaria de ver como é a cidade.

— Vamos, sim, não temos outra coisa para fazer. Também quero conhecer a cidade.

Levantaram-se e começaram a caminhar. Queriam ver o máximo que pudessem. Maria, dando as mãos para Carmem e Rafael, caminhava no meio deles. Carmem, então, falou:

— Estamos aqui, Rafael, será que tudo vai dar certo?

— Tem de dar, Carmem. Depois de tudo o que passamos, não seria justo se não desse.

Saíram do galpão e foram para a cidade para ver o que havia. Caminharam bastante. Para eles, tudo era novidade. Perceberam que a cidade era pequena, com poucas casas, mas, ao longe, viram uma serra colorida por flores e folhas muito verdes.

— Será que vamos ter de subir essa serra, Rafael? – perguntou Carmem.

— Vamos, sim. São Paulo fica lá no alto.

— Como vai ser feito?

— O homem disse que seria por trem, você não se lembra?

— Será que vai demorar muito tempo?

— Não sei, precisamos esperar até amanhã.

— Não vejo a hora de chegarmos à fazenda e podermos começar nossa vida. Tomara que aqui consigamos muito mais do que aquilo que tínhamos na Espanha.

Pedro, ao ouvir o que ela disse, sério, falou:

— Qualquer coisa que conseguirmos aqui, Carmem, será muito mais do que tínhamos...

— Tem razão, Pedro...

Depois de andarem bastante e verem tudo o que podia ser visto, voltaram para o galpão onde estavam as camas.

À noitinha, voltaram ao restaurante do galpão para comer, só que dessa vez não foi servida sopa, mas uma comida que, para eles, era estranha. No lugar das tigelas, havia pratos, garfos e facas. Ao passarem pelas mulheres que serviam a comida, ficaram olhando. A primeira mulher colocou um pouco de arroz. A segunda jogou feijão por cima e a terceira um pedaço de carne cozida com batatas. Com o prato na mão, procuraram um lugar em uma das grandes mesas feitas com tábuas. Encontraram e se sentaram. Olhando para o prato, Pepe, agoniado, perguntou:

— Que comida é essa, Rafael?

— Não sei, mas, como não tem outra, precisamos comer.

— Pelo menos conhecemos a batata.

Começaram comendo, primeiro, as batatas. Como elas estavam saborosas pelo molho da carne, comeram a carne e, por fim o arroz e o feijão. Quando terminaram, um olhou para o outro. Pepe foi quem disse:

— Afinal, embora a aparência seja feia, a comida é muito boa.

— Tem razão, Pepe, bem melhor do que a sopa que temos comido.

Em seguida foram ao galpão onde estavam as camas e se deitaram.

Naquela noite, nenhum dos passageiros do navio conseguiu dormir. Depois de todo o sofrimento por que passaram durante a viagem, finalmente estavam em terra firme, longe dos perigos do mar e bem perto de realizarem seus sonhos.

Rafael, deitado de barriga para cima, olhando o teto, pensava:

Lola, quando resolvi vir para cá, nunca imaginei que a encontraria, mas a encontrei e tivemos um breve momento juntos e que foram de esperança e de felicidade. Infelizmente, a nossa esperança, os nossos sonhos não deram certo. Não sei qual foi o motivo de você ter ido embora. Sinto tanta saudade. Queria estar ao seu lado. Por que, Lola, por que você teve de morrer? Não entendo. Só de uma coisa posso ter certeza, sua filha será muito feliz. Ela é a sua lembrança viva. Nunca me casarei, viverei somente para ela. Assim, quando eu morrer, poderemos nos encontrar. Infelizmente, você teve de ir na minha frente, mas sei que, um dia, irei também. Para ser sincero, não vejo a hora que esse dia chegue.

Carmem, deitada ao lado de Maria, também pensava:

Finalmente chegamos e, se nada mais acontecer, meu sonho foi realizado. Estou casada com Rafael. Isso, desde que eu era pequena, foi sempre o que mais desejei. Ele nunca demonstrou sentir nada além de amizade por mim, mas agora estamos casados. Com o tempo, ele vai descobrir que me ama, vai ser o meu marido de verdade e vai me enxergar como mulher. Nesse dia, serei a mulher mais feliz do mundo. Quando me lembro da tristeza que fiquei quando ele me disse que ia embora da Espanha, que ia para um país distante e que talvez nunca mais voltasse, fico desesperada. Não suportava a ideia de não o ver nunca mais. Lembro-me de que, após chorar muito, tive uma ideia. Fui até meu pai e disse:

— Pai, o Rafael está indo para o Brasil.

— Brasil, onde fica isso?

— Não sei bem, mas parece que é na América do Sul. Ele disse que lá vai poder ganhar muito dinheiro e que, por força de um contrato, vai trabalhar por um ano em uma fazenda. Depois, com o dinheiro que ganhar durante esse ano, vai para uma cidade grande. Quer montar o seu negócio com ferro.

— Ele trabalha muito bem com ferro, mas isso é sonho, minha filha. Pobre não fica rico em lugar nenhum do mundo.

— Não, pai! Ele disse que viu alguns folhetos. O país é muito grande, tem muita terra e pouca gente para cultivar. Ele disse que todos os que foram para lá estão ricos.

— Isso é sonho, minha filha, somente isso.

— Não é não, pai! Nós também podíamos ir.

— Está louca! Com a minha idade, como vou me aventurar dessa maneira? Estou muito velho!

— Velho nada, pai. Aqui não temos mais nada. Perdemos nossas terras e logo seremos expulsos da nossa casa. Quando isso acontecer, não teremos onde morar. Lá existe uma esperança. Vamos com ele, pai..

— Não, Carmem! Isso não é possível.

— Por quê, pai?

— Já lhe disse, estou muito velho e você e seus irmãos são ainda crianças. Além do mais, não quero morrer longe daqui.

— Por isso mesmo que devemos ir, pai. O senhor diz que é muito velho, mas não é. Nem fale nessa coisa de morrer! Vai viver muito tempo ainda! Não tem nem cinquenta anos. Eu e os meninos somos jovens e poderemos trabalhar muito. Com o nosso trabalho, vamos conseguir muito dinheiro e poderemos voltar. Com dinheiro, o senhor poderá comprar um sítio maior do que este!

— Pare de pensar nisso, Carmem. Não vou sair daqui.

Embora ele dissesse aquilo, não parei de sonhar. Não conseguia suportar a ideia de ficar longe de Rafael, muito menos de não o ver nunca mais. Resolvi que, se meus irmãos me ajudassem, tudo seria mais fácil. Pensando assim, fui conversar com eles:

— Pedro, Pepe. O Rafael vai para o Brasil. Nós podíamos ir junto!

— Brasil? O que ele vai fazer lá?

— Ficar rico, Pepe!

— Ficar rico, como?

— Lá tem muita terra para ser cultivada e poucos trabalhadores. Ele disse que muitos que foram já conseguiram suas próprias terras!

— É verdade?

— Ele disse que sim. Está entusiasmado. Também aqui não temos mais futuro algum. Sabe como está difícil. Quem sabe se, indo para lá, não conseguimos uma vida melhor?

Eles pensaram por um tempo. Pepe disse:

— Não sei, Carmem. A ideia parece ser boa. Aqui não temos mais nada. Mas o pai nunca vai querer ir e muito menos vai nos deixar ir sozinhos.

— Sei disso, mas se todos falarmos com ele, vai ter de aceitar. Deixe isso por minha conta. O importante é que queiram ir e que me ajudem a convencer o pai.

— Não sei não, tenho só quinze anos. Não sei se vou conseguir viver em um país estranho.

— Por isso mesmo, Pepe! Por ter só quinze anos é que deve ir. Tem muito tempo pela frente. É forte, poderá trabalhar bastante e conseguir muito dinheiro! Você também, Pedro. Com treze anos, poderá voltar para cá, comprar um sítio só seu, um cavalo, uma carroça nova e quem sabe até uma carruagem! Já imaginaram a cara das mocinhas quando virem vocês andando de carruagem só suas?

Eu sabia que aquilo que estava dizendo era o sonho de todo adolescente. Por isso, insisti por muitos dias, até que concordaram. Juntos, fomos falar com meu pai.

— Pai, eu e os meninos estivemos conversando e não achamos justo que o senhor faça com que percamos a oportunidade de ficarmos ricos.

— O que está falando, Carmem?

— Estou falando que, se formos para o Brasil, poderemos ficar ricos e, dentro de alguns anos, vamos voltar com muito dinheiro.

— Você enlouqueceu, mesmo! Já conversamos sobre isso. É impossível!

— Impossível, por quê?

— Já lhe disse que estou velho e que não posso me aventurar em uma viagem como essa!

— Não está velho, nada, pai! Ainda é forte e poderá trabalhar muito!

— Não posso fazer isso...

— Pode, sim, pai! Sei que não vai se arrepender!

Os meninos acompanhavam a conversa. Em dado momento, Pepe disse:

— Pai, sabe que aqui não temos futuro algum. Por isso, se existe mesmo a oportunidade de ficarmos ricos, o senhor não pode impedir. Não queremos ser como o senhor que trabalhou a vida toda e não conseguiu nada e que agora perdeu suas terras e a casa em que mora e que construiu com tanto trabalho. Precisamos ir...

Ao ouvir aquilo, meu pai, ficou pensativo, depois disse:

— Está bem, vou pensar. Depois eu dou uma resposta.

Saiu da cozinha onde estávamos e foi ao quarto. Nós ficamos esperando, cruzando os dedos para que aceitasse. Durante quatro dias, ele ficou pensativo e quase não falava. Eu não toquei mais no assunto e, seguindo o meu conselho, meus irmãos também não. No quinto dia, logo pela manhã enquanto tomávamos café, ele, com o rosto sério, disse:

— Pensei bastante a respeito dessa viagem que querem fazer. Para mim, é uma loucura, pois estou velho, mas, para vocês que são jovens, pode representar um futuro melhor. Não sei se o que estão dizendo é verdade. Se realmente existe tanto dinheiro assim nesse país, nem se dará certo, mas se é o que desejam, que seja feito.

Não tenho o direito de impedir que vocês, meus filhos, tenham a oportunidade de ter uma vida melhor do que foi a minha. Vamos vender tudo o que restou de móveis e animais. Vamos nos aventurar nessa viagem. Deus é quem sabe o que vai acontecer, se é para melhor ou pior.

Sem conseguir nos conter, nos atiramos sobre ele o beijamos com carinho. Minha mãe, que acompanhou tudo o que aconteceu, embora não pudesse dar opinião por ser mulher, também estava com medo, mas também sabia que era a única saída que havia para uma vida melhor. Eu não cabia em mim de felicidade. Além de não ficar longe de Rafael, poderia, com o tempo, conquistá-lo. Muitas vezes me senti culpada pela morte de meus pais. Sei que, se tivessem continuado na Espanha, não teriam morrido. Depois de muito pensar, resolvi que não vou mais pensar assim e aceitar o que todos dizem: foi a vontade de Deus e todos morrem na hora certa. Não entendo por que isso aconteceu e não aceito, mas nada posso fazer. Sinto falta deles, porém a vida precisa continuar. Neste momento, o que mais me interessa é conquistar Rafael e fazer com que se torne meu marido de verdade.

Maria, que estava deitada ao lado dela, se mexeu:

Ela olhou para a menina e continuou pensando:

Ainda bem que sua mãe morreu. Com sua morte e deixando você, me deu a oportunidade de realizar meu sonho. O que me preocupa agora é a sua presença. Sei que, enquanto estiver por perto, Rafael não vai esquecer sua mãe. Preciso pensar em uma maneira de tirar você da nossa vida para sempre. Assim que chegarmos à fazenda, me dedicarei a isso...

Rafael, que estava deitado na outra cama, viu quando Maria se mexeu e perguntou:

— Ela está bem, Carmem?

Tentando evitar dizer o que ela pensava realmente, respondeu:

— Está, sim, Rafael Não se preocupe. É uma menina muito forte e lutadora.

— É verdade, Carmem. Tão forte como foi sua mãe. Embora esteja feliz por estar aqui, também estou triste pela Lola não estar aqui ao meu lado. Sinto que nunca mais vou conseguir gostar de outra pessoa. Por isso decidi que me dedicarei totalmente à Maria. Vou viver por ela, para que cresça e seja feliz.

Aquelas palavras pareceram flechas que a atingiam mortalmente, mas, disfarçando o que sentia e pensava, disse:

— Faça isso, Rafael... faça isso. Agora, vamos tentar dormir. Amanhã, teremos um dia longo. A viagem parece ser demorada.

— Tem razão. Pelo menos agora, estamos perto. Sinto que assim que chegarmos à fazenda, nossa vida mudará.

— Espero que seja para melhor, Rafael.

— Vai ser, Carmem. Tomara que esta noite passe bem depressa.

Carmem sorriu e, olhando para Maria que dormia, pensou:

Não tem jeito mesmo, preciso encontrar uma maneira de tirar você da nossa vida. Só assim ele vai se esquecer da sua mãe.

Olhando para Rafael, que estava com os olhos fechados, pensou:

Pode pensar o que quiser, mas tenho certeza de que vou fazer com que me ame e seja meu marido de verdade, você vai ver...

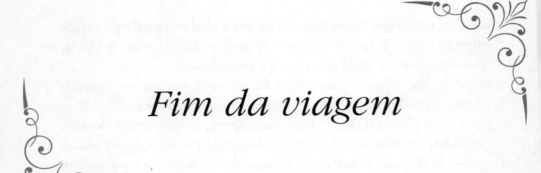

Fim da viagem

Embora não fosse o desejo deles, a noite demorou a passar. Dormiam e acordavam a todo instante. Estavam ansiosos para, finalmente, chegar ao destino e ganhar muito dinheiro, pois, só assim, poderiam retornar à Espanha. Rafael, olhando para o lado e vendo Maria dormir, pensou:

Se sua mãe estivesse aqui, estaria muito feliz e eu também. Não sei por que você nasceu e perdeu os pais tão cedo. Não sei por que veio parar nos meus braços, mas não importa. Você é minha filha e a amo muito.

Maria, parecendo ouvir o que ele pensava, se mexeu na cama e sorriu.

Ele também sorriu e continuou pensando:

Você está sonhando, minha pequena. Continue a sonhar com uma vida maravilhosa que eu vou tentar dar a você...

Finalmente, o dia amanheceu. Antes da hora marcada, todos os que chegaram no cargueiro estavam prontos para seguir viagem. Rafael e Carmem também. Ela terminou de vestir Maria e, vendo que Rafael olhava, abraçou a menina e a beijou, demonstrando carinho e amor que na realidade não sentia. Ele, ao ver aquela cena, sorriu e disse:

— Você gosta muito dela, não é, Carmem?

Ela, vendo que conseguira o que desejava, sorriu, abraçou Maria novamente e respondeu:

— Como poderia deixar de gostar? Ela é tão linda! É a minha filha!

— Minha também. Vamos fazer de tudo para que ela seja feliz, não é?

— Claro, Rafael. Tudo o que estiver ao meu alcance, eu vou fazer. Agora, vamos pegar as malas e ver para onde temos de ir.

Rafael pegou duas malas. Carmem seguiu, segurando Maria pela mão. Pepe e Pedro também estavam prontos. Pegaram o resto das coisas e, com os corações cheios de esperança, foram até o galpão restaurante, onde estava sendo servido café e pão com manteiga.

Após tomarem café, foram encaminhados até a estação de trem, onde embarcariam rumo a São Paulo, cidade que eles não conheciam e que só tinham visto onde ficava através de um mapa que acompanhava os folhetos de propaganda.

Dos muitos que haviam feito contrato com o dono da fazenda Pinheral e embarcado no cargueiro, sobraram apenas dezoito. Os outros não conseguiram chegar. Durante a viagem, morreram no navio.

Na estação, enquanto esperavam o trem, ouviram um dos passageiros perguntar a um funcionário que passava por ali:

— O trem vai demorar muito para chegar a São Paulo?

— Vai, sim, moço. O motor a vapor não tem força para subir a serra. É preciso amarrar o trem que sobe no trem que desce e um vai segurando o outro. Isso demora muito porque precisa ser feito bem devagar.

— Um segura o outro? E se soltar.

— Não solta, não moço. É bem amarrado.

Rafael, que ouvia a conversa, ficou pensando de que maneira aquilo poderia acontecer. Olhou para o lado em que a serra se encontrava e, embora já a tivesse visto antes, só naquele momento notou como ela era alta.

Bem, não sei como isso acontece. Como um trem pode segurar o outro, mas logo mais vou saber. Falta pouco tempo para embarcarmos.

Logo depois, todos embarcaram e o trem saiu lentamente da estação. Embora os passageiros não pudessem ver como era um preso ao outro, notaram que ele subia a serra bem devagar. Enquanto subia, eles observavam a paisagem colorida por folhas verdes e flores coloridas. Não houve ninguém que não se deslumbrasse com aquela paisagem. Uma das senhoras, emocionada, disse:

— Parece uma colcha de retalhos! É lindo!

Não sabiam precisar quanto tempo havia demorado a subida, também aquilo não os preocupava, pois a viagem estava sendo agradável. Finalmente, o trem começou a deslizar em um terreno plano. Algum tempo depois, chegaram a uma estação onde foram informados que deveriam descer.

Desceram do trem. Algumas pessoas corriam para outras que as estavam esperando na estação. Outras se reuniam em grupos à espera de que alguém da fazenda para onde deveriam ir estivesse à espera deles. Rafael juntou-se àqueles que iam para a mesma fazenda e ficaram esperando alguém aparecer.

Ficaram ali, conversando e ansiosos, aguardando. Todos falavam de seus sonhos e do desejo que tinham de voltar para a Espanha, só que com muito dinheiro.

Viram um negro, trazendo uma placa nas mãos e, levantando-a para o alto, andava no meio da multidão. A maioria não sabia ler, mas aquilo que estava escrito na placa, todos conheciam: Fazenda Pinheral. Juntos, acenaram para o negro que, sorrindo com dentes muito brancos aproximou-se, dizendo:

— Ainda bem que encontrei vocês. Meu nome é Tonhão. Eu me atrasei um pouco. O senhor Pablo mandou que eu viesse até aqui buscar vocês. Ele está ansioso para que cheguem logo. Tem muito trabalho lá na fazenda.

Pegou na mão de cada um, cumprimentando-os, depois disse:

— O trem que vai para Oeste Grande só chega amanhã cedo. Por isso, vamos ter de passar a noite aqui. Procurem descansar, pois vamos viajar por quase oito horas.

Um deles perguntou:

— Onde vamos ficar?

— Tem uma hospedaria para vocês ficarem. Eu não posso, mas estou em um hotel lá perto. Vou levar vocês até a hospedaria e amanhã a gente se encontra às cinco horas. Ninguém pode perder a hora, porque o trem sai na hora certa e, quem não estiver aqui, vai ficar para trás.

Todos riram. Sabiam que não perderiam a hora. Depois de tanto tempo e sofrimento, isso não aconteceria. Seguiram o negro que os levou até um galpão um pouco maior do que aquele onde tinham ficado. Mostraram o papel que haviam recebido e puderam entrar. Lá dentro, constataram que era praticamente igual ao outro. Havia grandes corredores separados por armários. Foram encaminhados até as camas em que ficariam. Já conheciam a rotina. Sabiam que devia haver lugar para tomar banho e um restaurante para serem alimentados. Assim que chegaram, Carmem, segurando Maria pela mão e após se sentar, disse:

— Mais um dia, Rafael, parece que nunca vamos chegar...

— Agora está perto, Carmem. O pior já passou. Amanhã, estaremos na fazenda.

O dia e a noite demoraram a passar, mas, como já estavam acostumados e, durante a viagem, aprenderam a ter paciência, esperaram chegar a hora de irem à estação. Todos os que iam para o mesmo lugar, reuniram-se e foram juntos para a estação que ficava bem perto. Quando chegaram, encontraram Tonhão, que os recebeu com o mesmo sorriso:

— Chegaram na hora. Estão todos aqui?

Com a cabeça, disseram que sim.

— Está bem. Logo mais o trem vai chegar e poderemos ir embora. Sentem-se nos bancos. Não vai ter para todos, por isso, mulheres e crianças primeiro – disse Tonhão, rindo.

O trem chegou e eles, em ordem, foram entrando e se acomodando. As poucas crianças fizeram questão de se sentar às janelas, o que os adultos, embora sem vontade, permitiram. Todos queriam ver a paisagem, conhecer aquele país tão elogiado nos folhetos.

Carmem sentou-se ao lado de Maria e junto à janela. Rafael sentou-se em frente a ela. Maria olhou para ele e estendeu os bracinhos. Ele, com carinho, pegou-a, abraçou-a e disse:

— Você é linda, mesmo! Parece com sua mãe. É uma pena que ela não está aqui, mas sei que estará sempre ao nosso lado, nos amando como nós ainda a amamos, não é? – a menina sorriu e acenou com a cabeça. Depois, voltou a olhar pela janela.

Carmem ouviu aquilo e sentiu um arrepio correr por sua espinha:

Essa menina é realmente muito parecida com a mãe. Acho que, quanto mais for crescendo, mais parecida vai ficar. Se ela continuar ao nosso lado, Rafael nunca vai se esquecer de Lola e não vai querer viver comigo como marido. Preciso dar um jeito nessa situação.

Enquanto o trem andava, Rafael ficou brincando com Maria. Levantou-se, andou com ela pelo vagão. Ela, sorridente, mexia com as pessoas, que ao verem uma criança tão linda e inteligente como aquela, não conseguiam deixar de rir e brincar com ela.

Depois de andar bastante com Maria, Rafael voltou para junto de Carmem. Sentou-se e, colocando a menina ao lado dela, disse:

— Carmem, preciso agradecer a você por ter tido a ideia de mentirmos que éramos casados para podermos ficar com a Maria. Se não tivéssemos feito isso, não sei onde ela estaria agora.

Ela, beijando o rosto de Maria, disse:

— Era a única coisa que podíamos fazer. Se não fosse isso, agora, ela não estaria aqui ao nosso lado. Teria sido mandada para um orfanato.

— Tem razão, mas sabemos que o que fizemos poderá trazer consequências.

— Que consequência, Rafael?

— Eu já decidi a minha vida. Nunca mais vou me interessar por mulher alguma. Não quero me casar. Vou viver somente para criar Maria. Quanto a você, ainda é jovem e bonita. Poderá, a qualquer momento, encontrar um homem de quem goste e que goste de você também e com quem queira se casar. Sendo casada comigo, vai complicar.

Ela começou a rir. A vontade que sentiu foi de falar que não queria outro homem, que o homem de sua vida era ele, mas se conteve e disse:

— Já lhe falei que nunca vou me casar, Rafael. Vou viver somente para o trabalho, dar uma educação e uma boa vida para meus irmãos e ajudar você a criar a Maria. É tudo o que quero.

— Você diz isso agora, mas não sabemos o que vai acontecer no futuro.

— Nada vai acontecer, Rafael. Tudo vai continuar como está agora. Continuaremos juntos, é só isso que importa. Você me ajuda com meus irmãos e eu o ajudo com a Maria.

— Está bem. Sei que, por hora, pensa assim, mas, se aparecer um homem na sua vida, basta me contar. Conversarei com ele e contarei o que aconteceu. Direi que, embora estejamos casados no papel, nunca tivemos uma vida como marido e mulher. Se ele gostar mesmo de você, entenderá.

Ela, abraçando e beijando a menina novamente, disse:

— Não vamos nos preocupar com isso, agora, Rafael. Isso não vai acontecer, mas, se acontecer, na hora certa, vamos saber o que fazer. Por enquanto, só o que interessa é o nosso trabalho e o muito dinheiro que vamos ganhar e os cuidados com essa coisa linda!

Voltou a beijar a menina e, enquanto fazia isso, pensou:

Nada disso vai acontecer, porque você vai ser meu marido de verdade! Para isso, estou disposta a fazer qualquer coisa. Estamos juntos e nunca mais vamos nos separar!

Rafael sorriu feliz, ao ver o carinho dela para com Maria.

Um dos passageiros perguntou:

— Tonhão, disseram que tem muito trabalho na fazenda, é verdade?

— E dinheiro também! – disse outro.

Tonhão olhou para um e para outro e respondeu:

— Trabalho tem bastante, mas dinheiro... não sei, não...

— Como, não? Os folhetos diziam que havia muito dinheiro!

— Diziam, é?

Todos os que estavam no vagão se voltaram para Tonhão, que continuou:

— Já vi muitos que vieram de países distantes achando que aqui ficariam ricos, mas não ficaram não. Aqueles que conseguiram, foram embora para uma cidade maior, outros, não tendo como ir embora, ficaram por aqui mesmo.

Os passageiros, assustados, ficaram olhando para ele.

— Quando chegou a proposta de trabalho, o senhor Pablo disse que a fazenda era muito grande e por isso precisava de muitos trabalhadores – disse um rapaz desconfiado.

— A fazenda é grande mesmo. O patrão tinha mais de cem escravos, mas, quando veio a liberdade, todos foram embora. Por isso, ele precisa de muita gente para tocar a lavoura.

Desorientados, uns olharam para os outros e permaneceram calados.

Rafael olhou para Carmem e seus irmãos que também estavam atônitos e assustados. Ela perguntou:

— Será que é verdade, Rafael? Será que não vamos conseguir ganhar muito dinheiro? Será que todo o sofrimento desta viagem foi para nada?

— Não sei, Carmem. Agora não tem volta. Precisamos chegar para ver.

— E se for verdade, o que vamos fazer? Não temos como voltar para a Espanha! Não sobrou dinheiro algum!

— Fique calma. Vamos esperar para ver o que acontece. Estamos quase chegando. Depois de conversarmos com o senhor Pablo, vamos ver o que pode ser feito.

Ela sabia que ele estava certo. Nada poderia ser feito naquele momento. Preocupada, ficou olhando pela janela do trem que seguia lentamente.

Estava muito calor. Todos começaram a abrir as janelas. A fumaça que saía da chaminé da máquina do trem entrou no vagão. Eles ficaram com as roupas e rostos pretos de fuligem, mas não se importaram, pois estavam perto de realizar seus sonhos.

Eram quase três horas da tarde, quando o trem parou mais uma vez. Tonhão levantou-se e disse:

— Chegamos. É aqui nesta estação que vamos descer. Peguem suas coisas e fiquem todos juntos na estação. Temos ainda um longo caminho para percorrer antes de chegar à fazenda.

Todos, agora sem muito entusiasmo, obedeceram e, em ordem, desceram.

Assim que desceram, o trem partiu e eles, com os olhos, o acompanharam. Seguindo Tonhão, saíram da estação. Já lá fora, ele disse:

— A fazenda fica a quase duas horas daqui, andando a pé. Como tem muita gente, não dava para mandar transporte. Por isso, vamos ter de andar.

Cansados, preocupados e agora sem saber se tinham feito o melhor, concordaram e começaram a caminhar. O sol estava forte e o dia quente, o que fazia com que a caminhada se tornasse mais cansativa. Tiveram de parar várias vezes. Sentiam necessidade de beber água, mas não havia. Ao passarem por um rio com água cristalina, Tonhão disse:

— Se quiserem, podem beber desta água, ela é boa. Vem de uma nascente aqui perto.

Eles não resistiram e foram até a água. Alguns beberam, lavaram mãos e rostos. Carmem e as outras mães que tinham crianças pequenas as banharam. Os irmãos de Carmem e outros jovens como eles entraram na água. Ficaram parados ali por mais de uma hora. Em seguida, continuaram a caminhada que parecia interminável.

Caminharam por mais de meia hora, quando, finalmente viram, ao longe, uma casa que parecia ter muitos quartos. Ela era branca e suas janelas, pintadas de azul. Tonhão disse:

— Ali está a casa-grande da fazenda. Agora falta pouco e vocês poderão descansar.

Embora desanimados com o que estava acontecendo, ficaram felizes por, finalmente, após tanto sofrimento e tantas vidas perdidas, chegarem ao destino. Uns ajudando aos outros, continuaram caminhando e sendo castigados por aquele sol forte ao qual não estavam acostumados.

Chegaram em frente a um portão grande. Tonhão o abriu e todos puderam entrar naquela que fora o motivo de se lançarem em uma aventura e de terem deixado seu país com o sonho de felicidade e riqueza.

Após caminharem mais ou menos cinquenta metros, chegaram diante de um grande pátio em frente a uma escada que levava à porta principal da casa.

Tonhão novamente se dirigiu a eles:

— Agora podem se sentar aí no chão mesmo.

Todos se sentaram. Não só por Tonhão ter dito, mas por estarem exaustos, com sede e fome. Olhavam-se, desacreditando de tudo o que estava acontecendo. Aquilo não era o que esperavam encontrar no país das oportunidades. Abatidos e fracos, ficaram olhando para a casa que, por fora, parecia ser muito grande e confortável.

Chegando ao destino

Logo a porta principal da casa se abriu e dela saiu Pablo, o dono das terras, um homem forte e bem vestido. Ao seu lado, estava uma senhora, também bem vestida. Do alto da escada podiam ver todas aquelas pessoas com as roupas sujas e com aparência cansada. Sorriu e, com a voz imponente e falando em espanhol, disse:

— Ainda bem que chegaram! Sejam bem-vindos! Meu nome é Pablo, sou o dono da fazenda. Esta é minha esposa, Maria Augusta. Soube que tiveram alguns contratempos durante a viagem, mas tudo isso vai passar. Quando enviei o agenciador para conseguir trabalhadores, foi porque tenho muitas terras e preciso plantar. Os negros foram embora e aqui não há quem queira trabalhar. Eu mandei o agenciador dizer que todos vocês poderiam trabalhar e receber um salário. Isso é verdade. Mas, enquanto viajavam para cá, fiquei pensando que se eu desse um salário, alguns trabalhariam mais que os outros, por isso resolvi que ao invés de pagar um salário, vou dar um pedaço de terra para cada família.

Ao ouvir aquilo, embora cansados, ficaram animados e começaram a conversar entre si. Rafael perguntou:

— O senhor vai mesmo nos dar terras?

— Não, meu jovem. Vou alugar a vocês. As terras continuarão sendo minhas. Todos poderão trabalhar. Plantarão e o que colherem será dividido metade para vocês e metade para mim.

— Metade? Por quê?

— Será o pagamento do aluguel pelas terras.

— Pensamos que nos daria a terra.

— Ora, meu jovem, quem daria terras? Elas me custaram dinheiro e foram caras. Aqui, diferente da Espanha, vocês poderão trabalhar e ter uma vida melhor do que aquela que tinham lá.

— Da maneira como está falando, nunca conseguiremos ter as nossas próprias terras. Somente trabalharemos nela?

— Vocês terão oportunidade de comprar suas próprias terras, basta, para isso, que, depois da colheita, economizem tudo o que puderem e guardem o dinheiro. Logo terão o suficiente para comprar as terras que quiserem. Este país é grande! Tem muita terra para ser cultivada.

Aquelas palavras fizeram com que todos se animassem novamente. O homem continuou:

— Todos vocês, junto com os meus trabalhadores, dividirão um pedaço da terra em partes iguais e dependerá de cada família de como se empenharão. Quanto mais plantar, mais vai colher e mais dinheiro vai ter.

A animação foi geral. Todos conversavam e riam. Então era verdade mesmo, naquele país iam ficar ricos e poderiam voltar para a Espanha levando muito dinheiro. Para isso, bastava só trabalhar. Quando decidiram fazer a viagem, sabiam disso e não tinham medo do trabalho. Dentre todos, somente Rafael não estava tão animado. Perguntou:

— Por tudo o que o senhor disse, vamos plantar e, se trabalharmos muito, depois da colheita, vamos ter dinheiro. Não temos medo do trabalho, mas como vamos viver até lá?

— Não se preocupe com isso. Aqui na fazenda, tem um armazém com alimentos, roupas, calçados, enfim tudo o que precisam para viver. Durante o plantio e enquanto esperam a colheita, poderão comprar aquilo que quiserem. Tudo o que comprarem será marcado em uma caderneta e só pagarão depois da colheita, na hora da divisão do dinheiro. Como estão vendo, estou facilitando a vida para todos vocês.

Pablo falava com animação, o que fez com que todos ficassem animados também. Ele continuou:

— Como não sabia quantos conseguiriam chegar até aqui, não preparei casas. Por isso, ficarão no galpão que era a senzala, onde os negros ficavam. Apontou com a mão e eles, ao longe, viram um grande galpão. Olhando para aquele outro lado, podem ver aquela mata. Ali será feita a plantação, mas para isso é preciso limpar o terreno. As árvores precisam ser cortadas e o terreno, capinado. Poderão aproveitar os troncos e galhos das árvores que, depois de misturados com barro, servirão para que as casas sejam construídas. Garanto que, dependendo do capricho de cada um, poderão construir belas casas. Cada família poderá construir a sua própria ou todos poderão construir juntos. Isso vai depender de vocês. Depende também de cada família, o tempo que levará para ter sua casa. Estou vendo que trouxeram crianças pequenas. Isso não é bom, pois elas, além de não poderem trabalhar, ainda dificultam o trabalho das mães. Se eu soubesse que tinham crianças pequenas, não teria contratado seus pais. Porém, já que estão aqui, que fiquem. Voltando a falar das casas, claro que terão de pagar um pequeno aluguel por elas.

Rafael, preocupado, perguntou:

— Vamos ter de pagar aluguel? Assim não vai sobrar dinheiro nenhum...

— Claro que vão ter de pagar, ninguém mora de graça, não é? Mas não precisa se preocupar. A colheita vai dar muito dinheiro e, no final dela, sobrará muito.

Carmem que, calada, a tudo ouvia, falou baixinho:

— Vamos ter de pagar por uma casa feita de madeira e barro, Rafael? Nunca vi uma casa assim...

— Também nunca vi, mas, agora, precisamos aceitar tudo o que ele nos oferece. Nada mais temos para fazer.

Ela sabia que ele tinha razão, por isso se calou e ouviu quando Rafael perguntou:

— Como poderemos construir casas de madeira e barro se nunca vimos ou moramos em uma? Não saberemos como fazer...

— Não se preocupe com isso. Tenho aqui muitos homens que sabem como fazer. Eles ensinarão a vocês.

Amanhã, quando o armazém abrir, poderão comprar serrotes, enxadas e pás para a derrubada da mata.

— Nós vamos ter de comprar?

— Claro que sim, vocês não são os donos da terra e da plantação?

Novamente se olharam. Pablo continuou:

— Bem, parece que já disse tudo. Agora, Tonhão vai levá-los até a senzala. Lá poderão descansar o resto do dia e amanhã, bem cedo, começaremos a limpar a mata para depois, dividirmos as terras. Hoje, mandei que fosse feita sopa para que todos pudessem se alimentar. A partir de amanhã, poderão comprar no armazém. Enquanto as casas não ficam prontas, poderão cozinhar em um fogão à lenha que está perto da senzala. Bem, acho que já disse tudo. Até mais, bom trabalho e boa colheita para todos.

Dona Maria Augusta que, até aí permaneceu calada, disse:

— Eu estou esperando uma moça chamada Lola que vinha no mesmo navio. Ela está aqui?

Carmem olhou para Rafael, que respondeu:

— Não, senhora. Infelizmente ela não conseguiu chegar, morreu no navio.

— E a menina dela, está aqui?

Carmem, ao ouvir aquilo, sentiu um arrepio correr por sua espinha e, antes que Rafael respondesse, disse:

— Não, senhora. A menina morreu também.

Todos que estavam ali conheceram Lola e sabiam que era mentira, mas como, desde o início, haviam concordado em mentir, se calaram.

Maria Augusta demonstrou no rosto um sentimento de tristeza, mas ficou calada e, sob o olhar de todos, se afastou.

Tonhão, com aquele seu sorriso de sempre, disse:

— Agora, meu povo, vamos ver onde vocês vão dormir. Sigam-me, por favor...

Novamente eles os seguiram. Andaram dez minutos, passaram por um grande fogão, em que a lenha queimava alta. Viram que, sobre ele, havia dois caldeirões enormes que ferviam. Pelo cheiro, perceberam que se tratava da sopa da qual Pablo havia falado. Em seguida, chegaram diante de um grande galpão. Entraram. O que viram lá os assustou.

O galpão era construído com madeira e barro e coberto com uma espécie de grama que, mais tarde, vieram a saber que se chamava sapé. Tinha grandes frestas por onde, quando chovesse, com certeza entraria água. O chão de terra pisada estava muito sujo. Em um dos cantos havia uma pilha de esteiras sujas e usadas. Era um lugar em que, na Espanha, nem os bichos ficariam. Tonhão, que já havia visto muitas vezes aquela cena, de outros imigrantes que vieram antes, disse:

— É aqui que vão ficar até construírem as casa. Vai depender de cada um quanto tempo vai demorar.

Ficaram revoltados. Julian, um dos imigrantes, alto, moreno, forte e com a idade mais ou menos igual à de Rafael, nervoso, disse:

— Não vamos ficar em um lugar como este! Na Espanha nem porco dorme em um lugar sujo como este!

Tonhão olhou para ele e, agora, sem sorrir, com o rosto crispado e a voz firme, disse:

— Isso é lá na sua terra. Por que não ficou lá? O que veio fazer aqui? Eu sei. Lá vocês não tinham trabalho... não tinham como sobreviver... não é?

— É verdade, mas não viemos para cá para sermos tratados como bichos!

— Sei que não vieram. Acharam que iam vir para cá, ganhar terras, ficar ricos e poder voltar, mas a coisa não é bem assim. Vocês vão ter de trabalhar muito para conseguirem o que pensaram que encontrariam aqui..

Julian, mais nervoso ainda, disse:

— O agenciador disse que este país é muito grande e que tem muita terra!

— O país é grande, como o patrão disse. Tem muita terra, sim, mas cada pedaço de terra tem um dono e ninguém vai dar de mão beijada, não. Todos que possuem terras pagaram por elas.

Julian ao ouvir aquilo, olhou para os outros e gritou:

— Fomos enganados! Nada do que disseram é verdade!

Os outros também estavam revoltados. Tonhão ao ver aquela reação e já estando acostumado com aquela atitude, gritou mais alto:

— O negócio é o seguinte. Ninguém aqui é escravo, está amarrado em correntes ou é prisioneiro. Tem duas coisas que vocês podem fazer. Primeiro, entrar na senzala, escolher um lugar para ficar até as casas ficarem prontas. Cada um pega uma esteira e se acomoda. Lá naquele canto, tem sabão de soda, quem quiser, pode ir até o rio tomar banho. Ele não é fundo, não. Como já viram, não tem cobertor, também não vão precisar porque aqui faz muito calor, mas se alguém sentir frio, amanhã, pode ir ao armazém comprar. Lá tem cobertor muito bom. Depois, como o patrão é muito bom, mandou preparar uma sopa para que todos possam tomar uma tigela. Hoje vocês vão comer só isso, mas, a partir de amanhã, poderão ir até o armazém e comprar o que quiserem. Aqueles que resolverem ficar, amanhã bem cedo irão para a lavoura, depois, à tarde, quando terminarem o serviço, poderão ir até a mata escolher as árvores que querem derrubar para pegar os troncos e os galhos. Assim, as casas logo estarão prontas. Segunda coisa que podem fazer é ir embora, ninguém vai impedir. O patrão não se importa, porque sabe que lá na terra de vocês têm muitos que estão querendo vir para cá e ficar ricos. Vocês é que precisam escolher o que fazer.

Novamente uns olharam para os outros. Julian, adivinhando o que estavam pensando, disse:

— Ouviram o que ele disse. Pelo que parece, fomos enganados. Precisamos decidir o que fazer.

— Não temos como ir embora, Julian! Não temos dinheiro! Tudo o que tínhamos foi gasto com a viagem! Sem dinheiro, para onde poderemos ir? – Rafael disse.

— Sei disso, Rafael. Vejo que vamos ter de ficar aqui, trabalhar até conseguirmos dinheiro para ir embora.

— Por enquanto é somente isso que podemos fazer. Alguém deseja falar alguma coisa? – continuou Rafael.

Ninguém se apresentou, pois todos estavam na mesma situação.

Tonhão, vendo que estavam todos calados, disse:

— Bem, agora que já decidiram o que fazer, podem entrar na senzala.

Impotentes diante daquela situação, entraram na senzala. Pegaram as esteiras e escolheram o lugar onde iam ficar. Cada um pegou um pedaço de sabão e foi para o rio. Além de cansados, estavam pretos de fuligem. Entraram na água que, por causa do sol quente, estava morna. Tomaram banho com a roupa sobre o corpo e aproveitaram para lavá-las também.

Depois do banho, com as roupas ainda molhadas sobre o corpo, foram para junto do fogão, tomar sopa. A sopa era rala e quase sem tempero, mas para eles que estavam com muita fome, estava boa. Após se alimentarem, começaram a andar pela fazenda para que as roupas secassem com o sol. Também queriam conhecer tudo. Carmem, com Maria ao seu lado, caminhou junto com Rafael e disse:

— Rafael, agora que estamos aqui e vimos que não era nada do que imaginávamos, o que vamos fazer?

— Precisamos continuar aqui até conseguirmos um pouco de dinheiro. Depois, veremos o que fazer. Por enquanto, nada pode ser feito. O homem disse que vai nos dar um pedaço de terra para plantarmos. Eu, o Pepe e o Pedro, se trabalharmos muito, quando chegar a colheita, pagamos a metade do dono e, com o que sobrar, poderemos ir embora.

— Embora para onde, Rafael?

— Não sei, Carmem, talvez para a capital ou outra fazenda que nos dê um melhor meio de vida. Quando chegar a hora, resolveremos.

Julian, que caminhava logo atrás deles, se aproximou:

— O que está achando de tudo isso, Rafael?

— Está ruim, Julian. Tenho a impressão de que essa viagem foi inútil, mas o que há de se fazer? Agora que estamos aqui, precisamos dançar de acordo com a música.

— Tem razão. Estive pensando e tenho uma proposta para lhe fazer.

— Que proposta?

— Como sabe, eu viajava com meus três irmãos, mas, infelizmente, eles morreram no navio. Estou sozinho. O dono da fazenda disse que vai nos dar um pedaço de terra. Poderíamos juntar as nossas e todos trabalharmos juntos, assim, teremos mais dinheiro na colheita. O que acha?

Rafael, que conhecia Julian desde criança, pensou um pouco e respondeu:

— Acho que é uma boa ideia. Quanto mais terras plantarmos, mais dinheiro vamos ganhar.

— Está feito, se o homem der mesmo a terra, vamos ficar juntos.

— Estamos cansados da longa viagem de trem e da caminhada. Agora que já está anoitecendo, acho melhor irmos para aquele galpão imundo, dormirmos, porque amanhã será um dia de muito trabalho.

Foi o que fizeram. Entraram na senzala e olharam para o lugar onde estavam as esteiras. Não havia cobertor, mas também não estava frio. Deitaram-se.

Início de uma nova vida

Embora estivessem acostumados a dormir em esteiras, pois passaram muitos dias no navio, não conseguiram dormir bem. Além da frustração por verem seus sonhos desfeitos, o corpo todo doía.

Às cinco horas da manhã, Tonhão entrou na senzala:

— Bom dia, gente! Está na hora, temos muito trabalho!

A maioria deles já estava em pé. Estavam com fome, mas não sabiam como seria. Tonhão, parecendo adivinhar o que eles pensavam, disse:

— O armazém já está aberto. Quem quiser pode ir até lá e comprar tudo o que precisar. Trouxe uma carroça para que possam carregar tudo. Sei que algumas mulheres sabem fazer pão. Podem comprar a farinha e, atrás da senzala, tem um forno onde poderão assar.

Realmente, ele tinha razão, a maioria das mulheres sabia fazer pão. Animados, homens, mulheres e crianças acompanharam Tonhão até o armazém. Lá tinha de tudo. Desde alimentos até roupas e calçados.

Depois de tanto tempo de privação, sem terem comido algo decente, ao ver toda aquela carne salgada, ovos, frutas e verduras, quase perderam a razão. Pegaram tudo o que tinham vontade. No quintal, galinhas ciscavam por toda parte. Tonhão disse:

— Aquele que quiser pode levar uma dessas galinhas. Elas estão aí para serem mortas e comidas. Claro que cada uma tem um preço.

Eles não se importaram. A vontade de comer era tanta que pegaram algumas galinhas. Tonhão apontou para um rolo de tecido. Era listado de várias cores. Disse:

— Este tecido serve para fazer colchão e travesseiro. Tem linha, agulhas e tesouras. Ali, naqueles sacos, têm palha e folhas secas para que possam encher. Tem também cobertores, lençóis, fronhas e toalhas de banho. Aquele que quiser, poderá comprar.

Só de se imaginarem dormindo em um colchão macio, com lençóis limpos, não pensaram nem por um instante e começaram a pegar os pedaços de tecido que o rapaz que ficava no armazém ia cortando, os cobertores e lençóis.

Tonhão voltou a dizer:

— Não se esqueçam de levar as pás, os serrotes e as enxadas.

Claro que tudo o que pegavam era marcado em uma caderneta.

Tudo o que compraram não coube na carroça, por isso, algumas coisas foram carregadas dentro de sacos de estopa.

Chegaram novamente à senzala. Foram ver o forno do qual Tonhão havia falado. Constataram que ele era grande e que poderiam ser assados muitos pães. A lenha devia ter queimado durante a noite toda, porque ele estava quente, pronto para ser usado. Ao lado dele, havia uma mesa enorme, onde a massa poderia ser feita.

Fizeram chá e tomaram com leite. Comeram alguns biscoitos de polvilho. Embora fosse pouco, era muito mais do que comeram durante a viagem. Antes de sair com os homens, Tonhão disse para as mulheres:

— Sei que vocês estão loucas de vontade de assar pão. Espero que para a hora do almoço já estejam prontos.

Os homens, carregando as pás, os serrotes e as enxadas acompanharam Tonhão e mais alguns trabalhadores da fazenda.

As mulheres decidiram que, enquanto as casas não ficassem prontas e não tivessem seus próprios fogões, o melhor seria que todos comessem juntos. Para isso, os alimentos comprados foram divididos.

Três mulheres ficaram responsáveis por fazer o pão. As outras foram para a senzala, pegaram todas as esteiras e tudo o mais que estava lá dentro e levaram para fora.

Com as esteiras nas mãos, foram até o rio e, usando sabão de soda, as lavaram e colocaram para secar ao sol, que acabava de nascer. Sabiam que logo ele ficaria forte e as esteiras secariam rapidamente. Voltaram à senzala. Com vassouras feitas de galhos de árvore e folhas, varreram e limparam tudo da melhor maneira possível. Depois, juntas, sentaram-se no chão do terreiro e começaram a costurar os colchões. Por terem de dormir todos juntos, resolveram que os colchões deveriam ser de solteiro. Assim, evitariam constrangimentos.

Enquanto a massa crescia para ser assada, as três mulheres mataram quatro galinhas e as colocaram em grandes panelas para cozinhar. Em outra panela, colocaram água para fazer macarrão.

Carmem, enquanto costurava e olhava Maria que brincava com as outras crianças, pensava:

Isto aqui está bem longe daquilo que imaginei ou com o que sonhei, mas não me importo. O que interessa é que estou casada com Rafael e que viverei com ele para o resto da minha vida. Sei que este casamento é de mentira, mas vai ser por pouco tempo. Logo mais vai ser meu marido de verdade. E, quando isso acontecer, vou ser a mulher mais feliz do mundo!

Olhou para Maria que ria feliz:

Meu único problema é essa menina. Enquanto ela estiver por perto, Rafael não vai conseguir se esquecer da Lola.

A manhã passou. Na hora do almoço, os homens voltaram. Estavam suados e cansados. Carregavam troncos e galhos de árvores que foram empilhados no terreno.

Ao verem a comida que elas haviam preparado, sorriram. Um deles, abraçando a mulher que era uma das cozinheiras, disse:

— Finalmente uma comida decente! E foi feita pela minha mulher! Não existe nada melhor nesta vida!

Os maridos das outras duas disseram.

— Pelas nossas também e elas, sim, são as melhores cozinheiras do mundo!

Com pratos feitos de barro, aproximaram-se do fogão e pegaram aquela comida que há muito não viam e comeram com vontade.

À noite, assim que se deitaram nos colchões macios e forrados com lençol limpo, sentiram-se as pessoas mais felizes do mundo.

Essa rotina durou mais de três meses, quando uns ajudando aos outros terminaram a última casa. A terra já estava pronta para o plantio. Logo mais, poderia se dividida.

A felicidade que cada um sentia de poder estar em sua própria casa fez com que até se esquecessem de que seus sonhos eram outros. As casas foram feitas com troncos, galhos que, preenchidos com barro, davam uma relativa proteção contra o frio e a chuva. Foram cobertas com aquela mesma grama que tinham visto na senzala. Ao ver a cara de espanto deles quando lhes disseram que as casas seriam cobertas com aquela grama, Tonhão disse:

— Não se preocupem. Na casa de vocês não vai entrar água quando chover. Embora sejam cobertas com sapé, ele ainda é novo e vai dar toda proteção.

Desconfiados, mas sem alternativa, continuaram o trabalho. As casas foram construídas na forma de um grande quadrado, com outro menor ao lado, que seria a cozinha. Nela, seria construído o fogão à lenha, feito de barro. No quadrado grande, colocaram uma mesa com as cadeiras necessárias para cada família e, do outro lado, as camas. Todos os móveis foram feitos também com troncos de árvores e galhos fortes. Do lado de fora, construíram os banheiros. Era um espaço pequeno com um buraco no chão e um engradado de madeira onde as pessoas colocavam os pés e, com muita dificuldade, faziam suas necessidades. Para o banho, havia sempre um caldeirão cheio de água que ficava sobre um dos lados do fogão à lenha. Aqueles que quisessem, poderiam tomar banho no rio.

Foram construídas duas casas, uma ao lado da outra. Uma para Rafael, Carmem e Maria, outra, para Pepe, Pedro e Julian.

Na hora de receber a casa, Rafael disse para Carmem:

— Carmem, não acha melhor contarmos a verdade? Dizermos que não somos casados? Assim, você poderá morar com seus irmãos. Eu e a Maria ficaremos com Julian.

Carmem, embora não demonstrasse, ficou apavorada com aquela ideia e pensou:

Isso não pode acontecer! Ele precisa ficar ao meu lado, pois, se isso não acontecer, não vou ter a oportunidade de conquistá-lo e de me tornar sua mulher!

Com a voz calma, disse:

— Não podemos fazer isso, Rafael. Maria só está conosco, porque mentimos. Se dissermos a verdade, o senhor Pablo pode tirá-la de nós. Sabe que ele não gosta de crianças, pois elas, além de não poderem trabalhar, ainda dificultam que as mães trabalhem. Vamos continuar da maneira como estamos e ele nunca descobrirá e a Maria continuará ao nosso lado.

Ele pensou por um tempo, depois disse:

— Realmente, você tem razão. Ele já disse que, se soubesse que viriam crianças pequenas, não teria contratado seus pais. Vamos continuar como estamos.

Ela sorriu, intimamente, e ficou calada.

Cada um recebeu sua casa. Embora nunca tivessem visto uma casa construída como aquela, para eles representava um lugar que os abrigaria, mas não acreditavam que os protegeria totalmente da chuva e do frio.

Apesar de saber que não era aquilo com que haviam sonhado, naquela noite, fizeram uma fogueira, compraram bebida no armazém e fizeram uma festa.

No dia seguinte, apesar da noite de festa, todos se levantaram muito cedo. Estavam ansiosos para começar a plantar. Sabiam que, depois de plantar, colheriam e, assim, teriam dinheiro para ir embora.

Ainda tomavam café quando Tonhão chegou:

— Bom dia, gente!

Todos, não com muita vontade, responderam:

— Bom dia.

Tonhão olhou à sua volta e viu que o terreno todo estava desarrumado. Restos de comida e bebidas demonstravam que a festa havia sido boa. Com um sorriso malicioso, disse:

— Parece que a festança foi boa mesmo. Bem que eu queria ter vindo, mas não fui convidado...

Todos ouviram o que ele disse, mas não responderam. Ele continuou:

— Bem, o patrão mandou que eu dividisse a terra. Cada família vai receber um pedaço. Aqueles que estão sozinhos devem se juntar com outros para receber um pedaço só. Agora, quero que façam uma fila. As famílias devem permanecer juntas e deste lado. Aqueles que estão sozinhos, fiquem deste.

Logo todos estavam em fila. Carmem, Rafael e Maria ficaram de um lado. Pedro, Pepe e Julian do outro. Tonhão estendeu um grande papel sobre o chão. No papel estava desenhada toda a terra com algumas divisões por metragem. Ele foi mostrando, a cada um, o lugar onde deveriam cercar e plantar.

Depois da divisão, Tonhão disse:

— O patrão mandou dizer também que cada um vai receber de acordo com o que colher. Por isso, se quiserem ter bastante dinheiro no fim da colheita, é melhor começarem logo. Lá no armazém tem sacos com sementes. Cada saco que comprarem será marcado na caderneta de vocês. Metade será paga pelo patrão, a outra metade por vocês.

Julian, o que menos se conformava com aquela situação, perguntou:

— Nós vamos ter de pagar a metade das sementes?

— Claro que sim. Vocês não querem receber metade da colheita?

— Sim.

— Então, precisam pagar metade das sementes.

— Isso não está certo!

— Se acha que não está certo, pode pegar suas coisas e ir embora. Ninguém vai impedir que faça isso.

Tonhão, Julian e todos lá sabiam que, embora quisessem, ninguém poderia sair. Julian então se calou.

Imediatamente, em silêncio, todos foram se dirigindo ao armazém. Assim que chegaram, pegaram os sacos com as sementes, assinaram a caderneta e foram ao local que já estava limpo e pronto para começar a semeadura.

O despertar

Lola abriu os olhos. Olhou à sua volta e viu que estava em um quarto desconhecido. Assustada, sentou-se na cama e continuou olhando e pensando:

Que quarto é este? As paredes são pintadas de verde. A colcha também. Nossa! Este quarto é igual àquele que eu disse a Manolo que queria, naquele dia, quando estávamos andando sem destino, logo depois que ele brigou com o pai. Como pode ser isso?

— Eu não disse que ia lhe dar a casa com que sonhava?

Ela ouviu a voz, mas não acreditou. Voltou-se e, para sua surpresa, lá estava ele, feliz e sorridente. Abriu os braços para ela que, chorando e rindo ao mesmo tempo, correu para a porta onde ele estava. Abraçaram-se com muita saudade e amor.

Os dois choravam. Naquele momento, esqueceram-se de onde estavam e daquilo que havia acontecido.

Ficaram assim por muito tempo. Depois se afastaram. Surpresa e curiosa, Lola perguntou:

— Que lugar é este, Manolo? Como vim parar aqui?

— Este é o quarto que você desejou ter. Aliás, não só o quarto, mas a casa toda. Venha, vou lhe mostrar.

Ela se olhou, viu que estava vestida com uma camisola também verde e disse:

— Não posso sair vestida dessa maneira, Manolo! Preciso me vestir.

— Depois poderá usar a roupa que quiser. Ali naquele armário há roupas que eram suas e novas, mas agora venha ver a casa. Não se preocupe, estamos sozinhos.

Empolgada, ela o acompanhou. Ele segurava sua mão. Abriu a porta do quarto e viram-se diante de uma sala grande com móveis construídos em madeira de lei. Depois, foram até a cozinha e, finalmente, ao quintal, onde havia uma horta muito verde de folhas e legumes. Logo à frente, um pomar com árvores frutíferas. Lola não cabia em si de tanta felicidade:

— Manolo, tudo aqui é igual ao que sonhei! Não falta um detalhe!

— Sei disso, levei um bom tempo para que tudo fosse construído. Queria que ficasse tudo pronto para quando você chegasse.

Ela se afastou e ficou olhando, um pouco distante.

— Espere, Manolo. Como pode estar aqui? Você morreu!

Ele começou a rir:

— Acha que estou morto? – perguntou, rindo.

— Parece que não, mas sei que está, fui ao seu enterro. Nunca poderia me esquecer daquele dia...

— Você, naquele dia, enterrou o meu corpo, mas o meu espírito está vivo, bem vivo.

— Não estou entendendo. Como pode ser apenas um espírito, se você está igualzinho ao que era antes?

— E você também...

— Eu?

— Sim, lembra-se da doença no navio?

Como se fosse um raio, ela se lembrou e, imediatamente, entrou em desespero. Chorando, perguntou:

— Eu morri, Manolo? A Maria... onde está a Maria?

Ele voltou a abraçá-la e respondeu:

— Acalme-se, por enquanto ela está bem. Rafael e Carmem estão cuidando dela.

— Eles não morreram com a doença? Estão vivos?

— Não morreram. Estão vivos e bem. Maria também está bem ao lado de Rafael. Ele cuida dela como se fosse sua filha.

— Eles conseguiram chegar à fazenda?

— Sim. Estão vivendo a vida que escolheram.

— Quero ver a Maria, Manolo!

— Você vai ver. Não se preocupe. Por enquanto, ela está bem. Tenho estado ao seu lado todos os dias.

— Por enquanto? O que quer dizer com isso?

— Ela tem um longo caminho a percorrer. Nasceu com uma missão especial, mas, antes de conseguir cumprir o destinado, vai ter de passar por muita coisa.

— Não estou entendendo o que está dizendo...

— Não se preocupe. Por hora, aproveite para admirar tudo o que tem aqui. Quando cheguei, também fiquei assustado e levou um tempo para me acalmar. Ainda bem que tinha a minha avó que estava me esperando e me esclareceu tudo.

— Como posso não me preocupar se estou distante da minha filha?

— Está distante, mas poderá vê-la sempre que quiser. Vamos entrar. Troque de roupa e vamos andar pela cidade. Posso lhe garantir que nunca viu um lugar como este.

— Não estou entendendo uma coisa, Manolo.

— O quê?

— Você diz que estou morta, mas sinto meu corpo, sinto as mesmas sensações de fome e frio.

— É assim mesmo. Seu corpo, embora não seja mais de carne, mantém a mesma forma e, por algum tempo, vai sentir as mesmas necessidades de antes.

— Como?

— Isso é difícil de explicar, mas também não importa. O que importa é que estamos juntos e vamos fazer o possível para ajudar Maria na sua missão.

— Ela vai conseguir?

— Não sei. Vai depender do que vai acontecer agora. Ela, além de uma missão que tem para cumprir quando ficar moça, neste momento, tem outra pela qual vai ter de passar. Depende de como se sair agora, para que possa seguir.

— Não entendo, Manolo. Como ela pode resolver alguma coisa? Ela não passa de uma criança!

— Hoje seu espírito está vivendo em um corpo de criança, mas ela já teve muitas vidas anteriores e, nessas vidas, cometeu muitos erros ou enganos. Precisa resgatá-los.

— Não estou entendendo. Vidas passadas, o que é isso que está dizendo, Manolo?

— Sei que é complicado. Quando vivos, na Terra, nunca pensamos que isso poderia existir. Aprendemos que, depois da morte, se ia para o céu ou para o inferno. Nunca nos disseram que, ao morrer, iríamos para um lugar onde a vida continuaria e poderíamos escolher trabalhar para nos aperfeiçoar.

— Trabalhar? Aperfeiçoar? A cada palavra que diz, fico mais confusa.

— Sei disso. Porém, imagine que, se, ao morrer, fôssemos realmente para um céu, onde não teríamos nada para fazer, onde ficaríamos eternamente rezando, em estado de graça. Conhecendo-nos como nos conhecemos, acredita que seríamos felizes?

Ela pensou um pouco. Rindo, respondeu:

— Tem razão... não sei se eu conseguiria ficar feliz sem ter o que fazer...

— Está vendo? Deus, o nosso criador, pensou em tudo. Ele tudo faz para que sejamos felizes e nos dá todas as ferramentas para que isso aconteça.

— Não estou entendendo o que está dizendo, Manolo, nem sei se é verdade, mas não posso negar que existe uma lógica...

— Não precisa entender tudo. Isso, com o tempo, vai acontecer, mas, agora, quero levar você a um lugar. Sei que vai ficar feliz. Vá, troque de roupa.

— Espere, Manolo. Você disse que eu estou morta. Você também, sendo assim, onde está dona Isabel? Ela deve estar aqui também.

— Não sei, Lola. Nem todos vão para o mesmo lugar. Vamos procurar saber onde ela está, mas, agora, vamos. Sei que vai gostar do que vou lhe mostrar.

— Está bem. Mas, antes de ir para qualquer lugar, quero ver a Maria. Quero ver com meus próprios olhos como ela está.

— Nós iremos logo, mas antes quero que veja uma coisa.

Ela sorriu:

— Está bem, conhecendo você como conheço, sei que não vai desistir de me mostrar essa coisa que parece ser tão importante. Vou com você, mas precisa me prometer que, depois, vamos ver Maria.

— Claro que vou levar você. Também estou com saudade dela.

Entraram em casa. Manolo abriu a porta do armário e ela pôde ver que havia muitos vestidos. Alguns, ela conhecia, eram escuros, como costumava usar. Outros eram diferentes, coloridos e estampados. Ela ficou encantada:

— Estes vestidos são lindos, Manolo! Nunca usei um estampado como este!

— Pois agora pode usar. Escolha o que quiser, eles são seus.

Ela pegou um com estampa em azul, branco e um tom de rosa claro.

Depois, ele lhe mostrou onde ficava o banheiro. Ela entrou e, para sua surpresa, tudo era igual. Não havia diferença alguma daqueles banheiros que existiam na Terra. Só que, nesse, havia uma pia com torneira e um chuveiro, coisas que ela não conhecia. Ele abriu a torneira e pediu a ela que colocasse a mão. Ela colocou e, encantada, percebeu que a água que saía dela era quente. Espantada, disse:

— Nossa, Manolo, a água já sai quente? Nunca tinha visto algo igual...

— Tem mais para ver. Olhe.

Abriu o chuveiro e ela ficou espantada ao ver a água caindo de cima e com toda aquela intensidade.

— Para que serve toda essa água, Manolo?

— Para tomar banho. Você, aqui, não precisa tomar banho em bacias, como está acostumada. Pode tomar banho em pé e com água limpa escorrendo por seu corpo.

— Nunca imaginei que algo assim pudesse existir.

— Você vai ver muita coisa que não conhece e vai se surpreender cada vez mais. Mas, agora, apresse-se – disse, rindo.

Em pouco tempo, ela estava pronta. Manolo não pôde deixar de dizer:

— Você está linda, Lola, e amo você sempre mais.

Ela sorriu, lisonjeada, deu um beijo no seu rosto e, abraçados, saíram.

Quando chegaram à frente do portão da casa, Lola se voltou, olhou para ela e, feliz, disse:

— É mesmo a casa com que sempre sonhei, Manolo...

— Agora, esta é toda sua.

— Estou contente por tudo o que está me acontecendo. Estar com você nesta casa com que sempre sonhei é maravilhoso! Se não fosse por causa de Maria, diria que nunca estive tão feliz, mas, ao mesmo tempo, não acho justo.

— O que não acha justo?

— Por que tudo isso não aconteceu quando eu estava viva? Por que tive de passar por tanta coisa e ter morrido tão cedo, deixando nossa filha sozinha? Nós não poderíamos ter tudo isto enquanto estávamos lá? Todos, na Terra, não poderiam ter a mesma vida que aqui? Por que alguns passam por tanto sofrimento e não têm nada e outros, além de não sofrerem, têm muito, tudo do que precisam e até mais? Não entendo, Manolo. Não consigo entender.

— Não estou surpreso por você estar fazendo essas perguntas. Também, quando cheguei aqui, fiz as mesmas.

— Teve alguma resposta? Conseguiu entender?

— Sim. Fui esclarecido e, para minha surpresa, fiquei sabendo que cada um escolhe a vida que quer ter na Terra.

— O que está dizendo, Manolo? Está dizendo que eu escolhi passar por tudo aquilo? Nascer em uma família pobre? Ter conhecido e perdido você? Ter passado tantos dias dentro daquele navio imundo, ver tantas pessoas, tão pobres como eu, morrerem com aquela doença que ninguém sabia de onde tinha vindo e, depois, serem jogadas ao mar sem direito a uma sepultura! Depois de presenciar tanto sofrimento, depois de sofrer tanto. Está dizendo que fui eu quem escolhi? Acha justo eu ter morrido e ter deixado a Maria sozinha em um mundo cheio de sofrimento? Acha justo ela, daquele tamanho, ficar sozinha? Não, Manolo, ninguém com um pingo de juízo escolheria viver daquela maneira! – estava nervosa e revoltada.

— Sei que tudo o que disse parece ser verdade, mas a realidade é outra. Escolhemos, sim, Lola. Maria também escolheu essa vida que está tendo. Nós viemos para lhe dar a vida, mas o resto será por conta dela. Fizemos a nossa parte. Todo espírito nasce criança, depois cresce e, por toda a vida, poderá fazer suas escolhas. Durante a vida, embora já saiba, voltará a aprender o que é certo e errado. Nós fizemos as nossas escolhas. Cumprimos nossa parte no acordo firmado, antes de nascermos. Agora, cabe à Maria fazer a parte dela. Deus é um Pai tão amoroso que nos dá a oportunidade de resgatarmos nossos erros e maldades da maneira que quisermos.

— Erros? Que erros, Manolo? Não tive tempo para cometer erros ou maldades! Nunca fiz mal algum para ninguém!

— Nesta vida foi assim, mas e nas outras?

— Que outras, Manolo? Nunca tive outras vidas!

— Teve sim, Lola. Assim como eu e todas as pessoas que conhece. Tivemos outras vidas e nem sempre fomos bons como somos nesta. Por isso, escolhemos a vida que desejávamos ter para podermos nos aperfeiçoar.

— Não acredito nisso. Mesmo que acreditasse que realmente tive uma outra vida, como nunca lembrei e não lembro agora?

— Novamente é a bondade de Deus que se faz presente.

— Como?

— O esquecimento faz parte do aprendizado. Se nós nos lembrássemos do que fizemos em outras vidas, como poderíamos encarar um inimigo de outrora? Como poderíamos perdoar e ser perdoados? O esquecimento é um bem maior, é a nossa proteção e a ajuda que precisamos para amar, perdoar e evoluir. O espírito vem de longa data, sempre aprendendo e caminhando para a Luz.

— Tudo isso é muito complicado. Mas, por mais que queira me explicar, não consigo aceitar.

— Não se importe com isso. Com o tempo, entenderá e aceitará. Agora, vamos? Sei que vai gostar daquilo que vou lhe mostrar.

— Não tenho a menor ideia do que vai me mostrar, porém, se diz que vou gostar, já estou curiosa.

— Não precisa ficar curiosa. Vamos?

Ele pegou na sua mão e, em poucos segundos, estavam diante de um portão reconhecido por Lola, que, deslumbrada, disse:

— É o sítio da dona Isabel? Ela está aqui?

Ele sorriu.

A porta da casa se abriu e por ela saiu, sorrindo, dona Isabel, que, caminhando lentamente, disse:

— Estou aqui, Lola, e ansiosa por reencontrar você. Eu e Manolo resolvemos fazer uma surpresa a você. Por isso, ele disse que não sabia onde eu estava.

Lola, ao vê-la, não se conteve e, com os braços abertos, correu em sua direção. Dona Isabel também abriu os braços e elas, chorando, se abraçaram e se beijaram no rosto.

Após o abraço, Lola disse:

— Precisei tanto da senhora? Soube o que me aconteceu?

— Soube. Estive ao seu lado durante todo o tempo. Sei que meus filhos, não atendendo a um pedido meu, a expulsaram da minha casa.

— Eles fizeram isso e eu fiquei sem saber o que fazer. Fiquei quase louca de preocupação.

— Sei disso, como todo espírito, quando renascido, não confiou na bondade de Deus, não acreditou que um caminho surgiria e que tudo ficaria bem. O dia em que o espírito aprender a confiar, muito sofrimento inútil será evitado. Você nunca esteve sozinha. Eu e Manolo estivemos ao seu lado o tempo todo.

— Agora sei disso, mas, quando estava passando por todo aquele problema, não sabia. Por isso sofri tanto.

— Como pode ver, foi um sofrimento inútil. Perdeu horas de sono, horas valiosas que poderiam ser dedicadas à felicidade, mas, como já disse, é sempre assim. A ansiedade e a falta de paciência são as causas de muito sofrimento. Um dia, todo espírito aprenderá que deve sempre confiar em Deus e na sua sabedoria. Aprenderá que nada acontece sem que seja à vontade e programado por cada um. Somos donos do nosso destino, Lola.

— Quanto aos seus filhos, a senhora ficou triste?

— Eles, embora não saibam, chegará o dia em que se arrependerão do que fizeram e sofrerão por isso. Embora tenha parecido maldade, na realidade, não foi. Precisavam fazer aquilo, para que você fosse obrigada a ir embora, a conhecer Rafael e Carmem. Eles fazem parte das escolhas de Maria.

— Manolo me falou sobre isso, mas preciso confessar que não entendi muito bem e que não aceito que eu tenha escolhido uma vida tão triste, que tenha escolhido ter deixado a minha filha sozinha.

— Ela não está sozinha, Lola! Estaremos sempre ao seu lado, ajudando-a com bons pensamentos nos momentos difíceis, dando-lhe boa intuição para que possa escolher o melhor caminho. Porém, no final, tudo dependerá dela, do seu livre-arbítrio. Agora, vamos entrar. Preparei aquela "paella" de que você gosta tanto.

Entraram e Lola, ao reconhecer em detalhes a casa onde havia morado com Manolo, curiosa, perguntou:

— Estamos no sítio, dona Isabel?

Isabel riu e respondeu:

— Não, Lola. Se estivéssemos lá, ele seria assombrado – disse, rindo. – Quando cheguei aqui, após algum tempo me perguntaram onde eu queria morar. Respondi que o único lugar em que viveria feliz seria naquele lugar em que vivi toda a minha vida. Atenderam ao meu pedido e aqui estou, vivendo no sítio.

— Mas é igual ao outro!

— Sim. Foi da maneira que eu quis. Venha, sente-se aí nessa cadeira e vamos comer.

— Sabe de uma coisa, dona Isabel? Embora Manolo tenha dito que eu estou morta, custa-me a crer, pois estou com muita fome. Como isso pode ser?

— Isso acontece no início. Mas, com o passar do tempo, perceberá que não há necessidade de se alimentar. Eu, embora já esteja aqui há algum tempo, ainda sinto falta. Outros, porém, logo deixam esse hábito para trás.

Em seguida, ela colocou sobre a mesa a comida de que Lola tanto gostava e começaram a comer.

Quando terminaram, satisfeita, Lola disse:

— Que saudade que eu sentia da sua comida, dona Isabel! Ninguém cozinha igual à senhora!

Isabel sorriu:

— Cozinhei para você, Lola. Manolo já está acostumado, passa sempre por aqui.

— É verdade. Gosto de vir até aqui, pois podemos nos lembrar do tempo em que passamos juntos e que éramos felizes.

— Éramos mesmo, Manolo. Pena que durou tão pouco tempo. Ainda não entendo por que você teve de morrer tão cedo me deixando sozinha.

— Também tive essa dúvida, mas depois de ser esclarecido, entendi que era necessário.

— Ainda não entendo e acho que também preciso ser esclarecida, mas, agora, o que mais quero é ver a minha menina. Podemos ir até ela?

— Sim, Lola. Na fazenda está amanhecendo e eles, embora estejam dormindo, estão prestes a acordar. Esse é o melhor momento para que possamos nos ver e conversar. Vamos? – disse Isabel.

— Vamos, sim, dona Isabel! Estou morrendo de saudade deles e, principalmente, da Maria – respondeu Lola.

Saíram dali e, em poucos segundos, estavam na fazenda. Lola olhou tudo e disse, admirada:

— Como é grande!

— Sim, é muito grande. Mas vamos entrar naquela casa. É ali que eles estão.

Lola olhou para o casebre e se admirou:

— Eles estão morando nessa casa?

— Sim. Foi tudo o que encontraram quando aqui chegaram.

— Como pode ser, dona Isabel? E a riqueza que diziam ter neste país?

— O país realmente é rico, tem terras boas para o plantio, mas cada pedaço delas tem dono.

— Então não conseguiram as terras tão sonhadas?

— Não, Lola. Estão trabalhando e receberão a metade de tudo o que colherem.

— Isso me parece muito bom. Afinal, não são empregados.

Isabel ia dizer mais alguma coisa, porém Manolo falou:

— Precisamos nos apressar. Está quase na hora de eles acordarem.

Entraram na casa. O primeiro lugar que viram foi a cozinha. No fogão, algumas brasas ainda estavam acesas. Quando entraram no quarto, viram Carmem dormindo ao lado de Maria em uma cama de casal e Rafael dormia em um colchão colocado no chão. Olhou para Maria e, com lágrimas nos olhos, disse:

— Como ela cresceu, Manolo! Está linda!

— Cresceu, sim. Já se passou muito tempo desde que tudo aconteceu. Os imigrantes trabalharam muito e já está quase na hora de colherem o que plantaram. A colheita vai ser boa.

Lola não deu muita atenção para o que ele disse. Só se importava com Maria. Correu para junto dela. Queria abraçá-la, mas foi impedida por Manolo:

— Não, Lola! Espere!

Ela, sem saber o motivo daquela atitude, parou, perguntando:

— O que aconteceu, Manolo? Por que não posso abraçar e beijar a nossa filha?

— Embora não pareça, Lola, você está morta, não está mais usando o corpo físico, portanto sua energia é diferente daqueles que ainda estão presos ao corpo. Por isso, se tocar nela agora, sua energia, por ser diferente, poderá lhe fazer muito mal.

— Está dizendo que não posso abraçar minha filha?

— Infelizmente, essa é a verdade. Poderá olhar, ficar ao seu lado sempre que quiser, mas mantendo sempre uma certa distância.

Lola começou a chorar:

— Isso não é justo, Manolo...

— Pode parecer que não seja justo, mas é necessário.

Isabel, que a tudo acompanhava, disse:

— Ele está certo, Lola. Precisa ser assim. Por outro lado, por você ter sido um espírito bom, que cumpriu o que prometeu, dando à Maria a oportunidade de nascer, pode, hoje, estar aqui ao lado dela. Se tivesse agido de maneira diferente, talvez nunca mais pudesse vê-la.

Lola, em pensamento, agradeceu a Deus por aquela oportunidade. De longe e com lágrimas nos olhos ficou olhando para Maria que dormia tranquila.

Estava quase na hora de acordarem. Lola, Isabel e Manolo continuavam ali, esperando. Carmem foi a primeira a vê-los. Embora seu corpo ainda estivesse dormindo, seu espírito estava alerta. Abriu os olhos e olhou para Maria, depois para Rafael. Pensou:

Por mais que eu faça, ele não se esquece da Lola. Sempre que chega a casa, seus olhos e atenção são só para você, monstrinho! Sei que, enquanto existir, ele não se esquecerá da sua mãe. Por isso preciso encontrar uma maneira de me livrar de você, assim como fiz com sua mãe...

Lola, ao ouvir aquilo, ficou sem entender o que estava acontecendo. Olhou para Manolo e Isabel que acompanhavam o que Carmem pensava. Isabel colocou um dos dedos sobre a boca num sinal para que Lola se calasse e olhou novamente para Carmem. Lola entendeu o que ele queria dizer com aquele gesto. Calou-se e voltou sua atenção para Carmem, que continuava a pensar:

Do que adianta eu ter provocando a morte da sua mãe, se você continua aqui? Pensei que, ao colocar um pedaço de tecido contaminado sobre ela sempre que dormisse e o retirasse algum tempo depois, tudo terminaria. Quando ela pegou a doença e morreu, ninguém desconfiou e eu pensei estar livre, mas isso não aconteceu. Do que adiantou? Rafael não me quer. Só pensa nela e em você. Embora eu tenha pensado muito, ainda não encontrei uma maneira de me livrar de você sem levantar suspeita sobre mim, mas vou encontrar e não pode demorar muito. Rafael, a cada dia que passa, mais gosta de você e não se esquece de sua mãe. Por que você precisava ser tão parecida com ela? Se continuar ao nosso lado, ele nunca me verá como uma mulher, somente como amiga... como irmã...

Lola, horrorizada, ouviu aquilo. Seu primeiro impulso foi o de se atirar sobre Carmem e socá-la, mas foi impedida por Manolo:

— Não faça isso, Lola. Você está acima de toda essa maldade. Entregue nas mãos de Deus. Ele saberá como agir... não cabe a você...

— Como não, Manolo? Ela me matou, me afastou da minha filha! Como pode continuar impune? Precisa ser presa!

— Muitas vezes a justiça dos homens falha, mas a de Deus, não. Ela terá a punição que merece e não cabe a nós dizer qual será.

— Por que ela fez isso? Parecia ser minha amiga!

— Nunca foi sua amiga, e essa inimizade vem de muito tempo. Várias vezes renasceram juntas para resolverem, mas nunca aconteceu. Dessa vez, tiveram uma nova oportunidade que não foi aproveitada.

— Ela pensa em matar nossa filha, Manolo! Não podemos deixar isso acontecer! Precisamos proteger Maria!

— Acalme-se, Lola. Entendo o seu desespero, mas nada poderemos fazer. Cabe a ela, usando do seu livre-arbítrio, escolher o que fazer.

— Não entendo o que se passa aqui deste lado!

— O que você não entende?

— Por tudo o que vocês me disseram, posso ter a casa que quiser, viver da maneira com que sempre sonhei, mas não posso impedir que um crime seja cometido?

— Não pode impedir, Lola. Embora possa ter, aqui, tudo com o que sonhou, existem leis que precisam ser cumpridas. Entre elas, a do livre-arbítrio é uma das mais sérias. Não podemos interferir nas escolhas que qualquer um fizer. Carmem está vivendo um momento importante. Momento esse, que poderá ser de perdão, de arrependimento e de resgate, mas cabe a ela decidir, só a ela.

— Está dizendo que ela pode matar a Maria e que nada vai lhe acontecer?

— Não, Lola. Estou dizendo que ela pode criar Maria com amor, dar-lhe toda segurança, ou pode, como você diz, matá-la, carregando, assim, mais uma culpa para ser resgatada.

— Desculpe, mas não posso aceitar isso! Não vou permitir que faça mal à minha filha!

Dizendo isso, jogou-se sobre Carmem, que no mesmo instante, sentiu tontura e falta de ar. Desesperada, acordou totalmente e gritou:

— Rafael, acorde! Não estou bem...

Ele, assustado, acordou, sentou-se na cama e perguntou:

— Que aconteceu, Carmem, por que está assim?

Ela, com dificuldade, respondeu:

— Não sei, estava bem. Estava dormindo, me senti mal e acordei com falta de ar.

Ele, sem saber o que fazer, levantou-se, foi até a cozinha, pegou uma caneca de alumínio e, de uma moringa, pegou água. Colocou um pouco de açúcar e voltou para o quarto. Entregou a caneca para Carmem, dizendo:

— Beba um pouco de água e, se não melhorar, vou falar com o senhor Pablo. Ele deve ter algum tipo de remédio.

Carmem, assustada e com dificuldade, bebeu a água.

Naquele mesmo instante, Isabel e Manolo, cada um de um lado, seguraram os braços de Lola e fizeram com que ela se afastasse de Carmem. Isabel, com a voz firme, disse:

— Afaste-se dela, Lola! Se lhe fizer algum mal, passará de vítima a agressora e terá de responder por isso!

Com muita raiva, Lola se afastou, mas não se conformava:

— Como posso responder? Foi ela que me fez muito mal! Fez com que eu morresse e agora quer matar a minha filha? Ela não vai responder por isso?

— Claro que vai, Lola, mas não por suas mãos. Todos responderemos por nossos atos. Ela pode querer matar sua filha, mas será que vai conseguir? Será que, no último momento, não vai se arrepender e não fará isso?

— A senhora está dizendo que ela não vai conseguir?

— Não sei, Lola, apenas estou desejando que ela se arrependa. Mas, em última instância, só ela poderá decidir. A nós cabe ficarmos ao lado de Maria e tentar fazer o máximo que pudermos para protegê-la, nada além disso.

— Maria é ainda uma criança, não tem como se defender!

— Ela, agora, é apenas uma criança, mas já foi adulta e cometeu alguns erros. Aliás, erros não. O certo e o errado dependem da época em que se vive. O que foi errado ontem, hoje já não é mais. Cometeu alguns enganos e terá de responder por eles. A hora do confronto sempre chega. Essa é a hora em que os inimigos se encontram para resgatar enganos cometidos. A hora delas é esta.

— Não acredito que vou ter de ficar ao lado da minha filha, vendo-a sofrer sem nada poder fazer...

— Poderá fazer muito, Lola.

— O quê?

— Orar, enquanto eu e Manolo jogamos muita luz sobre Carmem e pedimos que ela não cometa mais uma loucura.

— Orar por ela? Como posso fazer isso? Ela me matou e está querendo matar minha filha!

— Isso não faz com que não seja um espírito companheiro do mesmo grupo ao qual muitos pertencem e que estão caminhando para a Luz. Já lhe disse que não cabe a nós o julgamento, somente amor, perdão e desejo de que nossos inimigos encontrem a paz que só será conseguida, quando entenderem que a vida terrena é curta e que temos toda uma eternidade para viver e aprender. Só assim, poderão continuar a jornada. Por isso, minha filha, acalme-se, entregue a vida da sua filha nas mãos de Deus. Somente Ele saberá o que fazer. Nunca se esqueça de que somos apenas aprendizes.

O DESTINO EM SUAS MÃOS   161

— Entendo que o que está dizendo é o certo, mas não sei se vou conseguir. Estou com muita raiva e medo daquilo que ela possa fazer com a minha filha.

— Não adianta ter medo e esta palavra, raiva, é muito forte. Tudo será como tem de ser.

— Nunca desconfiei de que ela gostasse de Rafael, sempre pensei que fossem apenas amigos.

— Para ele, ela sempre foi uma amiga. Ele gosta dela como irmã, mas ela não se conforma com isso. Gosta dele desde criança. Esse amor foi ficando cada vez mais forte, o que a levou a cometer a loucura de matar você e, da maneira que está, matará qualquer uma que se aproximar dele. Ela não sabia, mas você morreria de qualquer maneira e ela teria de criar sua filha. O seu papel foi apenas o de permitir que Maria nascesse saudável. O resto cabe a Rafael e a Carmem.

— Como pode ser? O que faz com que a senhora fale isso?

— Somos espíritos que caminham juntos há muito tempo. Antes que renascêssemos, houve muito planejamento. Todos nós o acompanhamos e aceitamos como seria nossa vida na Terra. Sabíamos que nos encontraríamos e o que precisávamos fazer.

— Fazemos parte de um mesmo grupo? Por quê? Existem outros?

— Sim, muitos outros. No começo, alguns foram formados pela afinidade. Depois, ao longo do caminho, o ódio, a mágoa, o ciúme e a inveja foram afastando uns dos outros. Agora, precisam se reencontrar. Precisam fazer com que a afinidade e o amor inicial voltem, para, assim, poderem continuar caminhando.

— É muito difícil entender o que a senhora está dizendo.

— Sei que parece difícil, mas não é. Com o tempo, vai compreender. Por agora, vamos voltar para casa. Daqui a pouco, Rafael vai para a plantação e Carmem ficará em casa cuidando da Maria.

— Cuidando, não, dona Isabel! Procurando encontrar uma maneira de matá-la.

— Por ora, esqueça isso, Lola. Já lhe disse para entregar a vida da sua filha nas mãos de Deus. Olhe, assim que conseguimos afastar você de Carmem, ela foi melhorando. Viu o que a sua energia pode fazer se tentar tocar Maria? Foi por isso que a avisamos para não fazer isso.

Lola voltou o olhar para Carmem e disse:

— Sei que a senhora tem razão em tudo o que disse, mas não sei se vou conseguir perdoar.

— Já lhe disse para não se preocupar. Dê tempo ao tempo. Na hora certa, escolherá o que fazer. Não se esqueça de que você tem seu livre-arbítrio. Assim sendo, se, no final, resolver que quer mesmo se vingar, nada poderemos fazer. Vamos ver o que vai acontecer agora.

Lola olhou para Rafael, que estava assustado segurando a mão de Carmem. Ele, então, disse:

— Ainda bem que você melhorou, Carmem. Sua aparência estava muito ruim. Parecia que não tinha um pingo de sangue no corpo. Pensei que fosse morrer.

— Não entendo o que aconteceu. Estava dormindo e de repente me senti mal.

— É preciso ir a um médico para descobrir o que houve.

— Sabe como é difícil, Rafael. Só há um médico na cidade e agora que está perto da colheita, não podemos nos afastar daqui. Sempre fui muito forte. Nunca estive doente, por isso deve ter sido apenas um mal-estar. Tudo vai ficar bem. Não se preocupe.

Ela disse isso rindo e feliz por ele estar segurando sua mão numa demonstração de carinho e pensou:

No final, foi até bom acontecer isso. Rafael, talvez, agora, segurando minha mão, sinta alguma coisa, como estou sentindo e olhe para mim de uma maneira diferente.

Rafael retirou sua mão da dela e disse:

— Quando vi você daquela maneira, Carmem, me lembrei do dia em que Lola morreu e na dor que senti. Se Maria não existisse, não sei o que seria de mim. Sinto que não teria suportado. Amo essa menina, assim como amei e ainda amo sua mãe. Não sei se Lola pode me ouvir, mas, se puder, quero que saiba que eu a amei muito e que nunca haverá outra mulher em minha vida. Minha única intenção é criar Maria até que ela se torne uma linda moça.

Ao ouvir aquelas palavras, Carmem sentiu um arrepio pelo corpo. Com muito ódio, pensou:

Ele precisa esquecer aquela mulher! Ele precisa me enxergar!

Lola também ouviu o que ele disse. Viu também um imenso facho de luz sair do coração dele e atingi-la imediatamente. Sentiu-se envolver por uma paz nunca sentida antes. Apesar de estar feliz por receber aquela luz, intrigada, perguntou:

— Que luz é essa?

Dona Isabel, sorrindo, respondeu:

— É a luz do amor, Lola. Rafael sempre esteve ao seu lado. Viveram juntos momentos difíceis, mas de muita aprendizagem. Antes de renascer, ele se propôs a ser o guardião da Maria e, pelo que estamos vendo, fará o possível para cumprir o que prometeu.

— Essa luz me fez muito bem. Até a revolta que estava sentindo por ver Carmem desejar o mal da minha filha se amenizou.

— É isso o que acontece com todos nós, espíritos encarnados ou reencarnados. Sempre que alguém se lembra de nós com carinho e amor, recebemos um facho de luz como esse, ou, às vezes, até maior. Essa luz, como aconteceu com você, sempre trás muita paz.

— O que vai acontecer agora, dona Isabel?

— Não posso responder a essa pergunta, Lola. Embora, quando vivemos na Terra, achamos que a pessoa quando morre sabe tudo, na realidade, não é verdade. Não sabemos o que vai acontecer porque tudo depende do livre-arbítrio de cada um. Esperamos e desejamos que Carmem não coloque em prática o que está pensando.

Lola olhou para Manolo que a tudo ouvia em silêncio.

— O que você acha, Manolo?

— Não sei, Lola. Assim como você, também, quando descobri o que acontecia com nossa filha, me revoltei, mas, depois, entendi que nada poderia fazer e, aceitando o conselho de dona Isabel, entreguei sua vida nas mãos de Deus. Sempre estou ao seu lado, procurando ajudá-la de alguma maneira, mas sei que poderei fazer muito pouco.

Maria abriu os olhos e olhou para o lado onde sabia que Rafael dormia. Ele não estava lá. Assustada, voltou-se para o outro lado e viu que ele estava sentado na cama de Carmem. Sorrindo, chamou:

— Papai.

Ele, ao ouvi-la, levantou-se, deu a volta na cama e abaixou-se para poder levantá-la. Assim que ficou em pé, perguntou:

— Bom dia, minha filha. Dormiu bem?

— Dormi, papai.

— Que bom, mas ainda é muito cedo para você acordar. Vou preparar o café e, depois, você vai voltar a dormir.

Ela olhou para o lado onde Lola estava. Sorriu e, com a ponta do dedo, mandou um beijo. Rafael e Carmem viram aquele gesto. Ele, intrigado, perguntou:

— O que está fazendo, Maria?

A menina, encantada por ver Lola, respondeu:

— Minha mãe... ela está aqui...

Eles, intrigados, olharam-se. Rafael perguntou:

— Sua mãe, Maria? Não pode ser...

— É ela, sim. Tem o cabelo preto... e, com o dedo, está me mandando um beijo...

No mesmo instante em que dizia isso, rindo, também e, com a ponta dos dedos, mandou outro beijo para Lola, que sorriu feliz.

Rafael olhou para Carmem que, sabendo o que ele pensava, se calou. Depois, ele voltou o olhar para Maria e disse:

— Quando você crescer um pouquinho mais, vou lhe contar uma história. Sua mãe deve estar muito preocupada com você – olhando para o lado onde a menina olhava, continuou: – Precisa dizer a sua mãe que está feliz e bem. Sei que ela vai se alegrar. Já que a está vendo, não se esqueça de dizer que eu mando um beijo e que estou com muita saudade dela.

Lola ouviu aquilo e, sem conseguir controlar, deixou que uma lágrima escorresse por seu rosto. Manolo percebeu. Ela ficou um pouco constrangida. Ele sorriu e disse:

— Não se preocupe, Lola. Rafael é um grande amigo nosso. Estamos há muito tempo caminhando juntos. O sentimento que sente por ele é o mesmo que eu sinto. Não existiria melhor pessoa para cuidar e encaminhar a Maria.

— Sei disso. Eu queria tanto poder abraçar e beijar a minha filha...

— Eu também queria, mas sabe que não podemos.

Carmem também ouviu o que Rafael disse e, de seus olhos, lágrimas caíram, só que não eram de emoção e saudade, mas de muito ódio por Maria:

Essa menina vai me pagar! Por que tinha de fazer Rafael se lembrar de Lola?

Ao ouvir aquilo, Lola se desesperou:

— Dona Isabel, o que ela vai fazer com a Maria?

— Não sei, Lola. Precisamos esperar.

— Não acredito que não possamos fazer nada! Se eu estivesse viva, teria como proteger a minha filha!

— Acalme-se. Não adianta ficar assim. Estamos aqui e faremos tudo o que for possível para proteger Maria. Se estivesse viva, seria diferente. Poderia mesmo defender Maria e até se vingar de Carmem, mas estaria também contraindo dívidas, que precisariam ser pagas de alguma maneira.

— Isso não está certo! Ela me fez mal e está fazendo mal para minha filha e eu nada posso fazer?

— Pode fazer algo e eu já lhe disse o quê...

Sabendo do que ela falava e não estando ainda pronta para orar por Carmem, Lola começou a chorar e, com as mãos no rosto, acompanhava o que se passava.

Rafael viu as lágrimas caindo pelo rosto de Carmem e, com voz amorosa, perguntou:

— Você gostava muito da Lola, e também sente saudade dela, não é, Carmem?

Ela, com o rosto triste, fingindo uma saudade que na realidade não sentia, respondeu:

— Sinto saudade, sim, Rafael. Embora a tenha conhecido por tão pouco tempo, era minha amiga. Agora, está quase na hora de ir para a lavoura e ainda precisa tomar café.

— Tem razão. Vou avivar o fogo.

Ele foi até o fogão, colocou lenha e, com a tampa de uma panela, começou a abanar.

Carmem, fingindo um carinho que não sentia, disse:

— Agora, minha menina, depois de comer, volte a dormir. Ainda é muito cedo para se levantar.

Rafael ouviu o que ela disse e sorriu.

Lola, ainda desesperada, perguntou:

— O que vamos fazer agora?

— Vamos esperar, Lola.

Sem alternativa, Lola, olhando com amor para a filha, esperou.

Nunca estamos sós

Após ver que as chamas estavam fortes e que logo se transformariam em brasas, Rafael colocou uma leiteira com leite ao lado das chamas, sobre a lateral do fogão que, por ser feito de barro, fazia com que a frente e as laterais estivessem sempre quentes. Depois, pegou um filão de pão que algumas mulheres da colônia assavam e forneciam aos demais. Como precisavam pegar no armazém os ingredientes, cobravam uma pequena quantia por cada filão.

Assim que a água ferveu, Rafael colocou pó em um coador feito de flanela e coou o café. Em seguida, cortou três fatias grandes de pão, passou manteiga e, colocando o leite em três canecas, disse:

— Agora já podem se levantar. O café da manhã está servido.

Carmem sorriu e, enquanto colocava o colchão onde Rafael dormira sob a cama de casal, disse:

— Vamos, Maria! Seu pai já preparou o café. Ainda é muito cedo. Por isso, assim que terminarmos de comer, vamos voltar a dormir.

Maria, sorrindo, levantou-se e sentou-se à mesa, em uma cadeira perto de Rafael.

Estavam comendo, quando Julian chegou. Cumprimentou Rafael e Carmem.

— Bom dia.

Rafael e Carmem responderam ao cumprimento e ela disse:

— Como sempre, chegou bem na hora. Entre e tome café.

Julian sentou-se e, tomando café, disse.

— A partir de hoje, vamos ter muito mais trabalho, não é, Rafael?

— É, sim, mas, por outro lado, depois que a colheita for feita e vendida, poderemos, finalmente, receber um bom dinheiro e pensar o que fazer com a vida. Definitivamente, não podemos mais continuar aqui. Não foi para ter uma vida como esta que deixamos o nosso país.

— Tem razão. Pelo volume plantado, acho que, mesmo depois de pagarmos a metade ao patrão e a nossa conta no armazém, ainda vai sobrar um bom dinheiro.

— Precisa sobrar, Julian.

— Eu gostaria de ir com vocês.

— Seria bom se pudesse ir, Carmem, mas você sabe que não pode. Precisa cuidar da Maria. Ela é ainda muito pequena e na lavoura existem muitas cobras e insetos venenosos.

— Ele tem razão, Carmem. Maria é ainda muito pequena e não sabe diferenciar um inseto de outro ou uma cobra.

— É uma pena. Fico pensando em quanto trabalho tem e no muito que poderia ajudar.

— Arrumando as casas, lavando as nossas roupas, fazendo a nossa comida e cuidando da Maria, já faz muito.

— Isso não é o suficiente, Julian. Na lavoura, eu poderia ajudar mais.

— Não se preocupe, Carmem. Eu, seus irmãos e Julian vamos dar conta. Agora, está na hora de ir, estamos atrasados.

— Não se esqueçam de pegar a comida. Já preparei uma marmita para cada um, embora continue achando que seria melhor se viessem almoçar em casa. Poderiam comer uma comida feita na hora.

— Sabe que também queríamos fazer isso, Carmem, mas, se viermos até aqui, perderemos muito tempo e atrasaremos o trabalho. Estando lá, cada um come em um horário e o trabalho rende mais.

— Sei disso, mas deve ser ruim comer comida fria.

— É, sim, mas vai ser por pouco tempo. Assim que terminarmos a colheita, vamos pegar o dinheiro e vamos embora daqui.

— Para onde, Rafael?

— Não sei, Carmem, talvez para uma cidade maior ou até para a capital. Lá deve ter melhor oportunidade de trabalho. Posso tentar abrir o meu próprio negócio com os trabalhos que faço com ferro. Acho que, com esse trabalho, vou poder ganhar muito dinheiro. Não se preocupe, quando chegar a hora, vamos resolver.

— Para onde vocês forem, vou também – disse Julian.

Carmem e Rafael olharam para Julian, que até ali apenas ouvia a conversa. Rafael riu:

— Claro que vai, Julian. Você já faz parte da família.

— Ainda bem, pensei que não iam querer que eu fosse junto.

— Não diga bobagem. Vamos, estamos atrasados.

— Vamos, sim.

Quando estavam saindo, encontraram Pedro e Pepe que, como sempre, estavam atrasados. Rafael disse:

— Eu e o Julian já estamos indo. Tomem café e não demorem.

— Nós também já estamos indo, Rafael. Vamos tomar um café rápido e vamos alcançar vocês no caminho – disse Pepe.

Novamente, Rafael sorriu, já estava acostumado. Todos os dias era a mesma coisa. Os jovens tinham dificuldade para acordar cedo, mas, depois, trabalhavam muito.

Enquanto Rafael e Julian se afastavam, Carmem ficou à porta. Quando não os viu mais, entrou em casa. Logo depois, Pepe e Pedro saíram correndo.

Com ódio, Carmem olhou para Maria que, não entendendo o que ocorria, ficou olhando para ela.

Nervosa, Carmem se aproximou, pegou a menina pelos dois braços e começou a sacudir, dizendo:

— Você é um inferno na minha vida! Por sua causa, não posso ir com Rafael na lavoura! Por sua causa, preciso ficar distante dele! Não sei por que você não morre!

De uma altura considerável, jogou Maria sobre a cama. Maria, agora, chorava desesperada.

— Cale a boca, menina! Vai chamar a atenção dos vizinhos! Se não parar de chorar, vou colocar sua mão ali no fogão e aí você vai chorar com motivo!

Maria, horrorizada, não conseguia parar de chorar. Carmem, mais nervosa ainda, pegou-a pelo braço, levou-a até o fogão e colocou sua mãozinha na lateral onde estava sempre quente. Ficou alguns segundos, o suficiente para queimar. Maria deu um grito de dor. O grito foi tão alto que, em poucos segundos, as vizinhas do lado da casa chegaram. Uma delas perguntou:

— O que aconteceu, Carmem? Por que ela está gritando e chorando assim?

Demonstrando um desespero que não sentia, ela respondeu:

— Não sei, Ana. Eu estava distraída e não vi quando ela colocou a mão no fogão. Olha que queimadura horrível.

Voltando-se para Maria, que chorava, Carmem continuou:

— Como você foi mexer no fogão, Maria? Venha aqui no meu colo.

Começou a beijar a menina. Josefa, comovida com todo o carinho demonstrado, disse:

— Espere, vou até minha casa. Lá eu tenho um unguento que serve para queimadura. Com ele, a dor logo vai passar.

Ela saiu e Carmem, sob o olhar também comovido de Ana, a outra vizinha, começou a embalar Maria que, por causa da dor, não conseguia parar de gritar.

Lola também chorava:

— Como ela pôde ter coragem de fazer uma coisa como essa, Manolo? Nossa filha é ainda um bebê. Não podemos fazer nada para afastá-la dela?

Quem respondeu foi dona Isabel:

— Não, Lola. Carmem está tendo a oportunidade de redenção, mas parece que não vai aproveitar. Maria renasceu para ajudá-la e prometeu que tudo faria para que isso acontecesse.

— Está dizendo que Maria pediu para ter sua mão queimada e sofrer toda essa dor, dona Isabel? – perguntou Lola, revoltada.

— Não, Lola. Ninguém renasce para ser infeliz! A vontade de Deus é que todos sejam felizes e só não são por agirem como Carmem está fazendo agora, ao ir contra suas Leis. Estou dizendo que renasceram juntas para poderem aparar arestas e redimir erros passados. Maria não sofreria dessa maneira, se Carmem cumprisse o que prometeu. Além do mais, o espírito de Maria, por enquanto, está em um corpo de criança que, por suas limitações, ainda não pode demonstrar o que fará quando tiver um corpo adulto.

— Não me interessa se é um espírito adulto, dona Isabel. O que sei é que, agora, é uma criança e não sabe se defender!

— Essa também é uma prova pela qual não precisa passar, mas para ajudar Carmem a se redimir, aceitou passar. Queira Deus que esse tipo de atitude não revolte o seu espírito.

— Revoltar? Acha que ela vai se tornar uma pessoa má, dona Isabel?

— Não sei responder, Lola. Estou dizendo que nada sabemos. Isso dependerá de seu livre-arbítrio.

— Sendo criada por Carmem, com todo tipo de sofrimento, acha que ela se tornará o quê? Claro que um adulto revoltado, ruim!

— Nem sempre isso acontece, Lola. O espírito, quando está preparado, sabe superar tudo. Muitas pessoas que sofreram na infância se tornaram adultos bons e outras, que tiveram tudo, amor e carinho, se tornam adultos maldosos.

— Não consigo entender isso. Por que uma criança como Maria pode sofrer nas mãos de um monstro como Carmem e nada pode ser feito?

Manolo abraçou Lola e disse:

— Às vezes, é difícil, mas sempre existe uma resposta para tudo. Com o tempo, entenderá, assim como entendi.

— Não posso aceitar que seja castigada por algo que fiz em outra encarnação sem que lembre! O mesmo acontece com Maria.

Também, se fez algo ruim e não lembra, não há o porquê de sofrer dessa maneira – falou Lola, inconformada.

— Ela não está sofrendo em causa própria, mas para ajudar Carmem, de quem é companheira faz muito tempo. Ela escolheu, Lola – explicou Isabel.

Dona Isabel continuou:

— O esquecimento é mais uma bondade de Deus. Se nos lembrássemos do que fizemos, talvez não aguentaríamos. Carmem não se lembra do que fez à Maria. Maria não se lembra do que Carmem fez contra ela, por isso estão juntas. Maria, que foi vítima e que perdoou Carmem, aceitou renascer e, dependendo da atitude de Carmem, sabia que poderia passar por isso, mas, mesmo assim, aceitou.

Lola ia dizer alguma coisa, mas Josefa voltou com o unguento. Com a voz carinhosa, disse:

— Dê a mão, Maria. Assim que eu passar esse remédio, vai parar de doer.

Maria, no colo de Carmem, ainda chorando muito, estendeu o bracinho. Josefa, com cuidado, passou o unguento. Aos poucos, a dor foi passando e Maria, finalmente, parou de chorar. Olhou para Carmem e, soluçando, falou:

— Mãe... fogão...

Ao ouvir aquilo, Carmem estremeceu. Pensou rápido e, beijando o rosto da menina, falou:

— Sei que foi no fogão que você se queimou, mas eu já lhe disse várias vezes para não chegar perto dele. Agora, com esse remédio que a Josefa passou, não vai doer mais e, já sabe, nunca mais se aproxime do fogão. Você é muito pequena e sempre pode tropeçar.

A menina ia dizer algo, mas Carmem, ainda embalando-a, continuou falando:

— Ainda é muito cedo. Agora, você vai tentar dormir. Obrigada, Josefa, pelo unguento. Fiquei tão assustada que não consegui pensar em nada para ajudar minha filha.

— Não precisa agradecer, Carmem, nem ficar preocupada. É assim mesmo. Para tomar conta de uma criança, precisaríamos ter vinte olhos. Elas são curiosas. Como estou criando três, sei como é. Você não teve culpa. Sei também que, quando acontece alguma coisa com nossos filhos, na hora, não sabemos o que fazer. Vou deixar o unguento aqui e, quando a dor voltar, passe novamente. Agora está vermelho, mas depois, dependendo da profundidade da queimadura, pode criar uma bolha. É preciso manter o local sempre umedecido com o unguento e limpo para não inflamar.

— Está bem, Josefa. Vou cuidar bem dela.

— Preciso ir. Agora, seria melhor, mesmo, que ela dormisse.

— Vou fazer isso. Obrigada novamente. A você também, Ana.

Ana, desconcertada, sorriu:

— Não se preocupe, Carmem, pois, assim como você, também fiquei paralisada, imaginando a dor que ela estava sentindo, e não consegui ajudar.

— Só de ter vindo, ajudou muito, Ana. Eu estava sem saber o que fazer.

As duas sorriram e saíram. Quando Carmem teve a certeza de que elas estavam distantes e não poderiam ouvir, nervosa, voltou a balançar Maria, que ainda soluçava. Com muito ódio, descontrolada, disse:

— Você, agora, vai parar de chorar! Não quero que dê mais um pio! Não se atreva a contar para o Rafael o que aconteceu! Se fizer isso, eu queimo sua outra mão!

Maria arregalou os olhos. Com medo, voltou a chorar, só que, agora, baixinho.

— Eu já falei para parar de chorar!

— Tá doendo...

— Vai doer muito mais se não parar de chorar e se contar para alguém o que aconteceu! Vou apertar com muita força o lugar que está queimado.

Com raiva, jogou a menina sobre a cama e foi até o fogão tomar um pouco de café.

Maria, com medo, continuou chorando, só que baixinho.

— Maria não pode continuar com ela, assim, sem proteção, dona Isabel. Precisamos fazer alguma coisa para que Rafael descubra – Lola falou, chorando e desesperada.

— Tem razão, Lola. Não podemos interferir no livre-arbítrio de Carmem, mas podemos ir até onde Rafael está e o intuirmos para que volte e, também, permitir que Maria nos veja.

— Podemos fazer isso, dona Isabel? Pode fazer com que Rafael volte e que Maria nos veja?

— A criança, por ainda ser pura, na carne, e ainda trazer alguma lembrança do tempo vivido na espiritualidade, tem facilidade para ver os espíritos. Vamos envolvê-la com amor. Ela vai nos ver, principalmente a você, Lola. Embora, quando você partiu, ela ainda fosse muito pequena, tem ainda sua imagem presente. Quanto a Rafael, todos, mesmo sem saber, recebem, a todo momento, intuição do plano espiritual. Ao lado de cada espírito, reencarnado ou não, quando necessário, existe sempre um ou mais amigos espirituais que cuidam e fazem o possível para evitar sofrimento. Porém, isso só acontece quando não se trata de livre-arbítrio. Muitas pessoas dizem que deixaram de passar por um determinado lugar, de fazer alguma coisa, de não conseguir fazer uma viagem e depois, quando algo acontece e não sofreram dano, dizem que foi como se houvessem tido um aviso, que foi um milagre. Na realidade, não deixam de ter razão. Foram, sim, intuídos, como estamos fazendo agora com Rafael. Somente quando não pode ser evitado é que não interferimos. Muitas vezes, os encarnados se perguntam por que tinham de passar naquele lugar, naquele minuto e sofrerem um acidente. Pois, se passassem alguns minutos depois, nada sofreriam. Porque aquele era um momento que não podia ser evitado. Era um momento planejado.

Lola e Manolo, em silêncio, ouviram o que ela disse e ficaram calados.

— Agora, vocês devem ir até onde Rafael está e tentem fazer com que volte para casa. Enquanto isso, eu ficarei jogando luzes sobre Maria para que a dor diminua – ordenou Isabel.

Lola respirou aliviada e, pegando nas mãos de Manolo, ambos desapareceram.

Rafael já havia chegado à lavoura e trabalhava ardentemente. Enquanto trabalhava, pensava:

Assim que recebermos o dinheiro da colheita, vamos embora daqui. Ainda não sei para onde, mas que vamos, vamos! Chega de tanta miséria! Sei que, em outro lugar, vamos ter uma melhor condição de vida.

Lola e Manolo se aproximaram de Rafael e Manolo disse:

— Agora, Lola, eu vou jogar luzes sobre ele, e você converse, faça com que volte para casa.

Lola, agoniada e preocupada, concordou com a cabeça. Manolo começou a jogar luzes. Lola se aproximou e, com a voz embargada, disse:

— Rafael, Maria está sofrendo muito e precisa da sua proteção. Precisa voltar agora para casa. Ela é muito pequena e só tem a você para protegê-la. Por favor, ouça o que estou dizendo.

Rafael, que estava colhendo os frutos do café, parou por um instante, levantou a cabeça e olhou para o céu. Manolo sorriu:

— Ele está ouvindo, Lola. Continue!

— É isso mesmo, Rafael. Precisa voltar para casa... Maria está precisando...

No mesmo instante, ele voltou-se para Julian que estava a alguns metros e disse:

— Julian, vou até em casa.

— A esta hora? Por quê?

— Não sei, mas estou sentindo que preciso ir. Acho que aconteceu alguma coisa ruim.

— Faz pouco tempo que saímos e estava tudo bem.

— Sei disso, mas, mesmo assim, vou até lá, Julian.

— Sabe que vai atrasar o trabalho, não sabe?

— Sei, mas preciso ir. Volto logo e vou trabalhar até mais tarde para compensar.

— Parece que não vai mudar de ideia. Vá e não se preocupe, tenho certeza de que nada aconteceu.

Sem esperar um minuto a mais, Rafael saiu correndo.

Lola sorriu, pois sabia que na companhia dele Maria estaria bem.

Saíram dali e, em poucos segundos, estavam de volta ao quarto onde Maria estava.

A menina, amedrontada, estava encolhida na cama. Seus olhos estavam cheios de lágrimas pela dor que sentia, mas tinha medo de chorar. Isabel, com as mãos estendidas, jogava luzes em direção à Maria. Logo a menina estava envolvida em muita luz branca. A dor que sentia também desapareceu. Em seguida, disse:

— Ela está nos vendo, Lola.

Emocionada, Lola se aproximou um pouco mais e, mantendo distância, disse:

— Maria, sou eu, a mamãe... estou aqui ao seu lado...

A menina, quando a viu, sorriu e, entre lágrimas, disse:

— Mamãe...

— Estou aqui, minha filha, e vou fazer o que puder para que você não sofra – Lola disse sorrindo, também com lágrimas nos olhos.

— Mamãe, tá doendo... – Maria disse, extasiada diante deles e ao ver toda aquela luz que a envolvia.

— Sei que está doendo, minha filha, mas vai passar. Agora, você precisa dormir, assim não vai sentir mais dor...

Carmem, que estava junto ao fogão tomando café, ouviu Maria falando. Voltou-se e, ainda com raiva, viu que ela olhava e sorria para o lado onde eles estavam. Não sabia o que estava acontecendo, então perguntou:

— O que está acontecendo, por que me chamou?

Maria pareceu não ouvir. Ela voltou a perguntar:

— O que você quer? Por que me chamou?

Maria, sorrindo para Lola, não ouviu o que ela perguntou e não respondeu.

Carmem aproximou-se da cama e, sacudindo a menina, voltou a perguntar:

— O que você quer?

Maria, ainda olhando para Lola que sorria e, com a ponta dos dedos, lhe mandava beijos, disse:

— Mamãe... mamãe...

Carmem, sem entender o que estava acontecendo, disse, raivosa:

— Não entendo você, menina! Como, depois do que aconteceu, você ainda pode me chamar com tanto carinho?

A menina não ouviu. Continuou olhando para Lola e a dizer:

— Mamãe... mamãe...

Carmem, com a voz firme e gritando, disse:

— Trate de dormir! Você é mesmo um empecilho na minha vida! Olhe o que me obrigou a fazer! Não sei por que não morre!

A menina, ainda não ouvindo, continuou olhando para Lola, que continuava sorrindo:

— Tente dormir, minha filha. A dor logo vai passar. Estou aqui ao seu lado, nunca se esqueça disso.

Aos poucos, sob a paz de toda aquela luz, ela adormeceu. Carmem voltou ao fogão, pegou outra caneca com café e ficou pensando:

Como fui fazer uma coisa como essa? Se essa menina contar para o Rafael, ele nunca vai me perdoar! Se eu não tivesse interferido, ela teria contado para a Ana e a Josefa. Preciso dar um jeito nela, mas não pode ser dessa maneira! Não posso deixar espaço para dúvida alguma a meu respeito. Preciso fazer alguma coisa, mas o quê?

Assim que adormeceu, Maria abriu os olhos espirituais e pôde ver mais nitidamente Lola. Esta olhou para Isabel que, entendendo o que ela queria, disse:

— Agora, sim, Lola. Você pode abraçá-la, beijá-la e fazer todo o carinho que quiser.

Lola, chorando e rindo ao mesmo tempo, abraçou e beijou a menina muitas vezes. Maria, sem entender o que estava acontecendo, apenas falava:

— Mamãe... mamãe...

— Estou aqui, minha filha, e vou ficar todo o tempo que puder.

A menina mostrou a mãozinha:

— Doeu muito... muito... muito...

— Eu sei, meu amor, mas nada pude fazer para evitar. Agora está doendo?

— Não, agora não...

— Preste atenção e não se esqueça, sempre que alguma coisa ruim acontecer a você, precisa se lembrar de que eu estou do seu lado, bem pertinho. Está bem? Não vai se esquecer?

— Não... não vou... mamãe...

Ficou ali com a menina no colo, embalando-a com muito carinho. Depois de algum tempo, Isabel disse:

— Agora ela precisa voltar ao corpo, Lola.

— Já, dona Isabel? Queria ficar mais tempo com ela no colo...

— Sei que queria, mas não é possível. Por outro lado, você talvez não tenha percebido, mas disse algo muito importante para todos nós, espíritos encarnados ou não.

— O que eu disse?

— Disse que, nos momentos difíceis, sempre estará ao lado dela.

— Eu disse, mas não sei se é possível...

— É sim, Lola, e acontece sempre. Por pior que seja o momento por que estamos passando, sempre teremos ao nosso lado amigos espirituais que estarão nos ajudando a conseguir a nossa evolução. Nunca estamos sós, Lola. Nunca. Mesmo nós, os desencarnados, assim como os encarnados, precisamos sempre da ajuda de amigos. E sempre temos.

— Saber isso é um alívio...

— Sim, tem razão, se todos soubessem e acreditassem nisso, veriam que os momentos ruins passam bem depressa. Agora, coloque-a na cama. Dentro de alguns minutos, vai despertar.

— A dor vai voltar?

— Vai, mas não se preocupe, Rafael está chegando. Ele vai cuidar dela.

Com carinho, Lola beijou o espírito da filha mais uma vez e colocou-a de volta ao corpo e na cama.

O espírito da menina, antes mesmo se ser colocado na cama, já estava adormecido.

Eles permaneceram ali, ao seu lado.

Ajuda providencial

Rafael chegou cansado de tanto correr e quase não conseguia falar. Olhou para a cama de Maria e viu que ela estava dormindo. Não pôde ver a mão, pois um cobertor a cobria. Assustado e nervoso, perguntou:

— O que aconteceu aqui, Carmem?

Ela também se assustou ao vê-lo ali, pois isso nunca acontecia. Eles, depois que iam para a lavoura, só voltavam quando começava a escurecer. Pensou rápido e começou a chorar, enquanto dizia:

— Você nunca vai me perdoar...

— O que aconteceu, Carmem?

Ela, agora, chorava desesperada. Ele ficou mais nervoso ainda. Perguntou novamente:

— Pare de chorar, Carmem, e me diga o que aconteceu!

— Sei que sou a culpada, mas nunca pensei que poderia acontecer uma coisa como essa...

— Por favor, Carmem, diga logo!

— Eu me distraí e não vi quando a Maria foi para junto do fogão. Não sei o que aconteceu, acho que ela tropeçou. Quando ouvi um grito, me voltei e ela estava com a mãozinha sobre o fogão. Corri, mas quando consegui tirá-la, já havia se queimado muito.

— Ela queimou a mão?

— Sim. Perdão, Rafael... foi culpa minha... me distraí...

Ele não a ouviu mais. Correu para junto de Maria, que continuava dormindo. Com cuidado, levantou o cobertor, olhou para a mão da menina e viu que a região queimada estava muito vermelha.

— Meu Deus, Carmem... deve ter doído muito...

— Doeu, sim. Ela gritou tão alto que Josefa e Ana correram para cá. Depois de ver o que tinha acontecido, Josefa trouxe um unguento. Assim que terminou de passar, a dor sumiu e Maria dormiu.

Ela chorava desesperada. Rafael, comovido com tamanha devoção, disse:

— Não precisa ficar assim, foi um acidente. Sabe que criança é muito curiosa. Você não teve culpa. Sei com que dedicação cuida dela. O importante é que parece que ela está bem...

Intimamente, Carmem sorriu e pensou:

Ele acreditou na minha história. Só falta essa peste acordar e contar o que aconteceu realmente.

Rafael ficou ali, olhando para Maria e disse baixinho:

— Como pôde fazer isso, Maria? Sei que é criança e que ainda não tem a real noção do perigo, mas, quando acordar, vamos conversar. Preciso lhe explicar algumas coisas.

Carmem estremeceu. O medo tomou conta de todo o seu ser:

Preciso fazer alguma coisa para impedir que ela conte a verdade!

Disfarçando o medo que estava sentindo, perguntou:

— Como você soube, Rafael?

Ele se voltou, foi até o fogão, colocou café em uma caneca e respondeu:

— Não sei, Carmem. Estava trabalhando e, de repente, tive uma sensação ruim e uma vontade imensa de vir para casa. Não sabia o que havia acontecido, mas sabia que era algo muito ruim.

— Que estranho...

— Também achei. Acho que foi um anjo que me avisou. Mesmo assim, não consegui evitar que acontecesse.

— Você não tem culpa, Rafael. Fui eu quem me distraí e não olhei o que ela estava fazendo.

— Ninguém teve culpa, Carmem. Essas coisas acontecem. Bem, apesar da queimadura, parece que ela está bem. Preciso voltar ao trabalho. Sei que não preciso dizer, Carmem. Todos sabem com que carinho você cuida dela, mas, por favor, não descuide nem por um minuto, está bem?

— Desculpe, Rafael. Não vai acontecer novamente. Vou ficar com vinte olhos abertos.

— Também não precisa tanto, bastam os seus dois – disse, rindo. – Já que ela está bem, preciso voltar ao trabalho. Saí de lá correndo sem dar explicação. Julian e seus irmãos não devem ter entendido nada. Vou, mas, se acontecer alguma coisa, se ela sentir muita dor, mande me chamar. Se for preciso, nós a levaremos até a cidade. Lá deve ter um médico.

— Está bem, Rafael. Pode ir tranquilo. Vou cuidar dela com todo carinho.

Ele sorriu. Ia saindo quando ouviu:

— Papai...

Ao ouvir a voz da menina, ele se voltou e foi até a cama:

— O que aconteceu, Maria? Como foi fazer isso?

Maria começou a chorar. Ia dizer o que aconteceu, mas, Carmem, por detrás dos ombros de Rafael, fez com a cabeça um gesto e de seus olhos pareciam sair faíscas. Antes que a menina respondesse, falou:

— Você tropeçou, não foi, Maria?

Tremendo de medo, a menina, sem responder, concordou com a cabeça.

— Precisa tomar cuidado, minha filha. Não chegue nunca mais perto do fogão...

— Não vou chegar, mas está doendo muito.

— Deve estar mesmo. Carmem, a Josefa deixou o unguento?

— Deixou, está aqui.

Entregou para ele, que, com carinho, passou por toda a queimadura. Aos poucos com a ajuda do unguento e das luzes que Isabel e Manolo jogavam sobre ela, a dor foi desaparecendo. Maria respirou aliviada e falou:

— Parou de doer, papai. Sabe, eu não disse que tinha sonhado com a minha mãe de verdade?

— Disse, mas por que está me perguntando isso?

— Sonhei com ela de novo... me pegou no colo, me beijou, abraçou e falou alguma coisa, mas não lembro o que foi.

— Que bom, minha filha. Ela deve estar sempre por aqui. Ela amava muito você...

— Acho que ela não é minha mãe. Acho que ela é um anjo com a cara da minha mãe...

— Você se lembra da sua mãe? Como ela é, Maria?

— Lembro. Ela tem os cabelos muito pretos e os olhos grandes. É muito bonita, mesmo. Acho que gosta de mim, de verdade...

Rafael e Carmem lembraram-se de Lola. Ele, com lágrimas nos olhos, disse:

— Claro que gosta, minha filha. Estou tranquilo por saber que ela está cuidando de você...

Lola, que estava ali, viu uma bola de luz que saía do peito de Rafael e que a atingiu totalmente. Sentiu-se muito bem e disse:

— Obrigada, Rafael, por todo esse amor que sente por mim. Eu e Manolo vamos, sim, ficar ao lado dela e fazer todo o possível para evitar que ela sofra.

Sem saber que ela estava ali, Maria perguntou:

— Será que ela vai voltar, papai?

— Vai, sim, minha filha. Claro que vai. Acho até que ela está aqui. Ela gosta muito de você. Agora, eu preciso voltar ao trabalho.

Maria olhou para Carmem e, com lágrimas nos olhos, disse:

— Não vai, papai. Fica aqui comigo...

— Bem que eu gostaria, mas não posso. Prometo que, assim que terminar a colheita, vou receber muito dinheiro e vamos nos mudar daqui para um lugar melhor. Vou arrumar outro emprego até conseguir montar o meu negócio e vou passar mais tempo com você. Promete que vai ficar deitada e quietinha sem mexer muito a mão?

— Prometo, mas, papai, me leva com o senhor?

— Não pode, minha filha. A lavoura é um lugar muito perigoso. Tem muitos insetos e cobras. Mas não se preocupe, Carmem gosta muito de você e vai cuidar para que nada mais de mal lhe aconteça, não é, Carmem?

A menina olhou para Carmem que, com medo que ela dissesse alguma coisa, falou rápido:

— Claro que vou cuidar, Maria. Sabe quanto gosto de você. Pode ir trabalhar sossegado, nada mais vai acontecer. Vou ficar o tempo todo ao lado dela.

— Está bem, estou indo. Hoje talvez eu chegue um pouco mais tarde. Preciso compensar o tempo em que estou aqui.

— Não se preocupe. Tudo vai ficar bem – Carmem disse, sorrindo.

Rafael beijou a testa de Maria e saiu. A menina se encolheu e fechou os olhos, fingindo dormir.

Carmem sabia quanto tempo Rafael levava para chegar à lavoura. Esperou um pouco. Quando teve certeza de que ele estava distante, com força e sacudindo Maria, levantou-a, dizendo:

— Você não toma jeito mesmo, não é?

A menina, tremendo e com muito medo, disse:

— Eu não falei nada... não contei que foi a senhora que queimou a minha mão...

— Não contou por pouco! Pensa que eu não sei que queria contar?

Maria agora chorava:

— Não vou contar...

— Nunca mais fale com ele sobre sua mãe ou sei lá com quem diz sonhar!

— Por que não? Ela gosta de mim...

— Gosta coisa nenhuma! Você fica inventando essa história. Para não se esquecer de que não é para falar mais dela, você vai se levantar e ficar em pé ali naquele canto sem se mexer!

— Eu não quero. Minha mão está doendo...

— Pode não querer, mas não me importo se sua mão está doendo ou não! Fique sabendo que quem manda aqui sou eu! Levante logo!

Sem ter o que fazer e sabendo que Carmem era violenta, chorando, Maria se levantou e foi ao canto que Carmem lhe mostrava com a mão.

— Fique aí e não se mexa!

Lola, ao ver aquilo, não suportou e mais uma vez se jogou sobre Carmem que sentiu novamente aquele mal-estar e quase caiu.

Isabel e Manolo a retiraram.

— Sabe que não pode fazer isso, Lola.

— Como não, dona Isabel? Ela está maltratando a minha filha, uma criança indefesa! – disse, furiosa.

— Ela está errada, mas você não pode errar também. Em vez disso, vamos ajudar Maria de uma outra maneira.

— De que maneira?

— Venha.

Saíram dali e foram até a casa de Josefa, que preparava o almoço. Isabel, estendendo a mão sobre ela, disse:

— Josefa, você precisa ajudar Maria. Vá até lá, agora.

Josefa, que estava fazendo arroz, no mesmo instante, pensou:

Como será que Maria está? Será que a dor passou? Assim que colocar a água no arroz, vou até lá.

Lola sorriu. Isabel, então, disse:

— Não lhe disse que não é preciso usar de violência, Lola?

— A senhora disse, também, que não podemos interferir no livre-arbítrio.

— Não interferi. Carmem já usou o seu livre-arbítrio no momento em que queimou Maria e fez com que ela se levantasse e ficasse em pé sem se mexer. O que estamos fazendo agora é ajudar a menina. São coisas diferentes.

Maria estava em pé já há algum tempo. Suas perninhas estavam tremendo e começando a doer, mas, com medo, ela fazia o possível para não se mexer. Carmem, após sentir aquela tontura, ficou preocupada e, olhando para a menina, pensou:

O que é isso que estou sentindo? Por que essa tontura, esse mal--estar? É o nervoso que estou passando com essa menina! Rafael é todo carinhoso com ela, mas para mim não tem um olhar ou uma palavra de carinho! Quando se lembra da Lola, seus olhos brilham. Até quando isso vai continuar assim? Já sei... vai durar enquanto essa menina viver, ele não vai se esquecer da outra!

Com ódio, foi em direção a Maria, que não viu porque estava de costas para ela, olhando para a parede. Carmem levantou a mão, ia bater nela, mas, no mesmo momento, Josefa apareceu na porta.

— Carmem, a Maria está bem?

Carmem, ao ouvir a voz dela, se assustou. Voltou-se e, rindo, disse:

— Ela está bem, sim. Disse que não dói mais.

— Por que está em pé?

— Ela é muito teimosa. Não quer ficar deitada, eu estava agora mesmo, tentando fazer com que voltasse para a cama.

Josefa entrou na casa e foi para junto de Maria, que rapidamente secou as lágrimas que corriam por seu rosto. Josefa chegou perto dela, virou-a e perguntou:

— Por que quer ficar em pé, Maria?

Maria olhou para Carmem que estava atrás de Josefa. Pelo seu olhar, percebeu que não devia contar a verdade, então, disse:

— Eu gosto de ficar em pé, dona Josefa.

— Como pode gostar de ficar em pé, ainda mais com essa mão queimada que deve estar doendo muito?

— Está doendo só um pouquinho.

Josefa a abraçou e, com carinho na voz, disse:

— Para que você possa sarar, é preciso ficar quietinha, sem mexer muito a mão. Deve ficar deitada, Maria. Venha, vou colocar você na cama.

Maria, muito assustada, olhou para Carmem que, com a cabeça, disse que sim.

Josefa colocou-a sobre a cama, cobriu-a, deixando a mão queimada para fora e falou:

— Agora, vou passar mais um pouco do unguento e você vai ficar quietinha. Está bem?

Novamente, Maria olhou para Carmem que voltou a concordar com a cabeça.

A menina fechou os olhos e pensou:

Mãe bonita, cuida de mim... faz ela não me machucar mais...

Lola, chorando, disse:

— Estou aqui, minha filha. Por que você não conta ao Rafael? Ele precisa saber...

Lola voltou-se para Isabel e, nervosa, disse:

— Isso não é justo, dona Isabel! Por que eu tive de morrer e abandonar a minha filha nas mãos dessa louca? Por que a minha menina tem de sofrer tanto? Não está certo, não está certo...

— Tudo está sempre certo, Lola. Nada acontece que não tenha sido desejado ou previsto. Carmem, infelizmente, está perdendo uma grande oportunidade que lhe foi dada, mas ainda tenho esperança de que ela mude.

— Mudar? Ela não vai mudar nunca! Ela vai judiar até matar a minha filha!

— Tenha calma. Estamos aqui e vamos fazer tudo para ajudar Maria. Você viu como foi fácil?

— Dessa vez foi, mas e daqui para frente?

— Você, por ter voltado recentemente, traz ainda sentimentos dos encarnados. Aqui, não nos preocupamos com o que vai acontecer no futuro, somente com o presente. Do futuro, a única coisa que nos importa é a nossa evolução. A ansiedade não é boa companheira. Não se desespere, no final, tudo dá sempre certo.

Lola, olhando para Maria, que estava com os olhos fechados, continuou chorando. Manolo, carinhoso, abraçou-a:

— Fique calma, meu amor. Estamos juntos novamente e nossa filha terá toda a proteção permitida.

Ela se aconchegou em seus braços e, juntos, ficaram olhando para a menina. Isabel sorriu.

O resto do dia, Carmem, com medo de que Josefa ou Rafael descobrissem o que ela fizera com Maria, não fez mais maldade alguma. Somente não passou o unguento, quando a menina reclamou de estar sentindo dor. Só fez isso na hora em que sabia que Rafael ia chegar.

Já estava anoitecendo, quando Rafael, Julian e os irmãos de Carmem voltaram. Traziam em suas mãos pacotes com mantimentos, enrolados em folhas de jornal. Assim que entraram, Rafael foi para junto de Maria e beijou-a, perguntando:

— Como você está, Maria. A dor passou?

Ela olhou para Carmem que também a olhava. Com medo, voltou a mentir:

— Não estava doendo, mas agora começou a doer.

— Vou passar mais um pouco de unguento e vai passar.

Viu que o unguento estava na mão de Carmem que, demonstrando estar preocupada, disse:

— Está aqui, Rafael. Durante o dia, passei várias vezes, mas a dor continua. Não sei o que fazer.

— Queimadura dói mesmo, Carmem. Maria, deixe eu ver como está.

Maria mostrou a mão e, agora, a região queimada tinha se transformado em uma grande bolha.

Rafael olhou e, preocupado, disse:

— É assim mesmo, Maria. Quando essa bolha estourar, vai surgir uma casca e, quando a casca cair, você vai estar boa. Carmem, precisa limpar, pois, se inflamar, ela poderá ter problemas.

— Pode deixar, vou limpar. Ela logo vai estar bem e, com certeza, não vai mais passar perto do fogão, não é, Maria?

Rafael, com carinho e cuidado, passou o unguento. Depois, disse:

— Agora, vamos jantar e, antes de dormir, vou passar novamente e você vai conseguir dormir a noite toda.

A menina sorriu, mas uma lágrima se formou.

Julian, Pedro e Pepe tinham ido até a casa ao lado, onde moravam, para trocar de roupa. Voltaram. Julian se aproximou de Maria e, sorrindo, disse:

— Seu pai me contou o que aconteceu. Você precisa ter cuidado, Maria. A Carmem tem muito para fazer, não pode ficar olhando você a todo instante.

Maria olhou para Carmem e depois para ele, mas permaneceu calada.

Pedro e Pepe também se aproximaram, mas nada falaram. Apenas beijaram a testa da menina.

Carmem, para que o assunto fosse mudado, disse:

— O jantar já está pronto. Vamos comer logo, antes que escureça de vez. Acendi as lamparinas, mas mesmo assim, sabem que ilumina muito pouco.

Todos concordaram e se sentaram. Carmem colocou a comida sobre a mesa e eles se serviram. Rafael, antes de se servir, pegou um prato, colocou comida e foi até Maria, perguntando:

— Consegue comer com a mão esquerda?

— Não sei, acho que não.

— Não tem problema, vou dar a você.

Com paciência, ele foi dando a comida. Carmem, que tudo acompanhava, pensava:

Ele só tem olhos para essa menina! Eu a odeio!

Enquanto eles comiam e Rafael dava comida para Maria, Julian disse:

— Carmem, temos uma boa notícia!

— Que notícia?

— O Tonhão esteve lá na lavoura e disse que o patrão está muito contente com a colheita. Disse que foi bem maior do que pensava e muito melhor do que na época dos escravos e que nunca teve uma colheita assim.

— Também trabalhamos feitos loucos! – Pepe falou.

Rafael, que ouvia o que falavam, disse:

— Tem razão, Pepe. Trabalhamos muito mesmo, mas valeu a pena. Já que a colheita foi boa, vamos ganhar muito dinheiro e poderemos ir embora daqui.

— Ainda bem, não consigo viver mais nesta miséria. A vida aqui é pior do que aquela que a gente tinha na Espanha – comentou Carmem.

Julian voltou a falar:

— Bem, de qualquer maneira, o que importa mesmo é que o patrão, por estar feliz, vai dar uma festa muito grande. Com muita carne, música e cachaça! Vamos comer, beber e dançar à vontade!

— Uma festa, Julian?

— Isso mesmo, Carmem. Uma festa! Acho que merecemos!

— Rafael, preciso de um vestido novo. Vou comprar tecido no armazém e pedir para a Ana costurar.

— Faça isso, Carmem, e compre um tecido também para fazer um vestido novo para a Maria. Você quer, minha filha?

Com ódio, mas tentando disfarçar, ela disse:

— Claro que vou mandar fazer um vestido novo para ela também. Você vai ficar linda, Maria.

— Ela não precisa de um vestido para ficar linda, Carmem. Já é linda por natureza! – disse Rafael.

Carmem sorriu, mas queria mesmo era avançar no pescoço de Rafael e de Maria.

Após o jantar, Rafael passou mais uma vez unguento na mão de Maria e deitou-se na cama de Carmem ao lado da menina. Ficou ao seu lado até que adormecesse, depois, se levantou, puxou o seu colchão que estava sob a cama e deitou-se também.

Carmem, que acompanhava todos os seus gestos, também se deitou. Cheirou o travesseiro no qual Rafael até há pouco estivera deitado e pensou:

Como eu queria ser sua mulher, Rafael. Sei que vou ser, quando isso acontecer, eu não vou querer mais nada nesta vida...

Lola e os outros, que a tudo acompanhavam, respiraram fundo.

— Agora Maria vai ficar bem, não é, dona Isabel?

— Vai sim. Ao lado de Rafael, nada de mau pode lhe acontecer. Vamos esperar que adormeçam bem. Em seguida, eles nos verão e poderemos conversar.

— Poderemos conversar com Carmem?

— Sim, Lola. Quando o corpo adormece, o espírito fica livre. Está vendo aquele fio prateado que sai do corpo deles?

— Estou.

— Esse fio é que prende o espírito ao corpo. Assim, quando o corpo está adormecido, os encarnados podem ir para qualquer lugar sem perigo. A isso, costuma-se dar o nome de sonhos.

— Não existem sonhos?

— Pode-se dizer que sim. A nossa presença pode ser considerada um sonho. Quando o corpo está adormecido, o espírito fica sempre alerta. Quando as pessoas adormecem, nos dão a oportunidade de conversarmos, levá-las para lugares conhecidos ou não. Após conversar conosco e ao acordar não se lembram de quase nada, mas o mais importante é podermos lembrá-los dos compromissos assumidos.

Lola olhou para Rafael que, cansado do dia duro de trabalho, dormia profundamente.

Dissimulação

Isabel esperou algum tempo, até que dormissem profundamente. Em seguida, acordou-os. Rafael foi o primeiro a despertar e, assim que viu Lola, correu para ela e abraçou-a com carinho e saudade:

— Lola, que bom que está aqui! Sinto tanto sua falta!

Lola olhou para Manolo, que sorriu. Tranquila, abraçou-se a Rafael, dizendo:

— Também estou com saudade de você, Rafael. Estou feliz por ver que está cuidando muito bem da Maria.

— Eu lhe prometi que faria isso, mas, mesmo que não tivesse prometido, não deixaria de fazer, amo essa menina. Ela é tudo para mim. Minha vida só tem sentido por causa dela.

— Sei disso e só posso lhe agradecer.

Separaram-se e só então ele viu Manolo e dona Isabel. Olhou para Lola, indagando com os olhos. Ela entendeu e, sorrindo, disse:

— Esta é dona Isabel, o anjo bom que Deus colocou na minha vida e na de Manolo, quando mais precisávamos. E este é Manolo. Quando despertei, eles estavam ao meu lado.

Rafael olhou para os dois e demorou um pouco mais olhando para Manolo, que disse:

— Não se preocupe, Rafael. Sei do amor que sente por Lola e posso lhe garantir que esse amor é antigo. Você não se lembra, mas somos companheiros de jornada há muito tempo. Estou feliz por poder conversar com você.

Rafael, sem entender bem o que estava acontecendo, sorriu.

— Não estou entendendo muito bem o que está acontecendo, pois pensei que todos estivessem mortos mas, ao mesmo tempo, estou feliz por estar aqui.

Isabel, entendendo a confusão dele, disse:

— A morte não existe, Rafael. É somente uma passagem rápida de uma dimensão para outra. A presença de vocês era necessária. Por isso ficamos aqui esperando que adormecessem para podermos conversar.

— A senhora está dizendo que não morremos, que a vida continua e que realmente existe o céu e o inferno?

— Sim, não morremos. Existe uma vida vibrante após a morte física. Quanto ao céu e ao inferno, eles existem, sim, mas dentro de cada um. A vida pode ser um céu, como também um inferno, dependendo de como vivemos e das escolhas que fazemos.

— Não estou entendendo...

— Sei que é difícil, mas, se pensar no tempo em que viveu ao lado de Lola, pode-se dizer que você estava no céu, não é mesmo?

— Sim e quando ela morreu, passei a viver no inferno. É isso que a senhora está dizendo?

— Mais ou menos isso. Mas esse foi só um exemplo. Pode--se estar no inferno, quando trazemos ódio, mágoa ou desejo de fazer mal a alguém. Pode-se viver no inferno, quando sentimos um ciúme doentio que, muitas vezes, pode nos levar a fazer loucuras das quais nos arrependeremos para sempre. Estamos no inferno, quando nos recusamos a perdoar e ficamos remoendo o mal que nos fizeram. Esses sentimentos só fazem mal àqueles que os sentem, pois, quase sempre àqueles aos quais são dirigidos, na maioria das vezes, não se lembram, pois nunca reconhecem terem cometido ofensa alguma. Muitas vezes, porém, esquecemos quanto prejudicamos outras pessoas. É como aquele velho ditado que conhecemos: "quem bate esquece". Pode-se viver no inferno, quando deixamos que a ansiedade nos domine, sem entendermos

O DESTINO EM SUAS MÃOS

ou aceitarmos que Deus está tomando conta de tudo. Portanto, se algo que queremos muito não acontecer, é porque não era bom para nós, nem para nosso aprendizado e evolução. Sempre, lá na frente, quando as coisas não saíram da maneira que queríamos, depois que o tempo passar, vamos ver que foi bom não ter acontecido. Pode-se viver no inferno, quando precisamos tomar uma atitude, necessária no momento, e por medo ou covardia, deixamos de tomá-la. Pode-se viver no inferno, quando não aceitamos nossa condição de vida e praguejamos. Como pode ver, existem muitas maneiras de vivermos no inferno.

— Tudo isso que a senhora disse é muito bonito, mas, na vida real, é impossível conseguir. Como podemos esquecer um mal que nos fazem? Como podemos acreditar em Deus, quando vemos tanta injustiça? Como podemos deixar de sofrer, quando nossa vida é mudada contra nossa vontade e sofremos por isso? Um exemplo foi o que aconteceu comigo. Depois de sonhar tanto com uma vida de felicidade ao lado de Lola, ela, sem explicação, morreu, me deixando sozinho. Como posso acreditar em um Deus que deixa uma criança linda como a Maria sem mãe e pai?

— Tem razão em pensar assim, mas, se acreditássemos que existe um Deus que, por ser Deus, só pode ser perfeito, portanto não pode errar, entenderíamos, com mais facilidade, que para tudo existe sempre uma razão. Que nada que nos acontece é novidade para Ele. Se aceitarmos a vida como ela vem, acreditaremos que, por pior que seja o momento que estamos vivendo, nunca estamos sós. Por pior que possa ser o problema, ele tem hora para começar e para terminar, já que, para todo problema sempre existe uma solução e ela virá, com certeza.

— Ainda continuo achando impossível que um ser humano possa aceitar tudo isso que a senhora disse.

— Está certo. Por isso, Deus, que tudo sabe e que a todos conhece, dá a oportunidade de renascermos hoje e continuarmos nascendo, vivendo, morrendo e renascendo, até entendermos e aceitarmos. A isso se dá o nome de evolução. Muitos já aprenderam e ocupam hoje um lugar de destaque no plano espiritual. Nós teremos de viver ainda muitas vidas para entendermos e aceitarmos que somente o bem, o amor e o perdão podem nos aperfeiçoar e nos fazer caminhar.

— Se for assim, vou ter de renascer muitas vezes, pois é muito difícil entender e aceitar tudo isso.

— Todo espírito, quando nasce, traz consigo a vida que planejou. Nada acontece sem ter sido planejado.

— Está dizendo que eu escolhi viver da maneira que vivo? Na pobreza, trabalhando muito para ter quase nada? Que escolhi perder Lola no momento mais feliz da minha vida?

— Sim, escolheu, Rafael, e não só você, mas todos planejaram, e você aceitou e foi aceito pelos outros para ser responsável por Maria e por Carmem também.

— Pela Carmem, pela Maria? Por quê?

— Logo saberá. Agora, vamos despertar Carmem e tentar fazer com que ela entenda que o que está fazendo com Maria só fará mal a si mesma.

— Vamos fazer, sim. Ela precisa despertar para o bem.

— Sabe que, embora possamos tentar, Manolo, caberá a ela a escolha do caminho que deve trilhar. Depois que ela escolher o caminho, vocês poderão ou não continuar a jornada juntos.

— Caminhando juntos?

— Sim, vocês estão juntos há muito tempo. Um sempre ajudando o outro na caminhada. Estão ligados pelo amor e pelo ódio. Poderão seguir adiante, quando existir só o amor e o perdão. Carmem, se retornar ao caminho e cuidar de Maria com amor e carinho, poderá seguir ao lado de vocês; caso contrário, terá de ficar pelo caminho e caberá a cada um de vocês escolher ficar e esperar por ela ou continuar a jornada.. Poderão fazer o que quiserem, pois nada será pedido ou criticado. Agora, vamos despertar Carmem.

Isabel direcionou as mãos para Carmem, que dormia profundamente. Ela respirou fundo, seus olhos espirituais viram a todos e se admirou. Teve dificuldade quanto a Isabel e Manolo, mas reconheceu Rafael e Lola prontamente.

Ao ver Lola, Carmem sentiu um ódio imenso, ia gritar que ela não podia estar lá, pois estava morta e que fora ela a responsável, mas, como sempre, pensou um pouco e, abrindo os braços, disse, sorrindo:

— Lola, pensei que você estivesse morta! Como estou feliz em ver você!

Lola, embora estivesse com muita raiva por tudo o que ela estava fazendo com Maria, percebeu o que Carmem estava pretendendo. Olhou para Isabel, que sorriu e disse:

— Ela não está morta, Carmem. Está bem viva.

— Não estou entendendo o que a senhora está dizendo. Eu estava lá quando ela morreu, vi seu corpo sendo jogado ao mar.

— O que você viu morto e jogado ao mar foi o corpo dela, mas seu espírito continua vivo, muito vivo.

— Como pode ser verdade isso que a senhora está falando? Não pode ser. Nunca ouvi falar disso! Sempre acreditei, não muito, que, quando eu morresse, ia para o céu ou para o inferno. Nunca imaginei que continuaria como era, com um corpo igual ao que eu tinha...

— Não só você, mas muitas pessoas pensam assim e, quando retornam e se dão conta de que a vida continua, de que existem Leis para serem cumpridas, entre elas a de Ação e Reação, percebem o imenso tempo que perderam praticando o mal contra os outros e, principalmente, contra si mesmas.

— Que religião é essa da qual nunca ouvi falar?

— Não se trata de religião, mas do espírito, reencarnado com religião ou sem nenhuma. Chama-se Lei da evolução, do aperfeiçoamento. O corpo, a encarnação e a reencarnação são instrumentos preciosos para que essas Leis possam ser praticadas. Embora nunca tenha ouvido falar delas, muitos orientais, africanos e indianos, há muito tempo, já as conhecem – explicou Isabel

— Encarnação? Reencarnação? Do que está falando? – Carmem questionou.

— De que o espírito nasce, morre e renasce muitas vezes, Carmem, quantas vezes forem necessárias para o seu aperfeiçoamento. Somente agora o povo ocidental está preparado para conhecê-las também. Está nascendo aos poucos, na França, uma doutrina que explica tudo isso. Em breve, estará percorrendo o mundo e todos poderão tomar conhecimento de tais Leis – disse Lola.

— Embora esteja vendo você, Lola, custa-me acreditar.

— Também estou intrigado, Carmem. Como pode ser uma coisa dessa? – falou Rafael.

— Não sei, mas, de qualquer maneira, estou feliz por ver você, Lola – disse Carmem, sorrindo, demonstrando uma felicidade que não sentia. Voltando-se para Rafael, continuou:

— Você também deve estar muito feliz, não é, Rafael?

— Estou! Claro que estou, Carmem! Você sabe como sofri e ainda sofro por ela. Sabe que morro de saudade e nunca pensei que tornaria a vê-la! Linda como sempre! Bendito seja esse espírito que não morre!

Lola não se conteve:

— Por que está agindo assim, Carmem? Por que finge uma felicidade que não sente?

— Não estou entendendo o que está dizendo, Lola...

— Claro que está, Carmem! Você pensava que eu estava morta porque foi você mesma quem providenciou isso!

— Eu?! Você está enganada! Eu era e sou sua amiga!

Lola ia se jogar sobre ela, mas foi contida por Manolo:

— Não faça isso, Lola. Não deixe que o ódio prejudique seu espírito. Deixe nas mãos de Deus.

Carmem, percebendo que havia sido descoberta, em lágrimas, disse:

— Não posso continuar negando, mas fiz aquilo em um momento de desespero... tenho sofrido muito por isso... vocês devem saber o motivo que me levou a cometer tal desatino...

— Conhecemos o motivo, sim, Carmem, mas nem ele nem outro qualquer deve servir de desculpa para se cometer um crime, se tirar uma vida e se praticar maldade contra um espírito irmão, preso no corpo de uma criança que não pode se defender – disse Isabel.

— A senhora tem razão. Por isso, estou tentando me redimir. Estou cuidando da Maria, não é, Rafael?

— Está sim, Carmem, e muito bem.

— Não está, não, Rafael! Ela está fazendo minha filha sofrer muito! – gritou Lola.

— O que está dizendo, Lola?

— É isso mesmo, Rafael! Ela está fazendo a minha menina sofrer muito e isso precisa terminar!

Carmem, em desespero por ser descoberta, disse, em lágrimas:

— Estou apenas cuidando da sua educação, Lola. Ela precisa conhecer os limites...

Lola ia continuar a conversa, mas Isabel interferiu:

— Não estamos aqui para criarmos energias de ódio ou rancor. Estamos aqui, Carmem, para que entenda que o caminho que está seguindo só vai lhe trazer muito sofrimento. Maria está, sim, sob sua responsabilidade e cabe a você e ao Rafael fazerem com que ela cresça com tranquilidade. Ela tem muito para realizar na Terra e vocês se comprometeram a ajudá-la a crescer.

Rafael, que não estava entendendo aquele assunto, perguntou:

— Não sei do que a senhora está falando, mas, no momento, quero saber: o que você está fazendo com a Maria, Carmem?

— Agora não, Rafael. Já disse que estamos aqui para tentarmos consertar o que está errado – interrompeu Isabel.

O tom de voz de Isabel foi forte e decisivo. Todos pararam de falar e ficaram olhando para ela, que continuou:

— Assim como quando encarnado, o espírito não sabe e não pode viver isolado e precisa pertencer a um grupo, depois do desencarne acontece o mesmo. O espírito precisa caminhar sempre em grupo. Esses grupos se formam através de afinidades, do amor e, muitas vezes, para um melhor aperfeiçoamento, do ódio. Alguns espíritos evoluem mais rápido do que os outros e cabe a cada um a escolha de continuar seguindo e ajudando aquele que ficou para trás ou continuar caminhando. Isso está acontecendo, agora, com vocês. Carmem e Rafael têm o compromisso de ajudar Maria na sua missão de resgate. Os outros vieram apenas para lhes dar suporte na caminhada. Lola e Manolo, ajudados por mim, deram a vida terrena para Maria. Vocês, e Julian em outros tempos, ao lado dela, cometeram erros deploráveis e decidiram que nasceriam juntos para resgatá-los.

— Julian também? – indagou Rafael.

— Sim, ele também foi parte importante nos erros do passado. Ainda não é a hora, mas chegará o momento em que terá a oportunidade de escolher entre ajudar Maria, redimir-se ou continuar no erro. Para isso, ainda encontrarão outros que os auxiliarão nessa empreitada.

— Se for verdade tudo o que a senhora está falando, vai ser fácil, já que está tudo planejado – concluiu Carmem.

— Tudo foi planejado, sim, Carmem, aqui, no plano espiritual, após o retorno de um longo tempo na escuridão e no sofrimento, mas, quando encarnado, com o peso da carne e as tentações do mundo, o espírito, muitas vezes, usa do seu livre-arbítrio, esquece o que prometeu, toma caminhos diferentes daqueles planejados e volta a cometer os mesmos delitos de antes, às vezes até se comprometendo ainda mais.

— Livre-arbítrio? O que é isso?

— Uma das principais Leis de Deus, Carmem. Com ele, o espírito, apesar de suas promessas, pode escolher o caminho que desejar.

— Por que Deus não exige que todos cumpram seus desejos, já que, sendo Deus, tudo pode?

— Poderia mesmo, mas Ele não quer. Não quer filhos bonecos, sem vontade, mas espíritos livres, que encontrem seu próprio caminho, sem interferência.

— Sendo verdade o que está dizendo, se é assim que funciona, por que não nos lembramos do passado, não seria mais fácil?

— Seria mais fácil, mas quase improváveis o perdão e o resgate, porque, muito mais do que se imagina, na nossa caminhada, encontramos inimigos ferrenhos, espíritos aos quais fizemos muito mal e não seria fácil uma aproximação se nós ou eles nos lembrássemos do passado. Além do mais, qual seria o aprendizado se soubéssemos quem foi nosso amigo ou inimigo? Imaginem saber que seu pai, mãe ou irmãos fizeram um mal muito grande contra você. Eles seriam aceitos? Quando Deus coloca inimigos sob o mesmo teto, com laços sanguíneos que são muito fortes, com o esquecimento, todos têm a oportunidade de redenção, pedindo perdão ou perdoando. Deus é sábio e tudo o que faz está sempre certo. Se todo espírito confiasse na sua bondade e sabedoria, muito sofrimento seria evitado, mas, como isso ainda está longe de acontecer, o espírito continuará trilhando seu caminho, cheio de ansiedade e de sofrimento – concluiu Isabel.

— Embora não soubesse dessas coisas, estou fazendo o possível para ajudar Maria – Rafael interrompeu.

— Está mesmo, Rafael. Quanto a você, Carmem, está tendo a oportunidade, mas não está cumprindo sua parte naquilo que planejou.

Carmem ficou pensando por um tempo. Depois disse, chorando, e todos perceberam que o choro era verdadeiro.

— Quando acordar, vou me lembrar do que conversamos aqui, dona Isabel?

— Somente de algumas coisas. Os ensinamentos recebidos durante o sono servem para que o espírito, quando está descumprindo o que prometeu, possa retornar ao caminho. Para que isso possa acontecer sem interferência, é necessário que dos sonhos reste muito pouco.

— Isso não é justo! Preciso me lembrar do que conversamos!

— Que bom seria se fosse fácil assim, mas não é, Carmem? Ao acordar, não se lembrará de que esteve aqui e do que conversamos. Lembrará vagamente de ter sonhado com a Lola, nada além disso. Continuaremos ao seu lado, mandando-lhe bons pensamentos e tentando evitar que faça mal a Maria, mas isso só dependerá de você. Com sua atitude, poderá fazer com que ela volte antes do tempo, antes de ter completado sua missão e, assim, estará acarretando não só a perda da encarnação dela, como sua própria redenção e um tempo precioso que poderia ser só de felicidade. Então terá de esperar até que tenha novamente a oportunidade de renascer. Poderá também fazer que seus amigos se cansem de tentar ajudá-la e a abandonem ao seu próprio destino.

— Isso está errado. Como vou saber o que realmente acontece?

— Está tudo certo, Carmem, pois, se você se lembrasse do que conversamos aqui, mudaria sua atitude não pelo amor, pelo perdão, mas, sim, pelo medo, assim não haveria arrependimento nem evolução – explicou Isabel.

— Sinto muito por tudo o que fiz contra você e contra sua filha, Lola. Agora que sei de tudo isso, prometo, novamente, que vou fazer tudo para que ela seja uma menina feliz e que possa cumprir o destino que foi programado...

— Obrigada, Carmem. Você não pode ser tão má. Seu espírito, como todos os outros, deve ter sentimentos de carinho e de bondade. Espero que, realmente, consiga fazer com que a minha menina possa crescer saudável e feliz.

— Será que algum dia poderá me perdoar sinceramente por todo o mal que lhe fiz?

Lola olhou para Manolo e para Isabel, que sorriam.

— Confesso que achei que isso nunca seria possível, mas, diante de tudo o que dona Isabel falou, não posso continuar com esses sentimentos de ódio e vingança. Também vou estar ao seu lado, ajudando-a no que for possível.

— Obrigada, Lola. Prometo que vou tentar. Prometo que vou fazer tudo para que isso aconteça.

— Não prometa o que talvez não possa cumprir, Carmem.

Ao ouvir aquilo, Carmem se voltou para Isabel:

— Por que está dizendo isso? Acha que não vou conseguir, mesmo sabendo que é o meu dever e o cumprimento de uma promessa?

— Como já disse, quando estamos aqui, na espiritualidade, nossa visão de mundo é outra e acreditamos poder fazer muitas coisas, mas, quando estamos na carne, as coisas mudam de figura e, na maioria das vezes, fazemos o contrário do prometido.

— Entendi isso, mas sinto que vou fazer tudo o que estiver ao meu alcance para que a Maria seja feliz.

— Agora, seu espírito, fora da carne, está recebendo muita energia e pode ver as coisas com mais clareza, mas quando retornar ao corpo, agirá como encarnado e ainda terá momentos em que precisará fazer escolhas. Queira Deus que consiga fazer as escolhas certas. Estaremos aqui ajudando no que for possível.

— A senhora está me assustando. Acha mesmo que não vou conseguir?

— Você pode conseguir tudo o que quiser, se aceitar a vida como ela se apresenta e não tentar mudar, usando maldade e ódio. Muitas pessoas, antes de dormirem, rezam o Pai-Nosso, mas falam somente pela boca. O Pai-Nosso é uma oração maravilhosa, a única que Jesus nos ensinou, mas, na hora do sofrimento, das escolhas, todos se esquecem das palavras mais bonitas que existem nela: "seja feita a Vossa vontade" e não aceitam o momento que estão vivendo. Não aceitam que nem tudo o que desejam será bom para seu espírito e sua evolução. Isso está acontecendo com você agora, Carmem. Não aceita que Rafael não a ame e culpa Maria por isso, quando, na realidade, esse amor não serviria para o seu aperfeiçoamento e sua evolução.

— Sinto que, se for assim, nunca vou evoluir e que já estou fadada ao fracasso.

— Foi para isso que renasceu, para superar suas fraquezas e entender que a vida na Terra é passageira, mas que o espírito é eterno. Não está fadada a praticar o mal; ao contrário, todos nascem para fazer o bem, mas quase sempre mudam de ideia. Tem direito a fazer qualquer escolha, porém será responsável por ela e receberá de volta exatamente o resultado dessa escolha.

— Assim a senhora está, mesmo, me assustando.

— Não é essa a minha intenção, mas, sim, a de preveni-la por tudo o que está por vir.

— Como saber se estou fazendo a escolha certa?

— Quando essa escolha não prejudicar alguém e só lhe fizer feliz. Quanto a isso não precisa se preocupar. Sempre que existir um momento de escolha, estaremos ao seu lado, dando-lhe bons pensamentos e a intuição do que deve fazer. Caberá a você aceitar ou não.

— No momento em que resolvi colocar aquele pano contaminado sobre o corpo de Lola fiz uma escolha?

— Infelizmente, sim.

— A senhora não estava lá para me impedir?

— Sim, eu e Manolo, mas, por mais que tentássemos, foi em vão. Você estava dominada pelo ódio, pela inveja e pelo ciúme. Não nos ouviu.

— Pelo que entendi, fiz uma escolha errada...

— Sim e terá de responder por ela.

— Como?

— Ainda não sei. Quando voltar para cá, juntos, novamente, discutiremos esse assunto. Por ora, deve se dedicar somente a fazer Maria feliz.

— A senhora acha que vou conseguir me redimir?

— Claro que vai, minha filha. Todo filho de Deus sempre encontra o Seu caminho. Tenho fé e certeza de que conseguirá. Ao menos, estamos todos torcendo para isso. Além disso, terá a seu lado Rafael, Julian e outros amigos que ainda encontrará pelo caminho.

Carmem olhou para Lola e, chorando sinceramente, disse:

— Obrigada por me perdoar e me dar essa nova chance.

— Sinto que, apesar de o meu perdão estar lhe fazendo bem, faz muito mais a mim. É muito triste ter esses sentimentos de ódio, ira e vingança, como aqueles que eu estava sentindo.

Carmem, em lágrimas, tentou sorrir. Isabel disse:

— Está na hora de voltarem ao corpo. Quando acordarem sob as luzes que estaremos lhes enviando, se sentirão muito bem. Isso durará por um bom tempo. Depois, embora continuemos ao lado de vocês enviando luzes de energia, poderão ou não recebê-las.

— Não entendi. Não são todos que podem receber as luzes e energia?

— Não, Carmem. As luzes só conseguem atingir aqueles que estão predispostos a recebê-las. Elas são como se o próprio Deus viesse nos visitar. Quando, encarnados, convidamos alguém para nos visitar, arrumamos a nossa casa da melhor maneira possível e procuramos deixar tudo em ordem para que a nossa visita se sinta bem. Como queremos que Deus entre no nosso coração se ele estiver sujo e desarrumado, cheio de mágoa, ódio, ciúme e tantos outros sentimentos negativos?

Todos ficaram calados, somente pensando nas palavras dela.

Com carinho, Isabel fez com que voltassem ao corpo que dormia tranquilo. Depois, ela e Manolo ficaram por um bom tempo enviando luzes brancas de paz sobre eles.

A festa da colheita

Na manhã seguinte, Carmem acordou. Olhou para o lugar onde Maria dormia, mas ela não estava lá. Não se preocupou, pois, como acontecia algumas vezes, Maria acordava durante a noite e ia para junto de Rafael. Deitava-se encostada em suas costas e dormia tranquila. De onde estava podia ver o rosto da menina:

Ela é muito bonita. É só uma criança e não tem culpa de Rafael não gostar de mim. Como pude fazer aquelas coisas com ela? Não sei por que, mas sinto que preciso mudar meu comportamento. Sinto que preciso criar essa menina com amor. Talvez, assim, quem sabe, Rafael possa vir a gostar de mim.

Ficou ali por algum tempo olhando para a menina e sentindo uma ternura nunca antes sentida. Lola viu que o quarto todo estava iluminado não só pela luz do sol que nascia, mas também pelas luzes que eles enviavam.

— Parece que a nossa conversa deu certo, dona Isabel. Carmem acordou diferente.

— Tem razão e, com isso, pode receber as energias mandadas por nós. Se continuar assim, ficará cada vez mais forte.

— Estou feliz por isso, pois sinto que Maria não vai sofrer mais.

— Por enquanto, Carmem está sob nossa influência. Vamos torcer para que continue assim.

O DESTINO EM SUAS MÃOS

Rafael abriu os olhos e, ao sentir Maria em suas costas, sorriu e virou-se para vê-la. Assim que se virou, viu que Carmem os observava:

— Ela veio novamente dormir comigo – disse, sorrindo.

— Sabe que sempre faz isso. Acho que só consegue dormir bem sentindo sua presença.

Com carinho, Rafael virou-se, retirou o bracinho das costas dele, beijou o rosto da menina e levantou-se. Carmem estava se sentindo muito bem:

— Hoje vou com Maria até o armazém, preciso escolher o tecido para fazer a nossa roupa da festa.

— Faça isso, Carmem. Escolha um bem bonito. Depois da festa, vamos receber o nosso dinheiro e poderemos ir embora.

— Quer mesmo ir para uma cidade maior?

— Quero sim. Sinto que lá a nossa vida será melhor. Agora preciso ir. Julian e seus irmãos logo estarão aqui para tomar café. Precisamos trabalhar muito para ensacar a colheita.

Ele pegou água da chaleira que estava sobre o fogão, colocou pó de café em um coador de pano e jogou a água fervendo. Logo um aroma delicioso de café inundou todo o quarto. Estava bebendo o líquido, quando Julian chegou e, em seguida, os rapazes. Terminaram de tomar café e foram embora. Carmem permaneceu deitada por mais um tempo, depois se levantou. Também tomou café e, aproximando-se de Maria que ainda dormia, disse baixinho:

— Acorde, Maria. Hoje vamos comprar o tecido para o seu vestido.

A menina ouviu-a chamando, mas, vendo que Rafael não estava mais ali, fingiu estar dormindo. Carmem insistiu:

— Acorde, Maria. O dia da festa está chegando! Nós duas precisamos ficar bonitas!

Vendo que não havia maneira de continuar fingindo e, percebendo pela voz de Carmem que ela estava diferente, abriu os olhos.

Ao ver que a menina estava acordada, Carmem beijou sua testa:

— Sei que você tem medo de mim, por tudo que já lhe fiz, mas prometo que, de hoje em diante, vai ser diferente. Nunca mais vou ser ruim com você.

A menina estranhou aquele tom de voz, não acreditou, mas, mesmo assim, se levantou. Carmem continuou:

— Vou preparar pão e café para que você coma, depois vamos sair.

Preparou café com leite e colocou manteiga em um pedaço de pão.

Maria, que estava com fome, comeu num instante. Depois, Carmem colocou um vestidinho azul, que era o melhor que a menina tinha. Após vesti-la, tomou uma certa distância:

— Você é mesmo bonita, Maria.

Maria estava estranhando aquela conversa. Não conhecia a mulher que estava ali, mas permaneceu calada, fazendo tudo o que Carmem mandava. Carmem também se vestiu e saíram. Enquanto caminhavam, ela, segurando na mão de Maria, disse:

— Sei que fiz muita maldade com você, Maria, mas não se preocupe, isso não vai tornar a acontecer. Não sei o que aconteceu, mas acordei diferente. Sinto que preciso proteger você e vou fazer isso.

Maria ouviu, embora não acreditasse que algum dia aquilo pudesse acontecer, e respirou aliviada.

Chegaram ao armazém. Carmem escolheu um tecido rosa para fazer o vestido de Maria e um estampado, com fundo azul e flores amarelas para si. Sabia que aquele tipo de roupa não era usado pelas mulheres casadas, mas pensou:

É festa... Rafael vai me achar linda... sinto que, na noite da festa, vamos nos tornar marido e mulher de verdade.

Comprou brincos no formato de argolas grandes que sobre seus cabelos negros ficariam muito bonitos. Com o tecido nas mãos, foram até a casa de Ana que, ajudada por outras mulheres, ia costurar todos os vestidos. Precisava se apressar, mas sabia que daria tempo. Assim que chegaram, Carmem mostrou os tecidos:

— Ana, comprei estes tecidos. Quero ficar bem bonita e a Maria também, não é, Maria?

A menina, desconhecendo a mulher que falava com ela, sorriu:

— Ela vai ficar linda, sim, Carmem. Embora já seja linda, mesmo vestida de trapos. Vou escolher um modelo bem bonito. Preciso de ajuda para terminar a tempo.

— Não sei costurar, mas se me ensinar, vou fazer o melhor.

Ana sorriu e, mostrando uma cadeira, disse:

— Sente-se, Carmem. Vou lhe ensinar. Logo mais, outras mulheres virão, só assim, com todas trabalhando, as roupas estarão prontas para a festa. Não se esqueça de que preciso, ainda, fazer as camisas e calças dos homens.

Carmem sentou-se. Ana deu-lhe uma agulha, linha e tecido.

Do lado de fora, crianças brincavam. Maria escutava, mas sabia que não poderia brincar, pois Carmem não permitiria. Para sua surpresa, ouviu:

— Vá brincar com as outras crianças, Maria.

A menina, com medo e não entendendo o que estava acontecendo, ficou parada. Carmem insistiu:

— Pode ir, Maria. Tenho muito trabalho. Cuidado para não se machucar. Cuidado com a mão.

A menina, não entendendo o que estava acontecendo, lentamente saiu da casa e foi para junto das outras crianças. Carmem continuou ali. Outras mulheres chegaram e, alegremente, falando sobre a festa, começaram a ajudar Ana, que lhes ensinava com paciência.

Daquele dia em diante, Carmem mudou com Maria. Cuidava dela com carinho, tratava sua mão para que não infeccionasse e permitia que brincasse com as outras crianças. Maria estranhou, mas estava feliz e não quis saber o motivo daquela mudança.

O dia da festa, finalmente, chegou. Pablo providenciou muita carne e cerveja, que vinha de uma fábrica de fundo de quintal no Rio de Janeiro. Todos colocaram suas roupas novas, pois Ana conseguiu terminá-las a tempo. Carmem colocou em Maria o vestido novo e amarrou uma fita, na mesma cor do vestido, nos cabelos longos e pretos da menina. Assim que ficou pronta, as duas olharam em um pequeno espelho e gostaram do que viram:

— Você está linda, Maria! – disse Carmem, admirada.

— Estou, sim. Este vestido ficou lindo! – respondeu Maria, encantada.

— Ficou mesmo. Ana escolheu um modelo muito bonito. Agora, vou me trocar. Você pode ir mostrar o seu vestido, mas não vá para longe. Seu pai deve estar chegando para se trocar também.

Maria, empolgada e com a mão quase sarada, sorriu e saiu. Carmem colocou seu vestido. Pela primeira vez, depois que se casou, vestia uma cor que não fosse preta. Soltou os cabelos longos e escuros que viviam sempre presos. Prendeu-os, só que dessa vez, colocou neles uma fita, e deixou-os soltos nas costas. Passou um pouco de batom e pó de arroz. Beliscou o rosto para que ficasse vermelho em determinados lugares. Olhou no espelho:

Estou mesmo muito bonita. Não entendo por que as mulheres da minha idade, com apenas vinte anos, só por serem casadas, tenham de vestir roupas escuras. Estou muito mais bonita com este vestido colorido. Tenho certeza de que hoje Rafael vai me notar.

Rafael chegou em seguida. Encontrou Maria brincando. Ao vê-la, entusiasmado e ignorando Carmem, disse:

— Você está linda, Maria!

Ela jogou-se em seus braços e, sorrindo, disse:

— Estou mesmo! Eu vi no espelho!

— Agora, continue brincando, preciso me trocar.

Entrou em casa. Carmem estava diante do espelho. Ele, não notando que ela estava com roupa nova e clara, disse:

— Estou atrasado. Estava fazendo as últimas contas da colheita, parece que temos um bom dinheiro para receber.

Carmem, calada, andou de um lado para o outro na esperança de que ele a notasse e elogiasse, mas isso não aconteceu.

Depois de Rafael ter se trocado, foram ao pátio da fazenda, onde tudo estava preparado para a festa. A alegria era geral. Naquele momento, ninguém se lembrava do quanto havia sofrido para chegar ali. Só pensavam na festa e no quanto poderiam comer e se divertir.

Quando estavam todos reunidos, Pablo e Maria Augusta apareceram na varanda. Ao lado deles, estava uma moça de mais ou menos dezenove anos, loira e com os olhos muito azuis. Lembrava dona Maria Augusta, que também era loira. Pablo, com um largo sorriso, disse:

— A colheita foi muito boa, melhor do que eu esperava, por isso, nada mais justo que todos se divirtam, comam e bebam à vontade. Hoje é proibido pensar em plantação e colheita. Quero que conheçam minha filha, Berenice. Ela chegou hoje da Espanha e vai ficar aqui por algum tempo. Essa festa vai ser em homenagem a ela. Agora, comecem a festa!

Todos olharam a moça que, sem jeito, sorriu. A música começou a tocar. A carne, que já estava na brasa, foi servida. Logo, todos estavam dançando, menos Rafael, que apenas observava. Carmem se aproximou:

— Vamos dançar, Rafael?

— Não sei dançar, Carmem, dance você.

— Não posso dançar com outro, Rafael. Para todos os efeitos, sou sua mulher.

— Pode dançar com seus irmãos ou com Julian.

Ela, que já estava com raiva por ele não haver notado sua roupa nem como estava bonita, se afastou. Seu coração batia forte. Sentia vontade de chorar. Distante, voltou a olhar para Rafael, que ensaiava alguns passos com Maria, que ria, feliz.

Não adianta, por mais que eu faça, ele nunca vai me notar! Só pensa naquela mulher! Será que nem depois de morta vai me dar sossego? Olhe como ele fica com a filha dela! Odeio essa menina!

Ficou olhando-os de longe. Julian aproximou-se:

— Vamos dançar, Carmem?

Em outras circunstâncias, ela não iria, mas, como estava muito brava, aceitou. Começaram a dançar. Durante a dança Julian, disse:

— Está linda, Carmem! Quase não a reconheci!

— Obrigada, Julian, ao menos você notou!

— Por que está dizendo isso, Carmem? Rafael não viu como você está bonita?

— Não! Ele só tem olhos para essa menina!

— Não sei como ele pode fazer isso. Você é uma moça muito bonita. Posso dizer que é a mais bonita da festa!

— Obrigada.

A música parou. Julian, ainda segurando sua mão, disse:

— Carmem, sei que o casamento de vocês não existe, que mentiram por causa da Maria, por isso quero lhe dizer uma coisa.

— O que, Julian?

— Gosto de você desde que a vi no navio. Pretendia dizer-lhe isso, assim que chegássemos. Quem sabe, começaríamos a namorar para nos conhecer melhor, mas as coisas se precipitaram e, por causa da Maria, você acabou se envolvendo com o Rafael. Sempre achei que isso era um erro. Não sei como isso pode ser consertado, só sei que estou apaixonado e quero ficar com você.

Ao ouvir aquilo, Carmem empalideceu:

— Nunca imaginei isso, Julian. Você nunca deixou transparecer...

— Não podia. Queria primeiro chegar aqui e ganhar muito dinheiro para poder oferecer uma boa vida a você, mas, hoje, depois de vê-la tão bonita, não resisti.

Carmem ficou sem saber o que dizer. Afastou-se de Julian e foi para junto de Rafael, que olhava Maria correndo e brincando com as outras crianças. Quando ela se aproximou, ele disse:

— Ela está linda, não é, Carmem? A cada dia que passa, fica mais parecida com a Lola.

Aquelas palavras entraram como espinhos no coração de Carmem, que, por estar com muita raiva, não soube o que dizer.

Não tem jeito mesmo, ele nunca vai se esquecer daquela mulher. Não enquanto essa menina viver! Preciso mesmo me livrar dela!

Lola, que estava ali ao lado de Isabel e Manolo, ao ouvir aquilo se desesperou:

— Ela vai machucar a minha filha novamente, dona Isabel!

— Infelizmente, parece que vai mesmo, Lola. Está novamente tomada de ódio e ciúme, por isso não consegue mais receber nossas luzes e energias.

— Por que acontece isso? Enquanto estava recebendo as luzes, parecia bem.

— Após a conversa que tivemos durante a noite, ela entendeu e deixou de ter sentimentos de ódio e mágoa. Isso acontecendo, seu campo de energia ficou aberto e, assim, pôde receber luz e energia de que precisava para viver bem e caminhar para a felicidade, mas, agora, diante desses sentimentos que está tendo, seu campo energético se fechou e, por mais que tentemos, não conseguimos atravessá-lo.

Maria, alheia a tudo o que estava acontecendo, continuava brincando. Estava correndo, quando tropeçou e caiu. Berenice, que andava por ali, comendo e bebendo, levantou-a e, com carinho, perguntou:

— Você se machucou?

— Só um pouquinho aqui no joelho.

Rafael, que estava do outro lado, ao ver que Maria caíra, correu para junto dela. Quando chegou, Berenice olhava o joelho da menina. Ele, afobado, perguntou:

— Você se machucou, Maria?

Berenice levantou os olhos para responder, mas não conseguiu. Parou olhando para ele que também a olhava e que também ficou sem saber o que dizer. Apenas os olhos conversaram entre si. Maria, que não sabia o que acontecia, respondeu:

— Só machuquei um pouquinho o joelho, papai.

Berenice e Rafael ficaram se olhando por alguns segundos, depois, desviaram os olhos.

— Ainda bem, minha filha. Pensei que tivesse se machucado mais. Obrigado, moça, por tê-la ajudado.

— Não foi nada. Eu estava perto.

Maria, embora mancando, se afastou para continuar a brincar. Rafael e Berenice ficaram parados sem saber o que fazer. Ela foi a primeira a dizer:

— Sua filha é uma menina muito bonita.

Ele, emocionado, sem saber o motivo, respondeu:

— É, sim, e a razão da minha vida.

— Meu nome é Berenice, mas o senhor deve saber.

— Sei, sim. Vi quando seu pai a apresentou. Meu nome é Rafael, trabalho aqui na fazenda.

— A festa está muito boa, não está? Meu pai se esmerou. Ele está muito feliz com a colheita.

— Também estamos. Para isso, trabalhamos muito. A senhorita vive na Espanha?

— Sim. Terminei meus estudos e agora vim para cá para ficar por algum tempo. Vim somente para conhecer esta terra da qual meus pais tanto gostam. Depois, preciso retornar à Espanha. Tenho lá um compromisso muito importante.

— Por que não veio com seus pais?

— Embora eles morem aqui há muito tempo, eu nunca quis vir, preferi ficar morando com minha avó. Agora que conheci o Brasil, sinto por não ter vindo antes. A imagem que tinha daqui era bem diferente da realidade. Isto aqui é uma maravilha. Estou muito triste de ter de ir embora, mas não existe solução. Preciso mesmo ir. Isso é uma pena...

— No momento, também estou achando.

Estavam conversando como se já se conhecessem e se esqueceram de que a festa transcorria. As pessoas não notaram, pois estavam bebendo, dançando e comendo. Somente Carmem, que estava do outro lado, conversando com Julian, viu quando Maria caiu. A princípio, não deu importância, mas, ao ver Rafael conversando com aquela moça tão bonita e filha do patrão, se irritou:

Por que ele está conversando tanto com ela? Será que estão se gostando? Isso não pode acontecer! Ele é meu, somente meu!

Lola, ao ver a sua reação, disse:

— A senhora sabe que tenho motivos para não gostar das atitudes dela, mas, por outro lado, sua situação é difícil...

— Por que está dizendo isso, Lola?

— Ela gosta de Rafael. Para esta festa, se preparou com todo esmero, não para si, mas para que ele a notasse. Isso não aconteceu, acho que qualquer pessoa sentiria o mesmo que ela.

— Tem razão, mas ela está cometendo o mesmo erro de muitos.

— Que erro?

— Nem sempre o que desejamos é o melhor para o nosso crescimento espiritual. Nem sempre, ou melhor, nunca, deveríamos deixar a nossa felicidade nas mãos de outros. Ela precisava ter se arrumado, sim, mas para ela mesma, para que se sentisse bem, não por causa dele.

— Mas ela gosta muito dele...

— É verdade, mas isso não lhe dá o direito de exigir que ele tenha esse mesmo sentimento para com ela. Não podemos forçar uma situação.

— Já que sabemos isso, por que permitir que tudo aconteça?

— Nada acontece por acaso, Lola. Berenice e Rafael precisavam se encontrar. Um faz parte da caminhada do outro. Quanto à situação que estamos presenciado, só posso lhe dizer que está tudo certo. Durante as várias encarnações, cometemos muitos acertos, mas muito mais erros. A cada reencarnação, as situações nas quais fracassamos se repetem para que tenhamos a chance de resgatar erros passados. Elas se repetirão até conseguirmos superá-las. Por várias vezes, Carmem, por gostar de Rafael, sentiu-se dona dele. Terá de aprender que ninguém é dono de ninguém e que o espírito é livre para escolher o caminho que desejar. Vamos esperar que Carmem, dessa vez, consiga superar isso que ela chama de amor e caminhe para um amor maior.

— Ouvindo a senhora dizer, parece fácil, mas, quando se vive a situação, achamos que, se não conseguirmos o que queremos, nunca seremos felizes.

— Tem razão, parece. Isso também faz parte do aprendizado. Com o tempo, o espírito aprenderá a esperar, a entregar sua vida nas mãos de Deus, pois somente Ele sabe o que é o melhor para cada um.

— A senhora tem razão no que diz, mas, mesmo assim, continuo achando ser muito difícil aceitar.

— É difícil, mas, para isso, temos toda a eternidade e várias encarnações para entender e aprender.

— No momento, estou pensando em Maria. Precisamos fazer alguma coisa!

— Sabe que nada podemos fazer, Lola. Existem entre todos eles algumas pendências que precisam ser resolvidas.

— Mas Maria é ainda uma criança! Não tem como se defender...

— Já lhe disse que, embora o corpo seja de criança, o espírito é velho e já viveu muito. Durante essa vivência, acumulou erros e acertos. Isso aconteceu entre eles e esta encarnação é mais uma oportunidade que Deus está lhes dando para um resgate final. Dependerá somente deles. Neste momento, exatamente por Maria estar em um corpo de criança, cabe à Carmem escolher o caminho que deseja seguir. Depende somente dela. Nada podemos fazer. A única coisa que podemos fazer é permanecer ao lado de Carmem, enviando, quando possível, quando ela permitir, energias de amor e perdão. É só o que podemos fazer e continuaremos fazendo.

Impotente, Lola começou a chorar e voltou o olhar para Carmem que, tomada de ódio e ciúme, se afastou de Julian e caminhou em direção a Rafael que, distraído como estava, não percebeu. Berenice olhou para o lado onde o pai estava e percebeu que ele estava observando. Com um sorriso, disse:

— Agora preciso ir, foi um prazer conhecer você.

— Também estou feliz por isso, quem sabe, poderemos conversar outras vezes.

— É, quem sabe...

Quando Carmem se aproximou, ela já havia se afastado. Tomada de ódio e ciúme, perguntou:

— O que você estava falando com aquela moça, Rafael?

— Nada, Carmem. Maria caiu e ela a ajudou. É uma moça muito simples, embora seja rica. Gostei muito de conversar com ela. Espero poder voltar a fazer isso.

— Não pode fazer isso!

Rafael, desconhecendo os sentimentos dela para com ele, estranhou:

— Por que está dizendo isso, Carmem?

— Você, enquanto conversava com ela, pareceu ter se esquecido de que é um homem casado.

Rafael então se deu conta de que Carmem estava com ciúme. Preocupado, disse:

— Você está com ciúme, Carmem? Não somos casados de verdade! Fizemos apenas um acordo.

Ela, vendo que havia deixado transparecer o que sentia, pensou e falou rápido:

— Não estou com ciúme. Você tem razão, não somos casados, mas, para todos os efeitos, as pessoas pensam que somos e eu não quero passar por uma mulher traída! Tenho vergonha.

— Todos quem, Carmem? Aqueles que vieram conosco no navio sabem o que aconteceu. Sabem que nosso casamento não existe!

— Eles sabem o que aconteceu no navio, mas não sabem o que tem acontecido desde que chegamos e começamos a morar juntos. Por favor, para não me envergonhar, não quero que converse mais com essa mulher!

— Essa mulher, como você diz, é uma moça muito fina e educada. Não conversamos nada de importante, mesmo assim, você não tem o direito de falar ou exigir qualquer coisa de mim! Agora vou embora!

— Pode ir, mas não se esqueça de levar sua filha! Vou dançar com Julian e aproveitar a festa. Não posso ficar tomando conta dela!

— Não se preocupe com isso! Posso muito bem tomar conta dela!

Dizendo isso, Rafael se afastou e caminhou para onde Maria estava brincando.

— Vamos embora, Maria. Já está tarde.

— Ainda é cedo, papai. Quero brincar mais um pouco.

— Já brincou bastante. A festa está acabando e as pessoas já estão indo embora. Vamos.

A contragosto, a menina o acompanhou. Carmem, com ódio, ficou ali olhando enquanto ele se afastava.

Ele não pode se interessar por outra mulher, não pode!

Enquanto se afastava, Rafael pensava:

Será que Carmem gosta de mim como homem? Não, estou ficando louco. Ela sempre me considerou um irmão e é o mesmo que sinto por ela. Devo estar imaginando coisas, começo a achar que esse casamento foi um grande erro. Não posso continuar preso a alguém de quem não gosto. Somente ao conhecer Berenice me dei conta disso. Ela é uma moça adorável, além de muito bonita, seus olhos são maravilhosos, têm um brilho como nunca vi. Não vai gostar de alguém como eu, mas, se gostasse, o que eu ia fazer? Preciso encontrar uma maneira de concertar esse erro...

Carmem, tomada de ódio, aproximou-se de Julian:

— Vamos dançar, Julian?

Ele, surpreso, respondeu:

— Claro que sim, Carmem.

Voltaram a dançar. Ele, que estava perto quando Carmem e Rafael discutiram, sabia que ela só estava querendo devolver a ofensa que julgava ter recebido de Rafael. Mesmo assim, ficou feliz. Sorrindo, enlaçou-a nos braços e saíram dançando.

Carmem, embora dançasse com Julian, não conseguia se esquecer de Rafael conversando com Berenice.

O olhar dele, enquanto conversava com ela, é o mesmo que tinha ao lado de Lola. Ele está gostando dela e isso não pode acontecer! Não pode e não vai! Se ele não ficar comigo, não vai ficar com ninguém mais.

Julian, não imaginando o que ela pensava, estava feliz por tê-la nos braços e também pensava:

Sei que ela nunca me olhou como homem, mas sei esperar. Essa cena com Rafael? Será que ela está com ciúmes? Não, não pode ser. Ela somente ficou envergonhada. Amo Carmem e quero que seja minha mulher. Quero viver ao lado dela e formar uma família.

Carmem continuava pensando:

Ele está gostando dela! Isso não pode acontecer! Essa moça, além de bonita, tem muito dinheiro! Preciso pensar em uma maneira de evitar que se prolongue o que está começando!

Enquanto dançavam, Julian disse:

— Está muito brava, não é, Carmem?

— Por que está dizendo isso?

— Vi como você ficou quando Rafael conversava com a filha do patrão.

— Está enganado, sabe que não tenho nada com Rafael. Somos apenas amigos e só estamos juntos por causa da Maria. Enquanto esse casamento durar, não quero ser envergonhada por ele.

— Falando assim, enche meu coração de esperança.

Naquele momento, pensando em uma maneira de atingir Rafael e se vingar dele, ela sorriu e apertou a mão de Julian que, entendendo o gesto, também sorriu:

— Que bom que você não gosta dele. Eu, ao contrário, gosto muito de você e sei que poderemos ser felizes.

— Só está se esquecendo de uma coisa, Julian.

— Do quê?

— Embora meu casamento seja de mentira, perante a lei ele existe. Nunca poderemos ficar juntos.

— Tem razão, mas é preciso encontrar uma solução. O que fizeram, embora fosse necessário, foi um erro. Não é justo que fiquem presos a um casamento que na realidade não existe.

— Também estou achando que foi um erro, mas, agora, não há solução. Estamos presos um ao outro.

— Tem de existir uma solução, Carmem!

Naquele momento, com medo de que Rafael a abandonasse por outra mulher, em seu pensamento, encontrou uma solução.

— A única solução seria eu ficar viúva, mas isso não vai acontecer. Rafael é muito jovem e forte.

Ele, a princípio, não entendendo qual era o real desejo dela, disse:

— É verdade, ele é jovem e forte. Por isso, se formos esperar, vai demorar muito.

— Vai mesmo, Julian. Como está vendo, não existe solução. Estou presa para sempre...

A música terminou. Antes de se separarem, Carmem apertou mais uma vez a mão de Julian, que sentiu que havia esperança de conseguir o que queria, mesmo não sendo casados.

Quando ela descobrir que gosta de mim, se entregará sem pensar. Embora tenha de ser escondido, não precisamos nos casar...

Carmem interrompeu o pensamento do rapaz ao dizer:

— Agora preciso ir, Julian. Embora meu casamento seja de mentira, para todos, ele é verdadeiro e será até o dia em que fique viúva.

Sorrindo, afastou-se e foi para casa. Julian ficou ali, pensando no que ela havia dito.

Rafael não vai morrer tão cedo. Sendo assim, jamais poderei ficar com Carmem a não ser escondido, mas, pensando bem, da maneira como a conheço, sei que é uma mulher honesta e não vai querer viver ao meu lado sem ser casada. Preciso encontrar outra solução...

Carmem, ainda tomada de ódio e ciúme, chegou em casa. Maria estava deitada na cama e Rafael no colchão no chão. Ele contava uma história para a menina. Entrou e, ao vê-lo com todo aquele carinho para com a menina, raivosa, pensou:

Não tem jeito mesmo, ele nunca vai se esquecer daquela mulher ou vai se apaixonar por qualquer outra, menos por mim! Vai ficar com qualquer uma menos comigo. Por que isso acontece? Por que ele não gosta de mim? Seria tudo mais fácil se ele me quisesse.

Pegou sua roupa de dormir, foi para a cozinha, vestiu-se e voltou. Deitou-se de costas para eles e fechou os olhos.

Lola, que a tudo acompanhava, disse:

— Ela tem razão, dona Isabel. Seria muito mais fácil.

— Seria, mas não haveria aprendizado algum. Carmem está novamente, como já aconteceu outras vezes, em um momento de decidir.

— Pelo que entendi, ela insinuou que Julian deve matar Rafael, foi isso mesmo?

— Sim. Como disse, as situações se repetem. Carmem, muitas vezes, usou o amor de Julian para fazer com que ele cometesse um crime. Infelizmente, sempre conseguiu. Esperamos que, dessa vez, ela mude de ideia ou que ele resista.

— Ele vai fazer o que ela quer?

— Não sei. Ele também está passando por um momento de aprendizado, de usar seu livre-arbítrio. Outras vezes, ele falhou e atendeu ao que ela queria. Tomara que, dessa vez, ele resista para que possa continuar caminhando e não perca a oportunidade que está tendo com esta encarnação, para que ela não seja perdida como já foram tantas outras.

— É tudo muito complicado.

— Não, Lola, ao contrário, é tudo muito simples. Somos nós que complicamos.

— Não, dona Isabel. Carmem está em uma situação muito difícil.

— Sim, mas está também em um momento de escolha e aprendizado. Já que não podemos interferir no seu livre-arbítrio, vamos esperar para ver o que acontece.

Rafael acompanhou os passos de Carmem, mas ficou calado. Antes mesmo de terminar de contar a história, Maria, cansada por ter brincado muito, naquele dia, adormeceu rapidamente. Ele, ao ver que ela estava dormindo, sorriu. Levantou-se e beijou sua testa. Cobriu-a com o cobertor, tendo cuidado com sua mão. Foi até o fogão, pegou uma caneca, colocou café que estava em um bule sobre o fogão e saiu. Sentou-se em um banco construído com um tronco de árvore. Tomou um gole da café, olhou para o céu que estava estrelado e com a lua cheia. Seu coração encheu-se de emoção:

Como é linda a natureza e como Deus é perfeito. Deu esta terra para vivermos com tudo o que é necessário para sermos felizes. Temos uma terra boa que nos dá comida em abundância. Temos os rios com água pura. Além deles, há os mares cheios de peixes, contudo, mesmo assim, o ser humano nunca está feliz. Olhe o que está acontecendo agora. Descobri que Carmem gosta de mim de uma maneira diferente da que eu pensava e desejava. Ao mesmo tempo, sinto por Berenice algo que julguei que nunca mais sentiria desde que Lola morreu. Tanto eu como Carmem estamos percorrendo um caminho errado. Não tenho certeza, mas, se estiver gostando mesmo de mim, jamais vai ficar comigo da maneira como quer, e eu jamais vou poder ficar com Berenice da maneira que quero. Estou ficando louco! Não aconteceu nada entre nós, apenas conversamos como pessoas educadas. Ela jamais se interessaria por alguém como eu. Sinto muito, pois gostaria de tê-la como minha mulher, de viver com ela para o resto da minha vida, mas isso nunca vai acontecer. O que vou fazer se não conseguir tirar do coração esse sentimento? Por que as coisas são tão difíceis para mim?

Terminou de tomar o café, entrou em casa e se deitou. Ainda pensando em Berenice, demorou a dormir.

Carmem, embora de olhos fechados, acompanhou todos os seus passos. Enquanto ele estava lá fora, também pensava:

Ele está lá fora, provavelmente pensando naquela moça. Será que vai ser sempre assim? Antes, ele pensava em Lola, agora nessa moça, será que nunca vai pensar em mim como mulher? Não sei quando, mas um dia ele vai me notar e vai saber que o meu amor é imenso. Com essa moça, embora saiba que seja difícil, não me preocupo, pois, se eles insistirem, terei de fazer com ela o mesmo que fiz com Lola e farei com qualquer outra mulher que interferir no meu caminho. Ele tem de ficar comigo! Se isso não acontecer, não ficará com mais ninguém! Prefiro vê-lo morto!

Ficou por um bom tempo pensando, até que, também cansada pelo longo dia de preparação da festa, adormeceu.

Berenice também estava deitada, mas não conseguia dormir. Não conseguia tirar do pensamento os olhos de Rafael e o que sentiu ao vê-los:

O que foi aquilo que senti quando olhei para os olhos daquele moço? Nunca havia sentido algo parecido. Por que não consigo esquecê-lo? Por que seu sorriso e seus olhos não saem do meu pensamento?

Ficou com sede. Levantou-se, foi até a cozinha, pegou um copo de cristal, colocou água e, com ele na mão, foi ao quintal. Lá fora, também olhou para o céu e também se encantou com o que viu:

Como a noite está linda. Como é bonita esta terra, este céu. Como poderíamos ser felizes se tudo pudesse ser da maneira como desejamos, mas não é. Sinto por aquele moço algo que nunca senti, mas sei que isso é totalmente impossível. Ele, além de ser um trabalhador imigrante com o qual meu pai jamais permitiria que eu me envolvesse, é um homem casado. Não adianta, o que estou desejando jamais poderá acontecer. Estamos muito distantes um do outro. Nós nos conhecemos muito tarde.

Terminou de beber a água e, com o coração apertado, voltou para seu quarto, deitou e depois de muito virar na cama, adormeceu.

Julian, depois que Carmem foi embora, ficou na festa ainda por mais algum tempo conversando com as pessoas. Como todos começaram a ir embora, resolveu também ir. Ao passar em frente a casa de Carmem, parou por um instante.

Com tanta mulher no mundo, por que fui gostar logo da Carmem? Quem sabe, com o tempo, ela entenda que me ama e se volte para mim. Não sei... vou esperar que isso aconteça...

Entrou em casa. Pedro e Pepe não estavam lá. A última vez que Julian os vira, estavam dançando felizes. Julian deitou-se e, pensando em Carmem, também adormeceu.

Lola, ao ver todo aquele conflito, perguntou:

— Que momento é esse que estão vivendo, dona Isabel?

— É o momento decisivo. Novamente, estão juntos e novamente chegou o momento de decisão. Caberá à Carmem, como sempre, decidir o destino de todos. Vamos esperar que, dessa vez, ela use de sabedoria.

— Tomara que sim, dona Isabel, para o bem de Maria.

— De todos eles, Lola. De todos eles...

— Nunca imaginei que a vida pudesse trazer tantos conflitos. Vivi muito pouco tempo na Terra, não tive tempo para enfrentar conflitos. O único foi a ameaça de ficar longe de você, Manolo, mas logo foi resolvido.

— É verdade, Lola, nossos conflitos foram logo resolvidos porque, além de nos amarmos, renascemos apenas para ajudar Maria a renascer e a se encontrar com eles. Quando isso aconteceu, nossa missão terminou e pudemos retornar para casa.

— Ele tem razão, Lola, foi isso o que aconteceu. Os espíritos caminham em grupos, alguns caminham mais na frente, outros mais atrás. Aqueles que estão na frente, como acontece com vocês, podem, se quiserem, continuar a jornada sozinhos, mas, na maioria das vezes, como está acontecendo agora, preferem ficar e ajudar de todas as maneiras aqueles que ficaram para trás.

— Está dizendo que estamos à frente? Que somos espíritos superiores?

Isabel riu e respondeu:

— Não, Lola. Não somos espíritos superiores, estamos longe disso. Somente estamos alguns passos à frente, mas, para sermos espíritos superiores, temos, ainda, muito para caminhar.

Lola respirou fundo. Olhou com carinho para Manolo que, sorrindo, beijou sua testa. Isabel sorriu ao ver o amor que existia entre eles e disse:

— Bem, por ora, nosso trabalho aqui terminou. Podemos voltar ao sítio e descansar, porque amanhã será outro dia.

— Nesta noite não vamos conversar com eles?

— Não, Lola. Daqui para frente, isso não será mais possível. Estão em um momento de decisão e deverão resolver sozinhos, sem interferência.

— A senhora não disse que nunca estamos sós?

— Nunca estamos sós, nos momentos de desespero, quando precisamos de energia e paz, mas nos momentos de decisão, quando deve ser usado o livre-arbítrio, não podemos interferir. Vamos embora.

Abraçados, concordaram e, em poucos instantes, desapareceram.

Reencontro

R afael abriu os olhos e estranhou que Maria não estivesse dormindo em suas costas, olhou para a cama e viu que ela dormia serenamente. Pensou:

Ela brincou muito, está cansada e não deve ter acordado durante a noite. Ainda bem, porque ela, nas minhas costas, não deixa que eu durma bem, mas o que vou fazer, se ela gosta?

Viu que Carmem também dormia:

Preciso encontrar uma solução para o nosso caso. Não sei o que aconteceu quando olhei para aquela moça. Ela é tão linda e seus olhos são maravilhosos.

Ainda deitado de costas e olhando para o teto, passou a mão pela cabeça como se quisesse fazer com que aquele pensamento sumisse, mas não adiantou:

Devo estar louco! Como me atrevo a pensar em uma moça como aquela? Não há esperança alguma. Ela é rica e bonita, vai querer o que com um bronco como eu, que não tenho onde cair morto? Porém, nunca havia pensado nisso. Desde que Lola morrera, decidi dedicar minha vida a Maria, mas, depois do que senti e estou sentindo, pode ser que, embora não seja com essa moça, outra apareça e eu me apaixone novamente. Isso poderá acontecer não só comigo, mas com Carmem também. Ela poderá encontrar alguém de quem goste realmente, mas não poderá realizar seu desejo por estar presa a mim. Isso não é justo para nenhum de nós.

Levantou-se, foi até o fogão e tomou um pouco do café do dia anterior. Poderia fazer um novo, mas não quis acordar Carmem e, com o aroma do café fresco, isso aconteceria. Depois de tomar café, saiu. Lá fora, olhou para o céu novamente. O dia estava clareando:

Hoje é domingo, poderia dormir até mais tarde, mas não aguento ficar na cama. Já estou acostumado a acordar a esta hora. Está quente, vou até o rio tomar um banho. Logo mais o padre Tomás, como faz todos os domingos, vem até aqui, na fazenda, para rezar a missa.

Procurando fazer o menor barulho possível, entrou em casa, pegou uma toalha e foi para o rio.

Carmem, embora fingisse dormir, estava acordada e viu quando ele saiu. Pensou:

Ontem exagerei. O ciúme me cegou e disse coisas que não deveria ter dito. Rafael ficou nervoso e com razão. Sei que não existe nada entre nós, mas não me conformo. Sempre o amei e preciso conquistá-lo definitivamente. Vou também até o rio tomar banho e conversarei com ele como se nada tivesse acontecido. Continuarei me dedicando a ele e a Maria. Com minha dedicação, ele vai ter de me notar e entender de uma vez por todas que só eu sou a mulher da sua vida e que, juntos, poderemos ser felizes para sempre Agora vou me levantar, pegar uma toalha e ir ao encontro dele.

Enquanto ela pensava isso, Rafael ia para o rio. Quando estava chegando, seu coração bateu mais forte. Berenice estava lá, sentada à margem, olhando a água que corria tranquila. Emocionado, aproximou-se:

— Bom dia.

Ela se assustou, voltou-se e, ao ver que era ele, sorriu.

— Bom dia. Acordou cedo?

— Sim. Eu costumo me levantar todos os dias a esta hora. Não consegui ficar na cama. Mas acho que a senhorita não está acostumada a acordar cedo.

— Não mesmo, mas não consegui dormir bem esta noite. Como não conseguia dormir, resolvi vir até aqui para pensar na minha vida.

Carmem aproximou-se e, de longe, viu que os dois conversavam. Seu coração novamente se encheu de ódio.

De onde estava, não podia ouvir o que falavam, mas podia ver que estavam bem próximos.

Sou mesmo uma boba! Fico fazendo tudo para que ele me note, mas não adianta! Ele gostou mesmo dessa moça e, pelo que estou vendo, ela dele. Ontem, quando conversavam e, antes de ele ir embora, devem ter marcado um encontro aqui! Eu não estava aqui quando eles se encontraram, devem ter se beijado muitas vezes! Ela não conhece nossa história, deve pensar que ele é casado, mas, mesmo assim, não se importou! Devem ter rido muito de mim! Sou mesmo uma idiota!

Após passarem a noite no sítio, pela manhã, Isabel, Lola e Manolo voltaram para ficar ao lado deles. Lola, ao ouvir o que Carmem pensava, se assustou:

— Não aconteceu do modo como ela está pensando, dona Isabel! Eles se encontraram por acaso! Não planejaram!

Isabel sorriu:

— Nós sabemos disso, Lola, mas ela não. A pessoa, quando está com ciúme, não enxerga a realidade, somente aquilo que deseja ver. Normalmente, constrói em sua mente uma história diferente da que está acontecendo, diferente da realidade. Isso é triste, pois só causa sofrimento desnecessário. O ciúme é um dos sentimentos que mais faz sofrer tanto aquele que sente, como aquele que é a causa dele. É como se fosse uma prisão em que a porta da cela dificilmente será aberta. Somente o amor espiritual, sem paixão, poderá fazer com que isso aconteça.

— Por que as pessoas sentem ciúme?

— Porque, ao julgarem amar alguém, sentem-se donos da pessoa, quando, na realidade, não são. O espírito é livre, portanto, não tem dono. Ninguém, por mais que julgue amar, pode obrigar que esse amor seja correspondido. O espírito vive na Terra pouco tempo. O ideal seria que as pessoas usassem esse tempo para aprender, se aperfeiçoar, mas isso não acontece. Na maioria das vezes, perdem um tempo precioso com ódio, ciúme e sofrimento desnecessários. O sentimento de posse faz com que o espírito sofra muito.

— A senhora diz que não se pode obrigar, mas na vida não é bem assim. As pessoas, quando gostam, exigem exclusividade e não aceitam que outra interfira.

— Sei que é isso que acontece, mas não deveria. Quando existe um amor verdadeiro, não há traição. Quando se tem certeza no amor do outro, não existe ciúme. Carmem está morrendo de ciúme porque sabe que Rafael não a ama e quer obrigá-lo a ter um sentimento para com ela que ele não tem e nunca terá. Isso já vem acontecendo há várias encarnações. Ela tem fracassado sempre pelo mesmo motivo. Tem cometido crimes e levado Julian a cometer também. Dessa vez, está novamente tendo a oportunidade de se redimir. Isso só acontecerá quando entender que todos são livres para escolher o caminho que desejam seguir e que ninguém pode interferir nessa escolha, quando entender que, por mais que julgue amar Rafael, isso não passa de ilusão e que a única coisa verdadeira é o amor espiritual e este não passa, necessariamente, pelo ato sexual. O amor da carne, por maior que possa parecer, não resiste ao tempo. O corpo muda e os sentimentos também. Aquilo que hoje é tão importante para ela, amanhã, poderá deixar de ter o mesmo valor. Tanto Rafael como ela deixarão de ter a beleza que só a juventude traz. Quando chegar essa hora, só resiste o amor verdadeiro, que é o espiritual.

— Entendo o que a senhora está dizendo, mas, quando na carne, como a senhora gosta de dizer, as coisas são diferentes. Ninguém conhece o amor sem que seja através do sexo. É normal, como está acontecendo agora com Carmem, se sentir realmente dona do outro. Ela sente ciúmes porque gosta muito dele, dona Isabel.

— Nem sempre isso é verdade, Lola. Não é amor que leva ao ciúme, mas, sim, o medo de ser trocado por outro. A isso se dá o nome de orgulho. O ciúme é a causa de muito sofrimento e de muitos crimes, Lola. Em nome dele, muito mal tem se praticado.

— Entendo o que a senhora está dizendo, mas, quando se ama, é difícil não se ter ciúme.

— Por isso renascemos tantas vezes, Lola, para aprender. Para ser feliz, o espírito precisa ser livre e deixar que os outros sejam.

Voltaram o olhar para Rafael que, sem imaginar que Carmem estava ali, sorrindo, perguntou a Berenice:

— O que uma moça bonita como a senhorita pode ter para pensar? Além de bonita, tem educação e é rica...

— Embora tenha e seja tudo isso que o senhor acha importante, é justamente isso que faz com que eu seja infeliz.

— Não estou entendendo. Como isso pode acontecer?

Ela ia responder, mas, para que isso acontecesse, teria de dizer que era justamente a distância social que impedia que ela fosse feliz ao lado dele. Além do mais, é claro, ele ser casado, mas preferiu ficar calada e apenas sorriu. Ele, também sorrindo, perguntou:

— Posso me sentar ao seu lado?

— Claro que sim. Vamos, juntos, ver o sol nascer. Com essa toalha na mão, parece que veio tomar banho...

— Foi isso mesmo que vim fazer, mas posso deixar para depois. Prefiro ficar aqui conversando com a senhorita.

Ela voltou a sorrir:

— Para começar, podemos deixar isso de senhorita e senhor para lá. O que acha?

— Acho muito bom, mas não posso me esquecer de que é a filha do patrão.

— E o que isso importa? Sou apenas uma moça como qualquer outra, com tristezas e alegrias. Ser filha do patrão é apenas uma situação.

Ele sorriu e se sentou.

— A senhorita acabou de chegar. Nunca esteve aqui?

— Como lhe disse ontem, é a primeira vez. Embora meus pais já estejam morando aqui há muito tempo, nunca tive vontade de vir. Achava este país atrasado, mas, pelo que estou vendo, aqui é maravilhoso! Um lugar bom para viver. Estou impressionada...

— É verdade. Eu, ao contrário, quando resolvi vir, achava que este país era maravilhoso e que o dinheiro crescia em árvores.

Ela começou a rir alto:

— Pensou isso mesmo?

— Sim, os folhetos que chegaram pedindo imigrantes para trabalhar aqui, embora não dissessem isso, claramente, insinuavam.

— Quando chegou aqui o que encontrou?

— Algo totalmente diferente. Muito trabalho e somente a esperança de conseguir algum dinheiro para poder ir embora.

— Pretende voltar para a Espanha?

— Quando vim para o Brasil, achava que encontraria uma terra disposta a me dar muito dinheiro para que eu pudesse voltar e, com dinheiro, ter uma vida melhor. Hoje não sei mais. Infelizmente, não encontrei aquilo com que sonhei. Aqui se trabalha muito e as condições de vida são péssimas.

— O que pretende fazer?

— Tenho esperança de que, em uma cidade grande, conseguindo montar o meu negócio, possa realizar meus sonhos.

— Que negócio?

— Aprendi com meu pai que aprendeu com o dele a construir coisas, como portas, pontes, janelas de ferro. Na Espanha, eu tinha uma oficina, mas, com o que aconteceu lá, perdi tudo. Meu sonho é conseguir recuperar. Isso só vai acontecer depois de acertar as contas com seu pai, pegar o dinheiro a que tenho direito e ir embora. E você, pretende ir embora?

— Não, por enquanto. Pretendo conhecer um pouco mais deste país e das pessoas.

— Tomara que consiga. Desculpe o que vou dizer, mas fiquei impressionado com a sua beleza.

Ela sentiu que todo o sangue de seu corpo subia para seu rosto e que estava vermelha.

— Embora tenha gostado do que disse, acho que não deveria dizer, afinal, é um homem casado...

Rafael lembrou-se de Carmem:

— Acho que ela não se importaria, porque, realmente, embora vivamos juntos, não somos casados nem temos uma vida como marido e mulher.

— Não estou entendendo. Como pode ser isso? Aquela menina linda não é sua filha?

— É complicado mesmo, mas, se quiser e tiver paciência, posso lhe contar.

— Gostaria muito. Estou intrigada e curiosa. Como isso pode ser? Viver junto com uma pessoa, morar na mesma casa e não ter uma vida de casado...

Ele sorriu:

— Como já lhe disse, é uma longa história. Só posso lhe garantir que não sou casado. Vivo com ela, mas não como marido e mulher.

— Continuo não entendendo...

— Quando tudo aconteceu, pareceu ser o certo, mas só agora percebi a imensa bobagem que fiz.

— Que bobagem?

— Vou lhe contar o que aconteceu em minha vida.

— Estou curiosa. Por favor, conte. Não consigo imaginar o que possa ter acontecido para que esteja em uma situação dessa...

Rafael contou tudo o que havia acontecido desde que saíra da Espanha.

Terminou, dizendo:

— Quando tudo aconteceu, não imaginei que um dia poderia me arrepender. Na época só me preocupei com Maria. Agora, acho que deveria ter pensado mais.

— Também acho, mas, por outro lado, se não tivesse feito o que fez, o que teria sido dela? Onde estaria?

— Tem razão, mas agora estou preso a um casamento que não existe. Vi Carmem dançando com Julian. Ela deve estar pensando o mesmo que eu. Ela também pode gostar de outra pessoa e não vai poder ficar ao lado dela, por estar presa a mim.

— Não tem como desfazer o que foi feito?

— Não sei, mas acho que não. Quando chegamos e mentimos, nos deram um documento de casados. Aqui não existe divórcio, portanto, estou casado sem estar.

— Acredito que, se conversar com um juiz, contar como tudo aconteceu, ele entenderá e poderá anular o casamento.

— Já pensei nisso, mas tenho medo, Berenice. Mentimos primeiro para as autoridades e poderemos ser presos. Depois, para podermos ficar aqui e com Maria, mentimos para seu pai. Precisamos fazer isso, pois se ele soubesse que Maria não era nossa filha, não teria deixado que ela ficasse aqui.

— Já se passou muito tempo. Qualquer juiz poderá ver o amor de vocês para com Maria e o dela para com vocês e entenderá que, na ocasião, era a única coisa que poderiam ter feito e que foi e é o melhor para a menina. Acho que deve fazer isso. Essa situação não é justa nem para você nem para Carmem. Não é justo que continuem em uma situação que só traz tristeza para os dois. Cada um de vocês tem o direito de ser feliz com uma pessoa de quem goste realmente.

— Não sei se vai dar certo, mas vou tentar. A primeira coisa a fazer é contar para Carmem o que está acontecendo. Acho que ela vai entender e ficará feliz se encontrarmos uma maneira de nos separarmos para que também possa seguir sua vida. Sei que, no momento, ela está confusa, mas, com o tempo, entenderá que é o melhor para nós dois. Vi como Julian a olhou. Acho que está gostando dela.

— Faça isso, Rafael. Precisa decidir sua vida.

— Nunca pensei que esse dia chegaria. Sempre acreditei que nunca me esqueceria de Lola e que viveria somente para Maria, mas agora, depois de conhecer você, desejo do fundo do coração que nada daquilo tivesse acontecido. Não sei como explicar, mas, assim que a vi, meu coração bateu forte. Acho que estou apaixonado.

Ela voltou a ficar vermelha

— O que está dizendo?

— Você disse que não dormiu bem esta noite, eu também não. Não consegui esquecê-la por um momento. Hoje cedo, quando acordei, vim para cá, tomar um banho para ver se esfriava a cabeça.

Ela olhou para ele e os olhos se encontraram outra vez. O mesmo que haviam sentido na noite anterior voltou a acontecer. Um estranho arrepio percorreu seus corpos. Sem que tentassem impedir, olhando-se nos olhos, ele a abraçou, aos poucos foram se aproximando e beijaram-se com paixão.

O DESTINO EM SUAS MÃOS   231

A princípio, ela se assustou, mas, aos poucos, se entregou àquele beijo, também com paixão. Não adiantava querer esconder. Não sabiam como explicar, só sentiam que estavam perdidamente apaixonados.

Depois de um longo beijo, soltaram-se e ele disse:

— Desculpe, mas não consegui evitar. Não entendo o que está acontecendo. Embora só a tenha conhecido agora, tenho a impressão de conhecê-la há muito tempo. Sei que é uma loucura e que nunca poderemos ficar juntos. Não só pela minha situação, mas por você ser a filha do patrão. Mas não consigo evitar, estou loucamente apaixonado por você.

Ela, tremendo de emoção pelo beijo, disse:

— Também não sei explicar como, mas o mesmo está acontecendo comigo. Também não consegui esquecê-lo por um minuto sequer e por isso não consegui dormir direito. Por isso, quando acordei, vendo que era muito cedo, mas que não conseguia dormir novamente, resolvi sair e vir andar aqui. Estava olhando para a água e pensando na minha vida.

— Sinto que não poderei mais viver sem você. Vou conversar com Carmem e, depois, se ela concordar, vamos procurar um juiz para ver se conseguimos anular um casamento que, na realidade, nunca existiu. Depois, vou conversar com seu pai e vamos ficar juntos para sempre.

— Isso não vai acontecer, Rafael. Isso é impossível...

— Tem razão. Estou delirando. Você é instruída, filha do patrão, enquanto eu sou quase analfabeto e não tenho nada de meu.

— Não é esse o motivo.

— Qual é então?

— Sou mulher...

— Não estou entendendo. O que tem que é mulher?

— Meu pai, por ser muito rico, não quer que sua fortuna seja dividida, por isso já me prometeu a um rico espanhol. Vou ficar aqui por algum tempo, depois preciso voltar para a Espanha. Vou me casar com um homem que é muito mais velho do que eu e pelo qual não sinto nada.

— Isso não pode acontecer! Não é justo!

— Também acho, mas o que posso fazer? Sabe que a mulher não tem direito algum. Vive sobre o jugo dos pais, depois do marido e, por fim, dos filhos. Não pode decidir sua vida, pois é julgada incapaz. Não existe escolha, preciso obedecer ao meu pai e vou me casar com aquele que ele escolheu...

— Não! Isso não pode acontecer! Nunca imaginei que me apaixonaria novamente, agora que isso aconteceu, não vou deixar que me escape assim como aconteceu com Lola. Com ela foi mais forte do que eu, não pude evitar, mas com você é diferente, vou lutar com todas as armas que tiver!

— Que armas, Rafael? Não temos nenhuma...

— Não sei, Berenice, mas precisamos de uma solução. Depois que a minha situação com a Carmem for resolvida, vou conversar com seu pai e, se ele não aceitar, com o dinheiro que vou receber da colheita, poderemos fugir.

— Não podemos fazer isso, Rafael. Sabe que não poderemos viver juntos sem nos casarmos. Sabe que a sociedade condena aqueles que vivem juntos sem ser casados. Os filhos que porventura nascerem dessa união serão marcados, ofendidos e magoados. Não existe solução, Rafael...

— Você acha justo nos magoarmos, ficarmos separados por causa do que as pessoas pensam ou vão dizer?

— Não acho, Rafael, mas a vida é assim. Embora acredite que isso demore a acontecer, tenho esperança de que, um dia, a mulher possa ser livre, possa trabalhar, ter seu próprio dinheiro e, com ele, se sustentar e assim decidir sua vida. Possa errar ou acertar, mas ser livre, ser dona de seu destino. Hoje, infelizmente, isso não é possível. Preciso viver o meu tempo e obedecer ao meu pai. Quem sabe minha filha ou minha neta consiga viver livre para ser feliz ao lado de quem ama e escolheu.

O DESTINO EM SUAS MÃOS   233

Ele ouviu desolado o que ela disse e teve de concordar.

— Realmente, tem razão. A mulher não tem lugar na sociedade. Nós, os homens, aprendemos isso assim que começamos a dizer as primeiras palavras. Também não acho justo, mas isso precisa mudar! Alguém precisa começar! Não precisa esperar que sua filha ou neta faça isso, Berenice! Você pode começar! Pode se rebelar e escolher o seu caminho! Escolher viver ao meu lado! Garanto que farei o possível para que seja feliz!

Com carinho, ela passou a mão por seus cabelos:

— Para você é fácil dizer isso, Rafael, é homem, mas, para mim, não é. Sou covarde, não sei como lutar, como enfrentar o meu pai.

— Você não me ama realmente.

— Ainda não entendo como aconteceu, mas aconteceu. Não sei se é amor, mas nunca senti por ninguém o que estou sentindo por você. Esse desejo de ficar ao seu lado para sempre.

Ele, desesperado, segurou as mãos dela e beijou com carinho:

— Se for verdade, precisa lutar pelo nosso amor, Berenice. Precisa acreditar que, apesar da pobreza, poderemos ser felizes...

— Não sei o que fazer. Fui criada para obedecer, não sei fazer outra coisa.

— Vai aceitar se casar com um homem a quem não ama?

— Não sei. Como já disse, sou covarde, tenho medo de desobedecer a meu pai e depois me arrepender.

— Vai se arrepender, por quê? Nada poderá ser pior do que viver ao lado de uma pessoa de quem não se gosta, Berenice...

Ela, sentindo-se impotente e sem forças para lutar, começou a chorar. Ele, entendendo que a situação dela não era fácil, abraçou-a com carinho e ficaram assim, calados.

Lola, que estava ali ao lado de Isabel e Manolo, ao ver aquilo, abismada, perguntou:

— O que está acontecendo aqui, dona Isabel?

Isabel sorriu e respondeu:

— Nada que não tivesse sido programado, Lola. Você não se lembra ainda, mas Berenice também faz parte do grupo e da história de vocês. Ela também está caminhando junto a vocês durante muito tempo.

— O que vai acontecer? Eles não vão conseguir ficar juntos. Parece impossível...

— Para Deus essa palavra não existe, Lola. Para Ele, tudo é possível.

— Podemos ajudar de alguma maneira? Rafael é muito bom, merece ser feliz.

— Sabe que a decisão cabe a cada um deles. O que podemos fazer é mandar luzes e energias para que possam ter tranquilidade e paz. Somente isso.

Lola começou a rir.

— Do que está rindo, Lola? – perguntou Manolo.

— Estou me lembrando de quando eu vivia na Terra. Assim como muitos outros, eu achava que as pessoas, depois que morressem, pudessem nos ajudar. Quantas vezes pedi ajuda a minha avó que não conheci, pois, quando nasci, ela já havia morrido. Agora, vejo que, mesmo depois de morto, nada podemos fazer, pois cada um tem suas próprias escolhas, é dono de seu futuro.

— É isso mesmo, Lola. Esse é um engano que muitos cometem. Quando morremos, chegamos aqui da mesma maneira que éramos quando vivíamos na Terra, com nossos defeitos e qualidade. Precisamos trabalhar muito para conseguir uma nova oportunidade de renascer. Não adquirimos poder algum e, mesmo que isso acontecesse, nunca poderíamos interferir no livre-arbítrio de cada um.

— Estou entendendo isso somente agora. O que vamos fazer? O que Carmem vai fazer agora que descobriu que Rafael e Berenice estão se encontrando? O que vai fazer com Maria?

— Todas essas perguntas somente o tempo responderá, Lola. De nossa parte, vamos continuar ao lado deles até que tudo termine.

Agora, vamos enviar muita luz sobre os dois para que tenham forças e possam enfrentar o que está por vir.

Imediatamente, Isabel e Manolo começaram a jogar luzes sobre eles. Lola, que ainda não havia adquirido esse poder, ficou encantada, apenas observando.

Berenice, como se tivesse recebido um novo alento, disse:

— Sei que gosto de você, Rafael, e que poderemos ser felizes. Para que isso aconteça, vou lutar com todas as minhas forças. Sinto que sou capaz de enfrentar meu pai. Agora, preciso ir embora. Já está na hora de todos acordarem e preciso estar sentada à mesa do café. Se não fizer isso, levantarei suspeitas e isso não pode acontecer, antes de eu ter certeza do que quero fazer.

— Está bem, faça isso. Hoje à tarde, quando estiver escurecendo, virei até aqui e, se puder, venha também. Precisamos conversar, precisamos ficar juntos nem quem seja por apenas alguns minutos.

— Vou tentar sair sem que ninguém me veja, mas isso é quase impossível. Minha mãe está sempre ao meu lado. De qualquer maneira, se eu não vier, foi porque não consegui, mas estarei pensando em você. Disso pode ter certeza.

— Vou estar aqui e, se não vier, amanhã a esta hora vou estar novamente e todos os dias, até que consiga vir.

Com carinho, ele puxou novamente seu rosto e beijou seus lábios, deixando nela um prazer indescritível. Depois se levantaram e ela, correndo, se afastou. Ele ficou olhando até que ela desaparecesse, depois, sentou-se e ficou olhando a água correr mansamente.

Carmem ficou escondida e a tudo assistiu. Viu quando eles se beijaram e como conversaram e riram. Sentiu tanto ódio que não conseguia nem pensar direito. Sua vontade era a de matar os dois. Depois que Berenice foi embora, tomada de ódio, pensou:

Eles pensam que vão ficar juntos, mas não vão! Agora mesmo vou até a casa do pai dela e contar o que está acontecendo. Quero só ver o que ele vai fazer quando souber que a filha está namorando um imigrante! Ele vai ficar louco e vai mandar Rafael embora daqui!

Furiosa, levantou-se e saiu correndo em direção à casa de Pablo.

Quando estava quase chegando, parou:

Espere, não posso fazer isso. Pois, se fizer, o patrão não vai mandar só Rafael embora, mas a todos nós e não sei quanto dinheiro temos para receber e, se for pouco, não temos para onde ir. Vamos precisar continuar aqui. Preciso esperar a divisão do dinheiro, depois vou contar.

Mais calma, voltou para casa.

Conversa definitiva

Carmem, chorando e com ódio, entrou em casa. Olhou para Maria, que ainda dormia serenamente, e, com raiva, pensou:

Ele só tinha olhos para você e agora, para ela! Isso não vai ficar assim e a única maneira de me vingar dele é através de você!

Acordou a menina, sacudindo-a com força:

— Acorde, Maria! Vai ficar dormindo até quando?

Maria acordou assustada e, ao olhar para Carmem, viu aquele olhar tão seu conhecido e que há muito tempo não via. Começou a tremer de medo. Sabia que o sofrimento ia recomeçar. Em silêncio, mas chorando, se levantou. Carmem, tomada de ódio, disse:

— Pode se levantar! Pensa que a vida é assim fácil? Pensa que pode dormir e quanto quiser enquanto eu trabalho? Nada disso! De hoje em diante, vai ter de trabalhar também e, se contar para seu pai, eu queimo a sua outra mão! Você é um estorvo na minha vida e o motivo de todo meu sofrimento!

A menina, sem saber o motivo daquilo, levantou-se e ficou olhando para Carmem, que continuou:

— Hoje é domingo, seu pai está em casa e você precisa se trocar para ir à missa, mas, a partir de amanhã, tudo vai ser diferente! Ande, levante e se troque! Vou lhe dar um pouco de café, mas sem pão, e não se atreva a dizer ao seu pai que está com fome!

Deu o café para a menina e depois colocou o vestido usado na festa e que, depois daquele dia, seria guardado e só voltaria a ser usado nos domingos para a missa.

Em silêncio, Maria, embora estivesse com fome, se calou e obedeceu a tudo o que ela ordenava.

Depois de vestir Maria e lhe dar o café, Carmem também se vestiu. Colocou o mesmo vestido que usara na festa, os brincos, penteou os cabelos e pintou os lábios. Olhou no pequeno espelho que havia ali:

Estou bonita, como ele pode não me notar?

Rafael, depois de ficar algum tempo olhando a água, entrou no rio vestido mesmo. Ficou ali nadando por algum tempo e pensando:

Jamais poderia imaginar que sentiria isso novamente, que me interessaria por outra mulher, mas aconteceu. Ao mesmo tempo que estou feliz, sei que esse amor é impossível, somos muito diferentes. Ela é educada e eu um bronco, quase analfabeto, que não tenho coisa alguma para lhe oferecer. Mesmo que nosso amor não dê certo, preciso acertar minha situação com Carmem, não podemos continuar assim. Não podemos continuar presos a um casamento que não existe.

Saiu da água tremendo, enrolou-se na toalha e voltou para casa. Quando entrou, Maria estava sentada na cama. Quando viu Rafael entrar, seus olhos brilharam, queria contar a ele o que Carmem estava fazendo, mas o medo fez com que se calasse.

Enquanto ele, na cozinha, tirava as roupas molhadas e trocava por secas, disse, entusiasmado:

— Maria! Como você está bonita! Já tomou café?

A menina olhou para Carmem, que vendo que Rafael olhava, sorriu. Maria, embora visse que ela sorria, ainda com medo, respondeu:

— Já tomei, pai.

Saindo da cozinha e já trocado, ele disse:

— Que bom. Precisa comer muito para poder crescer. Depois que eu tomar o meu, vamos para a missa.

Carmem apenas acompanhava aquela cena.

Berenice também chegou em casa, o silêncio tomava conta do lugar. Ouviu somente um pequeno barulho vindo da cozinha, onde duas mulheres preparavam o café. Em silêncio, subiu as escadas e foi para seu quarto. Momentos depois, desceu como se estivesse no quarto até aquele momento.

Ao chegar à sala de refeições, seus pais já estavam sentados à mesa. Sentou-se e olhou a mesa farta. Pensou em Rafael:

Gosto dele, mas será que conseguirei viver na pobreza? Será que serei feliz não tendo o que comer, a não ser pouca coisa? Não sei... fui criada com tudo. Nunca sequer soube o que era ou me preocupei com a pobreza. Não sei o que fazer... sinto que o amo e que, se ele tivesse dinheiro, poderíamos ser felizes, mas não consigo me ver pobre e sem poder comer tudo de que gosto nem ficar sem roupas e joias a que estou acostumada. Dormir em uma boa cama com colchão e travesseiros macios. Será que serei feliz ao lado dele? Será que, se escolher ficar com ele, depois de algum tempo, não vou me arrepender? Não sei o que fazer. Quando estou ao seu lado, tudo parece ser mais fácil, mas agora, vendo tudo o que posso perder, sinto muito medo...

Após o café, acompanhada de seus pais, foi até a capela.

Enquanto isso, Rafael também tomava café e comia pão com manteiga. Maria olhava. Estava com fome, mas ficou calada. Sabia que todos os domingos, após a missa, sempre era servido café para o padre que vinha da Vila, quando, ao lado dele, todos comiam. Sabia que lá, no meio das outras pessoas, poderia comer sem que Carmem pudesse castigá-la. Depois de tomar o café, Rafael olhou para Carmem, ignorando que ela estava bem vestida e pintada, e disse:

— Depois da missa, precisamos conversar, Carmem.

Ao ouvir aquilo, ela, desconfiando de que ele queria falar sobre Berenice, mas fingindo não saber que eles haviam se encontrado, perguntou:

— Conversar sobre o que, Rafael?

— Um assunto muito sério, mas vamos deixar para depois. Agora está na hora da missa. Vamos rezar para que Deus nos ajude.

Ela, fingindo estar tudo bem, ficou calada e apenas sorriu.

Saíram os três, como se fossem uma família perfeita, em direção à capela, onde outras pessoas já se encontravam.

Durante a missa, enquanto todos rezavam, Carmem pensava:

Ele vai falar sobre aquela moça. Será que quer se separar para ficar com ela? Isso eu não vou permitir! Ele é meu! Para que isso acontecesse, matei Lola e matarei quantas vezes for preciso! Ele pode não querer ficar comigo, mas não vai ficar com mais ninguém, prefiro que morra!

Enquanto o padre rezava a missa, a maioria das pessoas acompanhava com fé. Cada um fazia seus próprios pedidos. A oração do padre e dos outros fez com que a pequena capela ficasse toda iluminada. Isabel, ao ver aquele ambiente de luz, sob os olhos de Manolo e Lola, se aproximou de Carmem e disse:

— Carmem, você precisa esquecer o ódio que está sentindo e entender que Rafael nunca foi e nunca será seu. Não da maneira como deseja. Ele não é seu nem de ninguém, pois o espírito é livre para caminhar da maneira que quiser. Por isso, se insistir nesses pensamentos destrutivos, causará mal a ele, mas muito mais a você. Já passou tantas vezes por isso, já sofreu tanto no vale e ainda não aprendeu. Sua vida não pode se resumir a Rafael. Apesar dele, precisa encontrar o caminho de bem e seguir para a Luz. Tem muito para fazer. Entre tantas coisas, tem o dever e a missão de criar Maria com carinho para que ela possa crescer feliz e cumprir sua missão. Pense, minha filha, pense...

Carmem, como se estivesse ouvindo, sentiu que seu coração se enchia de paz e refletiu:

Será que é justo o que estou fazendo com a Maria? Ela não tem culpa de Rafael não gostar de mim. Eu queria tanto poder esquecê-lo e continuar a minha vida sozinha. Por que não consigo? Por que fiz aquela maldade com a Lola? Do que adiantou? Ele não me quer e nunca vai querer. O melhor a fazer é deixar que ele siga seu caminho e eu, tentar seguir o meu. Meu Deus, preciso conseguir esquecer Rafael...

Isabel, ao ver o que ela pensava, sorriu:

— Viram como um ambiente de paz e oração ajuda nos momentos de decisão? Aqui, cercada de tanta luz, Carmem não tem condições de ter maus pensamentos.

— Tomara que ela continue assim, não é, dona Isabel?

— Tomara, Lola. Essa seria a melhor solução para todos, principalmente para ela.

O desejo deles não demorou muito para terminar, pois, durante a missa, Berenice e Rafael ficaram trocando olhares que não foram notados pelas outras pessoas, apenas por Carmem.

Eles não estão conseguindo disfarçar! Não param de se olhar! Não vou permitir que fiquem juntos, não vou!

A missa terminou e, como sempre acontecia, uma grande mesa feita de madeira e coberta com um pano branco já estava preparada. Café, chocolate e pão com manteiga foi servido. Todos, alegremente, começaram a comer. Rafael, ao lado de Maria, disse:

— Venha comer, Maria. Aproveite.

Maria olhou para Carmem, que ainda envolvida pela luz, sorriu. Pegou um pedaço de pão, colocou manteiga. Depois, colocou chocolate quente em uma caneca e entregou para a menina que, com fome, sem pensar, comeu e bebeu rapidamente.

— Coma devagar, Maria. Você precisa mastigar... – aconselhou Rafael.

Ela olhou para Rafael, sorriu, mas não parou de comer. Temia que Carmem se arrependesse e mudasse de ideia.

A hora do café terminou. O padre subiu em sua charrete e voltou para a Vila. As mulheres tiraram as canecas e pratos que estavam sobre a mesa. Todos começaram a voltar para suas casas, Rafael e Carmem também. Enquanto caminhavam, ele disse:

— Maria, fique brincando com as outras crianças, preciso conversar com sua mãe.

Maria, mais uma vez, olhou para Carmem, que, sabendo o que ele queria conversar, com medo, mas ainda envolvida pela Luz, sorriu.

A menina, embora com medo, não esperou muito e saiu correndo para junto das outras crianças que brincavam.

— Agora, Carmem, vamos até o rio. Lá é um lugar sossegado para conversarmos com tranquilidade.

Ela, embora temesse aquela conversa, sabia que era inevitável. Calada, começou a caminhar em direção ao rio. Quando chegaram, sentaram-se. Ela, ainda calada, ficou esperando que ele falasse. Depois de algum tempo, ele disse:

— Carmem, estive pensando na nossa situação e não podemos continuar assim.

— Assim como, Rafael?

— Permanecer casados sem estarmos na realidade. Somos jovens e não podemos continuar presos um ao outro. Tanto eu como você podemos encontrar alguém de quem gostemos não como irmãos, mas como homem e mulher. Não é justo nem podemos continuar vivendo da maneira como estamos.

Novamente o ódio invadiu Carmem, mas, dissimulada como sempre, enquanto ele falava, pensava:

Pode querer o que quiser, pode não ficar comigo, mas nunca vai ficar com outra nem que para isso eu tenha de matar você!

Fingindo aceitar o que ele dizia, falou:

— Também tenho pensado muito sobre isso, Rafael. Quando mentimos, foi por uma boa causa, mas, agora, o tempo passou e Maria não corre mais perigo, só não imagino como isso pode ser feito, pois, para todos os efeitos e para todos os que moram aqui, somos casados e, neste país, não existe divórcio.

— Sei disso, mas estive pensando. Podemos ir até um juiz e contarmos como tudo aconteceu. Talvez ele entenda e anule nosso casamento e, assim, poderemos continuar nossas vidas.

Ao ouvir aquilo, ela, que pensava não haver uma maneira de se separarem, estremeceu. Ficou algum tempo sem saber o que dizer. Ele, percebendo que ela estava intrigada, perguntou:

— O que você acha, Carmem? Vamos procurar um juiz?

— Não sei, Rafael. Tenho medo, não pode se esquecer de que mentimos para as autoridades e que poderemos até ser presos por isso.

— Também já pensei nisso, mas o que não podemos é continuar assim como estamos. Acho que, se contarmos ao juiz como tudo aconteceu, ele vai entender. Não sei o que vai acontecer, mas precisamos tentar.

— Por que está pensando isso, agora, Rafael? Encontrou alguma mulher de quem goste realmente?

Ele, sabendo que não era hora de contar a verdade, mentiu:

— Não. Não se trata disso. Ontem você, durante a festa, fez uma cena que me preocupou. Quando me viu conversando com a filha do patrão, agiu como se fôssemos casados, quando, na realidade, não somos.

Ela, fingindo entender a situação, também mentiu:

— Não sei o que deu em mim. Talvez por esquecer que nosso casamento é uma mentira e por imaginar que todos pensem que ele existe, me senti traída e motivo de risos para todos, mas sei que estava errada. Tem razão. Precisamos acertar essa situação. Faça como quiser.

— Não vai ficar brava comigo?

— Não, Rafael, claro que não. Também preciso continuar minha vida.

— Que bom. Estava com medo de que não entendesse o que eu queria dizer. Sendo assim, já que está de acordo, assim que acertarmos nossas contas com o patrão, poderemos ir para uma cidade e procurarmos um juiz.

Ela, embora estivesse com o coração cheio de ódio, sorriu:

— Vamos fazer isso, Rafael.

— Que bom que entendeu, Carmem. Agora podemos ir para casa e fazer o almoço. Ainda faltam alguns dias para terminarmos de despachar a colheita. Depois, acertaremos as contas, iremos embora e nossa vida será diferente.

— Está certo, Rafael, é o melhor que pode ser feito – disse, cheia de ódio.

Enquanto se levantavam, ela pensava:

Está achando que me engana! Vi como se beijaram... está apaixonado por aquela moça e quer me trocar por ela, mas isso não vai acontecer! Você é meu, somente meu!

Uma enorme nuvem negra envolveu Carmem. Isabel e Manolo continuavam a jogar luzes, mas estas não conseguiam penetrar a nuvem negra. Lola disse:

— A luz não consegue penetrar essa nuvem mesmo, dona Isabel?

— Ela se deixou envolver por sentimentos de ódio e ciúme. No momento em que permitiu que isso acontecesse, nossa luz não tem força para ajudá-la.

— Agora estou entendendo melhor. Quando estamos envolvidos pelo mal, não há como sermos ajudados...

— Sim, Lola. Infelizmente. Como já lhe disse, temos nosso livre-arbítrio e contra ele não há nada que possa se fazer. Quando permitimos que sentimentos sombrios nos invadam, estamos dando força para que energias negativas tomem conta de todo o nosso espírito.

— Ela não tem como ser ajudada?

— Tem, sim, claro que tem. No momento em que entender que aquilo que está desejando não é o melhor para si e mudar sua faixa de pensamento, nossa Luz poderá invadi-la novamente e toda ajuda lhe será prestada.

— Só depende dela?

— Sim, só depende dela. Vamos esperar. Quando sua encarnação foi planejada, ficou decidido que, se nada mudar, ela ainda tem muito tempo de vida na Terra. Tempo suficiente para que mude e, se isso acontecer, estaremos aqui para ajudá-la na caminhada. Vamos continuar jogando Luz, mesmo sabendo que não a está atingindo, e conversando também. Quem sabe consigamos chegar nela.

Continuaram jogando luz.

Rafael e Carmem levantaram-se e caminharam em direção a casa. Quando passaram por onde deixaram Maria, ela brincava com as crianças.

— Vamos chamá-la, Rafael?

— Não, Carmem. Ela está brincando. Deixe assim. É criança, precisa brincar.

Ela, com raiva, mas fingindo, disse:

— Tem razão, é apenas uma criança...

Continuaram caminhando e ela não conseguia parar de pensar: *Preciso conversar com Julian, só ele poderá me ajudar. Não consigo me ver longe de Rafael, nem ele junto de outra mulher! Ele quer me trocar por ela, mas isso não vai acontecer!*

Isabel, ainda jogando luzes, ficou olhando com tristeza.

— Infelizmente, parece que tudo vai se repetir e que, novamente, ela vai conseguir envolver Julian em seus crimes.

— Ele vai deixar se envolver?

— Não sei, Lola. Das outras vezes, por causa desse amor que ele julga sentir por ela, ajudo-a a cometer crimes terríveis. Por isso, renasceram juntos novamente, para que, dessa vez, pudessem evitar cometer os mesmos crimes, se redimir e resgatar os erros passados. Vamos pedir a Deus que consigam, mas parece que está difícil. Na espiritualidade, antes de renascerem e após passarem um longo tempo de sofrimento nas trevas, prometeram que seria diferente. Escolheram a vida e os desafios que queriam ter. O pedido deles foi atendido e tudo foi feito como desejaram, mas parece que, com a força da carne, os sentimentos condenáveis ganharam força e tudo o que prometeram foi esquecido.

— Isso é uma pena.

— Tem razão, Lola, é uma pena, mas nada pode ser feito.

— O que acontecerá se não conseguirem resistir?

— Passarão novamente um longo período nas trevas, viverão momentos de desespero e sofrerão muito, mas, depois, terão outra vez a oportunidade de uma nova encarnação para tentarem novamente.

— Vamos torcer para que consigam nesta e, assim, possamos continuar caminhando juntos.

— Vocês podem, se quiserem, continuar sozinhos. Não existe razão alguma para que isso não aconteça. Já esperaram muito tempo por Carmem e Julian.

Lola olhou para Manolo, que sorriu e disse:

— Sabemos disso, dona Isabel, que podemos continuar, mas esse não é o nosso desejo. Não nos lembramos do passado, mas sabemos que existe uma forte ligação entre todos nós. Por isso continuaremos ao lado deles, até que possamos seguir todos juntos, não é, Lola?

— É, sim, Manolo. Já que estamos juntos na caminhada, vamos continuar até quando for preciso.

Isabel, ao ouvir aquilo, sorriu:

— Sabia que não poderia esperar outra coisa de vocês. Mesmo estando ciente de que vai ser difícil fazer com que Carmem mude de ideia, vamos continuar ajudando naquilo que for possível e entregar a vida deles nas mãos de Deus.

— Vamos fazer isso, dona Isabel.

Isabel, embora soubesse que as luzes que mandava teriam dificuldades para penetrar a nuvem preta, continuou insistindo em jogá-las sobre Carmem.

O pior dos sentimentos

Naquela tarde, como acontecia em todos os domingos, as mulheres preparavam petiscos enquanto os homens jogavam cartas em várias mesas espalhadas pelo pátio.

Carmem, depois de ter conversado com Rafael e ao ver como ele e Berenice se olharam durante a missa, enquanto ajudava as outras mulheres, ficou imaginando uma maneira de impedir que ficassem juntos. Observando-o jogar cartas, pensou:

Está pensando que vai ficar com ela? Que vai me jogar no lixo? Não vai não, não vou permitir!

Enquanto colocava os petiscos sobre a mesa, olhou para Julian, que também jogava:

Depois do que ele me disse na festa, acho que faria qualquer coisa para poder ficar comigo. Preciso pensar em uma maneira de fazer com que me ajude. Sei que, apaixonado do jeito que está, vai fazer tudo o que eu quiser.

Berenice, em casa e após o almoço, estava na sala lendo um livro. Lendo não, olhando, pois embora o livro fosse bom, ela não conseguia acompanhar a leitura. Seu pensamento estava voltado para Rafael:

Por que não consigo me esquecer dele? Por que aqueles olhos não saem do meu pensamento? Isso não pode continuar. Não posso tentar me enganar. Ele é muito diferente de mim. Não posso me imaginar vivendo uma vida de pobreza. Prefiro me casar com um homem rico, embora muito mais velho.

Levantou-se e ficou andando de um lado para o outro. Sua mãe, que também lia um livro, ao ver a impaciência dela, perguntou:

— O que está acontecendo com você, Berenice? Por que está tão inquieta?

— Não sei, mamãe, acho que a comida não me fez bem. Vou caminhar um pouco para ajudar na digestão.

— Vá, minha filha. Você está assim porque deve ter comido demais no almoço.

Berenice sorriu e, dando adeus para a mãe, saiu e começou a andar sem rumo. Embora não quisesse, quando se viu, estava no pátio onde os trabalhadores jogavam alegremente. Carmem foi a primeira a vê-la se aproximando:

O que ela quer aqui? Como se atreve a aparecer? Veio atrás dele. Essa moça não vale nada! Mesmo pensando que ele é casado, ainda vem atrás dele! Preciso, mesmo, dar um fim nisso!

Disfarçando sua real intenção, Berenice se aproximou:

— Boa tarde, parece que o jogo está muito bom.

Josefa, que não imaginava o que estava acontecendo, foi quem a recebeu:

— Boa tarde, senhorita! Mas o que a traz aqui?

— Nada, estava sem ter o que fazer e comecei a andar. Não sabia que se divertiam tanto aos domingos à tarde.

— Todos os domingos os homens jogam cartas e nós ficamos conversando, jogando conversa fora para passar o tempo – disse rindo. – Comemos, bebemos e jogamos. A senhorita quer um refresco?

— Não, obrigada, só estou mesmo andando. Vou até o rio para relaxar – disse, olhando para Rafael, que, ao vê-la ali, sentiu que o coração subia à boca.

Berenice, percebendo que ele havia entendido o recado, sorrindo, se afastou.

Rafael seguiu-a com os olhos, o que foi notado por Carmem.

Ela é mesmo atrevida! Como pode vir até aqui e, descarada-mente, mandar esse recado para ele?

Rafael terminou de jogar a partida e, levantando-se, disse para Pepe:

— Jogue no meu lugar, Pepe. Estou cansado de perder.

— Você perdeu mesmo, Rafael. O que está acontecendo, sua cabeça está onde?

— Não sei, estou preocupado em terminar logo o trabalho aqui para podermos ir embora. Agora que está chegando a hora, nunca pareceu tão distante. Jogue no meu lugar, vou até a casa e volto logo.

Ninguém, a não ser Carmem, que estava atenta, desconfiou do que estava acontecendo nem se preocupou com Rafael se afastando.

Ele vai atrás dela! Vão se encontrar e se beijar novamente! São dois traidores! Vou matar os dois!

Rafael, sem imaginar o que Carmem pensava, se levantou e caminhou em direção ao rio. Assim que chegou, encontrou Berenice sentada, olhando a água. Sentou-se ao lado dela e, antes de dizer algo, abraçou-a e beijou-a apaixonadamente.

Berenice, ao mesmo tempo que se assustou, adorou aquele beijo. Quando ele a soltou, intrigada e preocupada por aquilo que estava sentindo, disse:

— Não sei por que estou aqui...

— Pelo mesmo motivo que eu. Não consegue me esquecer. Sei disso, pois não consigo esquecer o seu olhar, o seu sorriso.

Antes que ela dissesse algo, ele abraçou-a e beijou-a novamente. Ela, em seu braços, pensou:

Não tem jeito, quero esse homem para mim. Não me importam as consequências! Vou ficar com ele para o resto da minha vida...

Ele, completamente apaixonado, falou:

— Desde a noite da festa, quando te vi pela primeira vez, não consigo mais me esquecer de você. Agora mesmo, embora estivesse jogando, meu pensamento estava em você.

— O mesmo aconteceu comigo. Estou ansiosa e aflita, sentindo uma enorme necessidade de ver você, de estar ao seu lado. O que é isso, Rafael? O que está acontecendo?

— Nada que já não tenha acontecido antes. Estamos apaixonados.

Novamente ele abraçou-a e beijou-a. Ela se entregou, com paixão, àquele beijo.

Depois do beijo, ficaram um longo tempo abraçados, sem se preocupar que alguém os visse.

— O que vamos fazer, Rafael? Nunca poderemos ficar juntos.

— Por que não? Sei que existe uma diferença muito grande entre nós, mas, mesmo assim, vou dizer algo que, desde Lola, nunca pensei que ia dizer outra vez. Quero me casar com você. Quero viver ao seu lado para sempre...

— Também quero, mas isso é impossível, meu pai nunca vai permitir.

— Você não precisa da autorização dele. Pode fazer com sua vida o que quiser.

— Sabe que não é assim. Devo, sim, obediência ao meu pai. Preciso fazer o que ele deseja. Ainda não tenho vinte e um anos.

— Não precisa obedecer! Pode lutar contra isso! Você mesma disse que a mulher deveria ser livre para escolher o seu destino. Pode começar essa mudança. Precisa lutar por aquilo que deseja. Quanto a sua idade, não tem importância, se precisar, ficaremos longe, escondidos em um lugar onde ninguém vai nos encontrar!

Ela, soltando-se dele, com lágrimas nos olhos, disse:

— Não posso! Ele sempre me deu de tudo e já pensou no meu futuro! Não posso contrariá-lo, pois, se fizer isso, ele poderá me tirar do testamento e eu ficarei sem dinheiro algum para viver.

— Não precisamos de dinheiro para sermos felizes, Berenice! Nosso amor será suficiente para que isso aconteça.

— Não sei, mas me parece que isso não é verdade. Não consigo pensar em viver na pobreza em que você vive. Não saberia viver tendo vontade de comer alguma coisa e não poder, querendo comprar um vestido ou joias e não poder ter...

— Vou trabalhar muito e nada vai faltar para você...

— Por mais que trabalhe, nunca conseguirá me dar aquilo a que estou acostumada.

Sem que ele esperasse, ela se levantou e saiu correndo. Enquanto corria, disse:

— Não posso fazer isso! Nunca mais quero ver você! Vou esquecer você, esse beijo e tudo o mais!

Ele, sem saber o que fazer, com o coração apertado, ficou olhando enquanto ela se afastava.

Carmem, que o seguiu e viu tudo o que aconteceu, com ódio e ciúme, também a acompanhou com os olhos.

Ela foi embora correndo. O que será que aconteceu? Com que loucura ele a beijou! Como gostaria de ser beijada assim e isso vai acontecer, pois, se não acontecer, ele também não vai ficar com ela!

Rafael, desesperado, ficou ali, sentado e olhando para a água.

Ela tem razão. Não pode deixar uma vida de luxo para viver ao meu lado, já que nada tenho para lhe oferecer...

Carmem, vendo que Berenice fora embora e que Rafael continuava ali, voltou para o pátio. Assim que chegou, olhou para Julian que também a olhava. Ela, sabendo que ele era a sua única solução, com um olhar significativo, também sorriu. Ele entendeu aquele sorriso e aquele olhar. Sabia que o caminho estava aberto para o que queria: o amor dela.

Ela continuou ali, andando em volta de Julian que, percebendo seus movimentos, pensou:

Vou sair daqui e ver se ela me segue. Acho que a minha declaração fez com que ela pensasse em mim de uma maneira diferente.

Assim pensando, levantou-se da mesa de jogo e deu seu lugar para o marido de Josefa, que esperava, ansioso, alguém perder para poder jogar. Olhando mais uma vez para Carmem, ele sorriu e se afastou. Ela percebeu qual era sua intenção e, depois de algum tempo, foi ao seu encontro.

Ele passou pela casa de Rafael, chamou e, vendo que não havia ninguém, foi para a sua casa, que ficava ao lado. Entrou, bebeu água e se sentou, pensando em Carmem.

Ela chegou logo em seguida. Sabendo que Rafael estava no rio, sem preocupação alguma, foi para a casa de Julian. Assim que entrou, ele se levantou. Carmem, sem nada dizer, abriu os braços. Ele, abismado, abraçou-a e beijou-a com a paixão que sempre sentiu por ela.

O beijo foi longo e caloroso. Da parte dele, com amor, da dela, somente como forma de colocar seu plano em ação.

Depois do beijo, ela, fingindo uma timidez que na realidade não sentia, disse:

— Desculpe, Julian, mas eu queria muito fazer isso.

— Não tem que se desculpar, Carmem. Desde que a conheci, tenho sonhado com isso e, se não tivesse de mentir que era casada com Rafael, eu teria conversado com você há mais tempo.

— Também, assim que o vi, me apaixonei, mas nunca pensei que sentisse algo por mim. Nunca deixou transparecer.

— Não sabia se o seu casamento havia se consumado. Nem Rafael nem você nunca falaram a respeito.

— Nosso casamento não se consumou, Julian. Vivemos uma mentira. Isso nunca me preocupou, pois achava que não havia solução e que estava tudo bem, mas agora é diferente.

— Diferente por quê?

— Descobri que você sente por mim o mesmo que sinto por você.

— Gosta mesmo de mim, Carmem?

— Sim, Julian, e muito. Muitas vezes tenho acordado à noite e não conseguido dormir, só pensando em você, mas nunca imaginei que pensasse o mesmo.

— Sempre fui apaixonado por você, Carmem.

— Eu também, mas, infelizmente, nunca poderemos ficar juntos.

— Por quê?

— Embora meu casamento não seja de verdade, ele existe no papel. Para todos os efeitos, sou mulher de Rafael e, como já disse, nunca poderei me casar com outro a não ser que fique viúva.

— Isso está fora de cogitação, Carmem. Rafael é jovem e vai viver muito ainda.

— Como vê, para nós não há solução.

Ele ia abraçá-la novamente, mas ela, continuando com seu plano, se afastou e disse:

— Não, Julian. Não podemos fazer isso. Embora não seja verdade, sou uma mulher casada e não posso trair a confiança de Rafael. Vou continuar amando você, mas precisamos continuar separados.

— Não precisamos, Carmem. Vou conversar com Rafael, ele vai entender e aceitar.

— Sei que ele vai entender, mas não quero ser apontada como uma mulher que vive com um homem sem ser casada. Não posso, sinto muito. Pode imaginar como estou sofrendo por ter de ficar separada de você, mas não tem outro jeito. Acho que não nasci para ser feliz.

Com lágrimas nos olhos, mas sorrindo por dentro, ela saiu correndo. Ele, abismado, ficou sem saber o que fazer.

Carmem, sabendo que seu plano estava dando certo, feliz, voltou para junto dos outros que continuavam jogando, comendo e bebendo. Assim que chegou, olhou para Rafael e pôde perceber que ele estava preocupado.

Que será que aconteceu? Por que ela foi embora daquela maneira? Também não me importo. Agora já sei o que fazer. Eles vão me pagar por essa traição.

Berenice chegou em casa e sua mãe continuava na sala. Olhou para a mãe e, sem nada dizer, foi para seu quarto. Jogou-se sobre a cama e começou a chorar.

O que está acontecendo comigo? Não posso gostar dele da maneira como estou gostando. Ele não tem nada para me oferecer. Acho que a melhor coisa a fazer é nunca mais me aproximar dele. Vou me casar com aquele homem que pode continuar me dando o que sempre tive e até mais. Porém, quando estou ao lado de Rafael, sinto que nada disso tem importância e o que vale mesmo é saber que, ao seu lado, com seu amor, serei feliz. O que vou fazer, meu Deus?

Rafael voltou a sentar-se à mesa de jogo e a jogar, mas seu pensamento estava distante:

Ela tem razão. O que posso lhe oferecer? Nada! Não tenho dinheiro. Agora, estou esperando o acerto de contas para poder ir embora, tentar abrir meu próprio negócio e ter uma nova vida, mas, por mais que eu consiga melhorar, nunca conseguirei dar a ela o que quer, está acostumada e merece...

— O que está acontecendo, Rafael, não está prestando atenção ao jogo?

— Sinto muito, Pepe, mas estou preocupado com o acerto de contas. Parece que vai nos sobrar um bom dinheiro e precisamos pensar para onde vamos.

— Como você, também estou preocupado, mas hoje não vamos resolver nada. É domingo, amigo! Trabalhamos tanto durante a semana, merecemos este dia de descanso, de ficar assim, sem nada fazer.

— Tem razão, vamos ao jogo e, agora, preparem-se, porque vou ganhar todas.

Riram e continuaram jogando.

Julian voltou e, sem nada dizer, sentou-se em uma cadeira ao lado da mesa. Ficou acompanhando o jogo e pensando.

O que vou fazer? Sempre amei essa mulher e agora, que sei que ela me ama também, não posso mais viver sem ela. Mas como isso vai acontecer? Ela tem razão, não pode ser apontada como uma mulher separada. A única solução, mesmo, seria Rafael morrer, mas isso não vai acontecer tão cedo. Ele é jovem e forte.

Carmem, fingindo não notar, olhava para Julian, demonstrando amor.

Ele está desesperado e logo fará tudo o que eu quiser. Preciso fazer de uma maneira que ninguém desconfie de nós. Depois que tudo estiver terminado, vou pensar o que fazer com Julian. De uma coisa tenho certeza, Rafael não vai ficar comigo, mas com ela também não! Prefiro que ele morra antes de isso acontecer...

Assim, cada um preso em seu próprio pensamento, passou o resto da tarde de domingo.

— Ela vai conseguir o que está tramando, dona Isabel?

— Para o bem deles, espero que não, Lola. Embora já tenha conseguido envolver Julian muitas vezes, espero que, desta vez, ele consiga reagir.

— A senhora não sabe mesmo o que vai acontecer? Não disse que, antes de renascermos, é colocado em ação um plano escolhido por todos os envolvidos?

— Sim, é verdade. Antes de renascer, o espírito escolhe a maneira como vai viver. Escolhe o que será melhor para o seu aperfeiçoamento, mas, quando na Terra, na maioria das vezes, o que foi planejado fica para trás, a força dos sentimentos o afasta daquilo antes planejado. Por isso, nunca sabemos o que pode acontecer, depende de cada um, de cada livre-arbítrio.

— Como é difícil, dona Isabel. Embora saiba que ela está errada, que não se pode obrigar ninguém a nos amar, se me colocasse em seu lugar, não sei o que faria. É muito difícil sermos rejeitados, trocados por outra pessoa.

— Você mesma disse, Lola. Não podemos obrigar ninguém a nos amar. Isso é uma coisa que ela precisa aprender e, mais cedo ou mais tarde, aprenderá. Talvez não seja nesta encarnação nem na próxima, mas um dia acontecerá. Deus não tem pressa. Ele dá todas as oportunidades para que Seus filhos encontrem o caminho do bem. Tem toda a eternidade para esperar.

— Para que isso aconteça, é necessário que o espírito tenha uma perfeição difícil de conseguir.

— Difícil, sim, mas não impossível. Não existe perfeição e Deus não quer isso, Lola. O que ele quer é que continuemos caminhando para a nossa própria felicidade. Mesmo alcançando um nível mais alto na espiritualidade, é preciso uma constante vigilância, pois, a qualquer momento, podemos nos deixar envolver pelas ondas do mal.

— Mesmo um espírito superior está sujeito a isso?

— Muito mais um espírito dito superior, pois, quanto maior o conhecimento, mais será exigido. Os sentimentos humanos, mesmo depois que o espírito deixa a matéria, continuam ao seu lado. Entre eles, o orgulho, que é o principal causador da queda de muitos espíritos. Com ele é que o espírito superior tem de tomar cuidado.

— O orgulho?

— Sim, sem ele não existiriam os demais sentimentos negativos. O causador da dor, do ciúme é o orgulho ferido. Se não fosse ele, ninguém se importaria com o que o outro faz, mas aquilo que as outras pessoas possam pensar ou dizer é que faz com que o orgulho venha à tona e o ciúme floresça.

— Está dizendo que, enquanto não dominarmos o orgulho, nunca chegaremos à perfeição?

— Chegarmos à perfeição, não, Lola. Perfeito somente Deus, que é nosso criador. Nós seremos sempre caminhantes à procura da luz do Pai. Mas, se conseguirmos dominar o orgulho, estaremos dando um grande passo.

— Carmem, continuando com seu plano, está se afastando do caminho, não está?

— Sim e, infelizmente, por ser fraco, levando Julian com ela.

— Tomara que mude de ideia e recupere a razão.

— Tomara, Lola... tomara...

Acerto de contas

Berenice relutou em se encontrar com Rafael, mas, com o tempo, entendeu que não seria possível ficar longe dele, e não importava o que acontecesse, não o deixaria. Combinaram que todos os dias, antes do amanhecer e antes que as pessoas acordassem, ela sairia de casa para se encontrar com ele naquele lugar no rio. O encontro seria por pouco tempo, o suficiente para que pudessem ficar juntos por algum tempo. Era o que faziam. Encontravam-se, beijavam-se, conversavam um pouco e cada um voltava para sua casa.

Carmem, sempre que Rafael saía, ia atrás e ficava escondida. Com o coração cheio de ódio, olhava o que faziam. Assim que Berenice ia embora, ela voltava correndo para casa, deitava-se e, quando Rafael chegava, fingindo dormir, ficava imaginando uma maneira de terminar com aquilo.

Em um desses encontros, Berenice disse:

— Rafael, estive pensando muito a nosso respeito e, por mais que eu lute contra, não tem jeito. Amo você e quero ficar ao seu lado para o resto da minha vida.

Ele sorriu, puxou-a para junto de si e beijou sua testa:

— Também estive pensando muito sobre nós, Berenice, e cheguei à conclusão de que não é justo que você mude a direção da sua vida por minha causa. Não tenho nada para lhe oferecer e você, com o tempo, depois que passasse essa paixão que está sentindo agora, com certeza me odiaria por viver na pobreza de uma maneira como nunca viveu antes.

— Não, Rafael, isso não vai acontecer! Tenho certeza de que o amo!

— Amo você e muito, mas não adianta querermos esconder a realidade. Nunca poderemos ficar juntos.

— Temos de ficar, Rafael. Não sei mais viver sem você.

— Talvez exista uma solução.

— Qual?

— Por quanto tempo você vai ficar aqui no Brasil?

— Por quase um ano, até eu completar vinte e um anos. Depois eu e minha família vamos para Espanha e me casarei. Isso foi o que meu pai combinou com o homem com quem ele quer que eu me case.

— Temos um ano para resolver a nossa vida. Daqui a alguns dias, vou receber o dinheiro da colheita. Com ele, vou para uma cidade maior. Sei que, com minha profissão, poderei ganhar um bom dinheiro e dar a você não uma vida igual à que tem hoje, mas também não de miséria como a que vivo no momento. Assim que receber o dinheiro que seu pai me deve pela colheita, vou embora e você precisa me prometer que vai esperar que eu venha buscá-la, pois é isso que vou fazer, assim que tiver uma boa casa para você morar. Vai me esperar?

— Claro que vou, Rafael! Esperarei o tempo que for necessário. Amo você e só quero ficar ao seu lado, não me importo em que circunstâncias.

Beijaram-se novamente.

Carmem, que a tudo assistia, viu quando se beijaram. Furiosa, pensou:

Não consigo ouvir o que estão falando, mas, com certeza, estão rindo de mim. Podem se encontrar e se beijar o quanto quiserem, mas não vão ficar juntos! Não vão mesmo! Não vou permitir!

Voltou para casa, furiosa. Olhou para Maria e disse:

— Você é a culpada por ele não me querer! Por sua causa, ele não conseguiu esquecer sua mãe e agora, está apaixonado por aquela mulher! Você é um monstro! Eu odeio você e toda sua raça! Por isso, não vai comer nada e vai ficar em pé, lá naquele canto, sem se mexer! Não se atreva a contar para ele, se fizer isso, da próxima vez, vou queimar seu rosto! Não se atreva a chorar, se seus olhos ficarem vermelhos, nem sei o que vou fazer!

A menina, tremendo de medo, calada, desviou o olhar. Carmem continuou:

— Fique esperta, deixe essa boneca aí no chão e, se aparecer alguém, você precisa se abaixar e fingir que está brincando com ela!

A menina, sem ter como se defender, obedeceu. Não contente, Carmem pegou uma brasa no fogão e queimou suas costas. Maria, embora sentisse muita dor, sabia que não podia gritar. Então, chorou baixinho e procurou engolir os soluços. Fora de si, Carmem gritou:

— Isso é para você saber que eu a odeio e que é a culpada de toda minha infelicidade! Nesse lugar onde está queimado ninguém vai ver e, se contar para alguém, vou queimar muito mais!

Dizendo isso, puxou os cabelos da menina da nuca para cima, o que causou uma dor imensa.

— Minha vontade é matar você de tanto bater com aquela correia, só não faço porque vai ficar marcada! Mas ficar em pé não deixa marca e onde eu queimei não aparece. Por isso não se mexa!

Isso se repetiu todos os dias. As costas da menina estavam com marcas terríveis de queimaduras. Ela, muitas vezes, teve vontade de contar a Rafael, mas o medo que sentia era imenso, o que fazia com que se calasse. Procurando não chorar, pensava:

Não posso contar... mas por que ela não gosta de mim, o que foi que fiz?

Ficava parada. Seu corpo, suas costas e muito mais suas perninhas doíam, mas, apavorada, calava-se.

Lola, impotente ao ver o sofrimento da filha, pedia à Isabel:

— Por favor, dona Isabel, faça alguma coisa. Ela não vai suportar, é muito pequena.

— A única coisa que posso fazer é influenciar Josefa para que vá até lá.

— Por que Josefa?

— Ela tem uma aura aberta, o que facilita a minha comunicação.

Assim dizendo, colocou sua mão em direção à garganta de Josefa:

— Josefa, vá até a casa de Carmem. Maria está precisando de sua ajuda.

Sem entender o porquê, Josefa sentia vontade de ir até a casa de Carmem e sempre encontrava Maria em pé, mas a menina, assim que a via, abaixava-se e fingia estar brincando com a boneca. Em silêncio, Maria agradecia por todo o tempo em que ela ficava conversando com Carmem, pois eram os únicos momentos em que podia descansar o corpinho. Sabia que, assim que Josefa fosse embora, teria de voltar a ficar em pé até um pouco antes de Rafael chegar e, em silêncio, rezava para que Carmem não a queimasse novamente.

Todos os dias, quando voltavam do trabalho e antes de irem para casa, os homens passavam pelo armazém, sentavam-se nas mesas espalhadas por ali, jogavam palito, dominó e bebiam cachaça ou cerveja.

Naquela tarde, Julian, ao ver que Rafael estava distraído jogando, sem nada dizer, saiu e foi até a casa de Carmem. Assim que chegou, encontrou Maria em pé. Ela, que estava de costas olhando para a parede, não viu quando ele chegou, por isso não se abaixou para fingir brincar com a boneca. Intrigado, perguntou:

— Por que você está em pé, Maria?

Carmem, que não esperava que ele viesse àquela hora, se assustou:

— Ela está brincando com a boneca, não é, Maria?

A menina, olhando para ela e conhecendo aquele olhar, respondeu:

— É isso mesmo, Julian. Estou brincando com a minha boneca de pano.

Carmem, percebendo que Julian queria conversar com ela, com a voz carinhosa, disse:

— Agora, Maria, vá brincar lá fora. Canso de dizer que precisa brincar, mas não sei por que você não gosta. Vá, brinque só um pouco. Não pode crescer sozinha sem brincar com outras crianças.

A menina, agradecendo a Julian em pensamento, saiu correndo. Carmem se voltou para ele:

— O que está fazendo aqui a esta hora, Julian?

— Pensei em você o dia inteiro, Carmem. Não podemos continuar assim.

Ela abriu os braços e ele, desesperado, louco de amor, abraçou-a e beijou-a com carinho e paixão.

Após o beijo, ela se afastou:

— Também pensei em você o dia inteiro. Não dá mesmo para continuar assim, mas o que vamos fazer?

— Podemos conversar com Rafael. Ele vai entender, Carmem.

— Sei disso, mas já lhe disse que não poderia viver com um homem sem ser casada.

— Estive pensando. Assim que recebermos o dinheiro, vamos embora para um lugar onde ninguém nos conheça. Podemos dizer que somos casados. Assim não haverá comentário algum.

Ela, ainda envolvida pela nuvem negra, olhou para ele, sorrindo. Devagar, foi abrindo os botões da blusa que estava usando. Ele, parado, quase petrificado, acompanhou seus movimentos e, aos poucos, viu surgir um dos seios que Carmem deixou à mostra. Com a mão, ela escondeu o outro. Ele, desesperado pelo desejo, caminhou em sua direção e quis abraçá-la novamente, mas ela, sorrindo, afastou-se, voltou a abotoar a blusa, o que o deixou mais desesperado ainda. Ela, percebendo o que ele estava sentindo, disse:

— Não adianta, não poso ser sua, Julian. Não tem jeito, a única solução é se eu ficar viúva.

— Sabe que isso não vai acontecer, Rafael não vai morrer, Carmem. Ele é jovem.

— Sei disso, mas podemos dar um jeito...

— O quê? – perguntou, assustado.

— Podemos dar um jeito para que isso aconteça...

Ele, sem querer entender o que ela estava insinuando, desesperado, perguntou:

— O que está dizendo, Carmem?

— Isso mesmo o que você está pensando, Julian. Podemos dar um jeito para que eu fique viúva...

— Está insinuando que matemos Rafael?

— É a única solução que encontrei para que possamos ficar juntos.

Ele arregalou os olhos:

— Como pode pensar uma coisa como essa, Carmem? Ele é nosso amigo! Estamos juntos desde o início da viagem!

Ela, chorando, mostrando uma cara de impotência, disse:

— Tem razão. Não sei como fui pensar isso. Não tem jeito mesmo, nunca poderemos ficar juntos.

— Vamos encontrar outra solução, Carmem.

— Não tem outra, Julian. Pensei muito. Pense você, talvez encontre outra solução. Agora, acho melhor que vá embora, está na hora de Rafael chegar. Não quero que ele o encontre aqui.

— Não tem problema, ele não vai chegar. Está lá no armazém jogando. Além do mais, mesmo que chegue, não vai se preocupar. Sabe que somos amigos, também não vai se importar, já que não existe nada entre vocês.

— Sei disso, mas, mesmo assim, não quero dar motivos para falatório. Vá, agora, Julian. Sabe como essa gente gosta de falar...

— Está bem. Não quero que falem mal de você. Vou embora, mas, antes, me dê mais um beijo.

Ela sorriu, abriu os braços e beijaram-se mais uma vez. Depois ela se afastou:

— Agora, vá e pense em algo para resolver o nosso problema.

— Vou pensar, Carmem, vou pensar. Não suporto mais ficar longe de você sem tê-la como minha mulher.

— Eu também estou desesperada, Julian, mas sabe que não posso.

Ele, desesperado, saiu. Ela sorriu, satisfeita.

Não vai demorar muito para Julian fazer o que eu quiser, ele está em minhas mãos. Por outro lado, tem razão, assim que recebermos o nosso dinheiro e formos embora daqui, não que vamos ficar juntos, como ele pensa, mas Rafael estará longe dessa moça e, com o tempo, vai se esquecer dela. Eu, estando ao seu lado, poderei fazer com que me note, com que goste de mim como mulher. Essa é a única solução para que Rafael não morra.

Os dias foram passando. Carmem, quando Julian não vinha a sua casa, ia à casa dele e se insinuava, sem, contudo, permitir que ele fizesse algo além de beijá-la. Ele, desesperado, a cada dia que passava, procurava encontrar uma maneira de ter aquela mulher por completo. Certo dia, enquanto pensava, parou, levantou-se e continuou pensando:

Acho que ela tem razão, não há outra saída. Vamos ter de matar Rafael. Não, não posso pensar isso! Ele é meu amigo! Além do mais, posso ser preso e ficar sem ela da mesma maneira. Preciso afastar esses pensamentos. Ele é meu amigo, não posso fazer isso. Mesmo que não fosse, jamais me imaginei matando um ser humano...

Naquela semana, após muito trabalho, os colonos terminaram de despachar a mercadoria. Na sexta-feira, Pablo pediu a Tonhão que os reunisse no pátio da casa-grande.

Todos, reunidos e ansiosos, esperavam pelas palavras do patrão. Embora não soubessem quanto tinham para receber, sabiam que a colheita havia sido boa e que receberiam um bom dinheiro. Antes de irem para o pátio, Rafael disse:

— Hoje, finalmente, vamos saber quanto dinheiro temos para receber. Depois, precisamos planejar o nosso destino. Aqui não podemos continuar, precisamos melhorar de vida e isso não vai acontecer neste lugar.

Pedro, Pepe, Julian e Carmem ouviram o que ele disse. Carmem, enquanto Rafael falava, olhava para Julian sorrindo com os olhos e demonstrando amor. Ele percebeu o olhar e seu coração se encheu de esperança.

Ainda bem que chegou o dia de recebermos nosso dinheiro, com ele poderemos ir embora daqui para um lugar onde ninguém nos conheça. Só assim, poderemos iniciar uma nova vida. Sei que não poderemos nos casar e que ela não quer viver ao meu lado sem estar casada, mas, com o tempo, vou fazer com que aceite. Ela me ama, eu a amo, não é justo ficarmos separados.

Carmem, sorrindo, também pensava:

Ele está totalmente em minhas mãos e, em pouco tempo, fará tudo o que eu quiser. Está pensando que vou ficar ao seu lado, coitado, isso nunca vai acontecer...

Saíram de casa e foram ao pátio da casa-grande, onde quase todos estavam reunidos e esperançosos, esperando para saber quanto dinheiro lhes sobraria. Pablo apareceu no alto da escada e falou:

— Bem, a colheita terminou e já foi toda vendida. Na próxima semana, vou receber o dinheiro da venda e cada um receberá o que tem por direito. Sabem que a colheita foi melhor do que a esperada, por isso, não se preocupem. O trabalho de todos será recompensado.

Todos aplaudiram. Ele continuou:

— Tonhão, dê a cada um o papel onde está o valor que têm para receber.

Tonhão, obedecendo ao patrão, foi chamando cada um por seu nome e entregando um papel onde havia vários números.

Rafael, quando pegou seu papel e ao ver o que tinha para receber, arregalou os olhos e disse:

— Nunca pensei que seria tanto. Mesmo pagando a metade, o aluguel da terra, ainda vai sobrar muito! Acho que vamos mesmo poder ir embora e mudar de vida!

Todos, ao receberem o papel, tiveram a mesma reação de Rafael e sorriam felizes. Após terem recebido o papel e terem tempo de ver os números, olharam para Pablo, que disse:

— Como estão vendo, receberam de acordo com aquilo que vocês mesmos marcaram. Não houve mudança alguma. Só resta uma coisa.

O DESTINO EM SUAS MÃOS   265

Todos, intrigados, olharam para ele, que continuou:

— Não sei quanto cada um gastou no armazém, por isso, para que possam receber o dinheiro, é preciso que cada um vá até lá e pegue a caderneta que está em seu nome e já está somada.

Eles, que haviam se esquecido desse detalhe, com o papel na mão, foram até o armazém. Lá, Custódio, que era quem tomava conta, foi distribuindo as cadernetas.

Assim que olharam os valores, ficaram preocupados. Rafael, nervoso, disse:

— Depois de pagarmos o que devemos, não vai sobrar quase nada! Não vamos ter dinheiro para ir embora!

Os outros também se revoltaram. Alguns não tinham o que receber e estavam até devendo, outros, como no caso de Rafael, tinham tão pouco que não poderiam imaginar como sair dali.

Custódio, que estava acostumado àquilo e ao ver que não conseguiria contê-los, disse:

— Esperem aí, não tenho nada com isso! Podem olhar a caderneta, tudo o que está marcado foi comprado por vocês e assinado. Mesmo aqueles que não sabem assinar o nome, colocaram uma marca qualquer. Não marquei nada que não compraram. Não tenho o que fazer e, se tiverem alguma reclamação, podem ir falar com o patrão.

Os colonos não aceitaram e começaram a gritar mais alto. Tonhão, que a tudo acompanhava, com a voz firme, gritou:

— Podem parar com isso! Quando chegaram, eu mesmo e depois o patrão explicamos como ia ser o trabalho e a divisão do dinheiro. Vocês, por não terem de pagar na hora, se endividaram no armazém e agora não querem pagar? Isso não está certo. Aquele que tem dinheiro para receber pode pegar e ir embora. Aquele que está devendo, vai ter que ficar trabalhando até pagar a conta, depois pode ir embora e ninguém vai impedir. Agora, acho melhor cada um voltar para sua casa, esfriar a cabeça e ver o que vai fazer.

Impotentes, sabendo que não adiantaria falar com o patrão porque, realmente, como não tinham nada quando chegaram, foram obrigados a comprar, além da comida, tudo o que precisavam dentro de uma casa. Tinham, mesmo, usado o dinheiro e precisavam pagar, mesmo sem saber que Pablo cobrava o dobro do valor real da mercadoria. Desanimados e calados, foram saindo e voltando para suas casas. Pensavam, com tristeza, que o sonho havia terminado e que tudo o que tinham idealizado nunca seria conquistado.

Julian, desesperado, pensava:

Isso não pode ser verdade. O que vou fazer agora para ficar com Carmem? Ela já disse que não vai ficar comigo sem se casar. Sem dinheiro, o que vou fazer? Eu amo essa mulher e, se não a tiver, vou enlouquecer...

Carmem também pensava:

Não podemos ir embora, Rafael vai continuar se encontrando com ela! Indo embora, havia uma solução para que Rafael se esquecesse dessa moça e eu, estando ao seu lado, com muito carinho, ia conseguir fazer com que gostasse de mim. Ficando aqui, isso não vai acontecer. Não posso permitir que fiquem juntos. Preciso voltar ao meu plano original. Ele pode não querer ficar comigo, mas não ficará com ela também, prefiro que morra!

Rafael, desiludido ao ver que tanto trabalho não havia dado resultado algum, também pensava:

Não tem jeito, nasci para trabalhar muito e ser pobre. Continuando aqui, não tenho o que oferecer a Berenice. Ela diz que não se importa, mas sei que é somente agora que está apaixonada e empolgada. É muito jovem e, para ela, não passa de uma aventura. Sei que, no fundo, jamais ia ter coragem de deixar a vida que tem e muito menos de desobedecer ao pai. Indo embora, eu tinha esperança de poder lhe oferecer uma vida melhor. Ficando aqui, tudo vai continuar como sempre. Ela vai embora, vai se casar com aquele homem. Ele pode lhe dar tudo aquilo que nunca vou poder dar. Eu não tenho o que fazer, apenas aceitar a minha sina.

Desesperados e sem alternativa, os colonos foram saindo e indo para suas casas.

Rafael e os outros fizeram a mesma coisa. Assim que entrou em casa, Rafael tomou um pouco de café e, sentando-se sobre a cama, ficou com o olhar distante.

Carmem, ao ver como ele estava, com sinceridade, perguntou:

— O que vamos fazer agora, Rafael?

Ele, irritado, se levantou:

— Não sei, Carmem! Não sei! Ou melhor, sei, vamos continuar nesta vida, trabalhando muito sem conseguir coisa alguma! É só isso o que podemos fazer! Nunca vamos ter dinheiro para sair daqui!

Ela, percebendo que ele estava nervoso, se calou. Maria, tomando cuidado para não mexer muito as costas, pois estava com uma ferida aberta, causada pela brasa que Carmem havia acabado de queimar, assim que a outra havia sarado, abraçou-o com carinho.

Julian e os meninos, também desanimados, preferiram não entrar. Foram para a outra casa que ficava ao lado e onde moravam e também ficaram pensando no que poderiam fazer.

Durante o resto daquele dia, não conversaram mais. Não tinham o que dizer.

Decisão inesperada

Na manhã seguinte, Rafael acordou diferente. Tomando café, disse:
— Carmem, estive pensando muito e acho que encontrei uma solução.
— Qual, Rafael?
— Eu não lhe contei, mas estou apaixonado e me encontrando com Berenice, a filha do patrão.
Ela estremeceu:
É agora que ele vai me contar que quer ficar com ela
Pensou isso, mas preferiu mentir:
— Eu sei, Rafael. Aliás, todos sabem.
— Como sabem? Tomamos o maior cuidado.
— Nem tanto. Embora, acho que, para não me magoar, ninguém me contou, percebi pelos olhares. Além disso, um dos filhos da Josefa me contou que viu vocês na margem do rio.
— Nunca imaginei que isso tivesse acontecido. Por outro lado, é melhor. Vai ficar mais fácil a nossa conversa.
— Que conversa?
— Estive conversando com ela e, sabendo que seu pai nunca vai aceitar o nosso amor, resolvemos fugir, ir embora.
— O quê? Está louco? – ela, sem se conter, perguntou gritando.

O DESTINO EM SUAS MÃOS

— Não estou louco, Carmem. Estamos apaixonados e, já que da colheita restou um pouco de dinheiro, estive pensando que, assim que receber e dividir o que sobrou, eu, sendo o único que tenho uma profissão, sou também o único que tem chance de, com esse dinheiro, ir para a cidade, conseguir um bom emprego e ganhar o suficiente para todos nós. Assim que conseguir, todos poderão ir morar na cidade. Quando chegar lá, a primeira coisa que preciso fazer é conseguir uma casa para mim e a Berenice e, depois, uma para vocês.

— Ela vai com você, Rafael?

— Não sei ainda, Carmem. Ela disse que vai, mas estou com um pouco de medo.

— Medo do quê?

— Ela está acostumada com tudo nesta vida, preciso dar o melhor a ela. Tenho medo de que, se não conseguir isso, com o tempo, ela sentirá falta daquilo que tem e poderá até me odiar. Também penso que isso pode acontecer, mas, quando disse isso a ela, não quis nem me ouvir. Disse que me ama e que ficará ao meu lado de qualquer maneira. Por enquanto, não podemos nos casar, mas ela não se importa. Assim que eu conseguir tudo e vocês forem para a cidade, vamos até um juiz, contamos o que aconteceu e pediremos que anule nosso casamento. Assim poderei me casar com ela e você poderá encontrar alguém de quem goste e que também goste de você e poderá ser feliz. Até lá, precisamos ter paciência. Essa é a única solução que encontrei. Vou conversar com o Julian e com seus irmãos e ver se me emprestam o dinheiro que pertence a eles.

Ao ouvir aquilo, Carmem estremeceu:

Ele não pode ir embora sem mim, muito menos ao lado dela. Estando longe e, ao lado dela, vai me esquecer. Diz que está preocupado conosco, mas isso é mentira! O que quer mesmo é ficar com ela! Não, não posso permitir. Não tem jeito mesmo, ele nunca vai me querer, mas com ela também não vai ficar!

Embora pensasse isso, como sempre, dissimulou:

— Acho que você está certo, Rafael. É uma ótima solução. Você é mesmo o único que tem chance e merece ser feliz ao lado dela. Faça isso, converse com Julian e meus irmãos. Acho que eles não vão se importar em dar o dinheiro a você. Enquanto isso, vamos ficar aqui trabalhando, esperando a sua volta.

Maria, também ao ouvir aquilo, estremeceu, mas de medo. Sem olhar para Carmem, quase chorando, disse:

— Pai, não quero ficar aqui, me leva com o senhor...

— Não posso, minha filha. Não tenho ainda um emprego nem um lugar para morar. Eu e a Berenice, se ela for, somos adultos e podemos ficar até sem comer, mas você é ainda uma criança e não pode passar por isso. Não se preocupe, vai ficar aqui com Carmem e os meninos, eles vão cuidar bem de você e, quando eu voltar, vou levar você para morar em uma casa bonita como nunca teve. Estando aqui, mesmo longe, vou saber que está comendo e sendo bem tratada.

— Não quero ficar aqui, pai, quero ir com o senhor...

Carmem, temendo que Maria contasse alguma coisa, com a voz melosa e fingindo, como sempre, disse:

— Seu pai tem razão, Maria, não precisa se preocupar, eu e os meninos vamos tomar conta de você. Eu, principalmente que fico com você o dia inteiro, vou continuar cuidando como sempre fiz. Vai ficar tudo bem, não se preocupe.

A menina olhou para ela, com muito medo, e como já conhecia aquele olhar, chorando, calou-se.

— Carmem, embora não tenha certeza quanto ao nosso futuro e se essa minha ida para outra cidade vai ser melhor, preciso tentar, pois, se continuar aqui é que não vamos ter chance alguma.

— Para todos nós, vai ser difícil ficar longe de você, mas não tem mesmo outra solução. Pode ir e não se preocupe com nada, só não se esqueça de mandar notícias.

— Claro que vou escrever todas as semanas contando como estão indo as coisas e assim que estiver tudo bem, vocês também vão e vamos viver como uma família.

— Vá tranquilo, Rafael.

— Ainda bem que você entendeu. Agora vou conversar com os meninos e ver se não se importam de me dar o dinheiro que é deles.

Rafael beijou Maria na testa e saiu.

Carmem se voltou para ela e, com ódio, disse:

— Está vendo como eu tinha razão? Ele não se preocupa comigo nem com você, seu pensamento é só para ela! Mesmo assim, você quase contou o que eu fazia, se tivesse feito isso, agora eu estaria queimando o seu corpo novamente com uma brasa, mesmo antes de a outra ferida ter sarado! Fique calada! Nunca conte a ele ou a ninguém o que se passa aqui em casa! Agora preciso pensar no que vou fazer para evitar que ele fique com ela!

A menina, com muito medo e imaginando que sua vida seria bem pior sem Rafael por perto, calada, abaixou a cabeça e chorou baixinho.

Carmem ficou calada por um tempo, apenas pensando, depois, disse:

— Vamos até o armazém. Preciso comprar uma coisa.

— Não quero ir...

Pegando a menina pelo braço e sacudindo, disse:

— Você não tem querer! Estou mandando e tem que me obedecer! Não pode ficar sozinha aqui em casa! Por mim eu a deixaria sem me importar com o que poderia lhe acontecer, mas preciso me preocupar com o que as outras pessoas vão dizer se ficar sozinha. Pare de chorar, levante e venha comigo!

Maria, impotente diante de tudo o que acontecia e sem poder contar a ninguém, levantou-se e a acompanhou.

Enquanto caminhava até o armazém, Carmem segurava na mão dela e, sorrindo, cumprimentava todos que encontrava pelo caminho.

As pessoas que conheciam toda a história se admiravam da dedicação dela para com a menina.

Ao chegar ao armazém, Carmem disse:

— Seu Custódio, lá em casa tem alguns ratos. O senhor tem algum veneno forte para acabar com eles?

— Aqui tem muito rato, mesmo, mas pensei que, assim como a maioria das pessoas, estivesse acostumada e não se preocupasse com eles.

— Não sei as outras pessoas, mas eu tenho muito medo e a Maria também, não é, Maria?

A menina levantou os olhos e com a cabeça disse que sim. Custódio olhou para ela e percebeu que estava triste e com os olhos vermelhos de chorar. Preocupado, perguntou:

— Aconteceu alguma coisa para que esteja triste e chorando, Maria?

Antes que ela respondesse, Carmem interferiu:

— Aconteceu, seu Custódio. O Rafael vai embora e ela está triste por isso, não é, Maria?

Outra vez, a menina acenou com a cabeça.

— Ele vai embora, é? – perguntou, curioso.

— Vai sim. Vai tentar a vida na cidade grande. Está com muita esperança.

— Ele é trabalhador e vai conseguir. É o melhor que pode acontecer para vocês, pois, se continuarem aqui, nunca vão melhorar de vida.

— Estou um pouco preocupada, mas também acho que é uma esperança de dias melhores.

— É mesmo.

— Agora, quanto ao veneno para os ratos, o senhor tem algum que seja forte o bastante para acabar com todos?

— Tenho, sim, mas precisa tomar cuidado. Este aqui é forte mesmo. Deixe longe da menina, apenas uma colher de café, pode causar a morte. Tome cuidado, Maria, não chegue perto deste pó.

— Ela não vai chegar, não, seu Custódio. Mesmo assim, para prevenir, vou colocar em um lugar bem alto, onde ela não possa alcançar.

Dizendo isso e sorrindo, pegou o pacotinho que ele lhe estendia. Com o pacotinho na mão, sorriu novamente e saiu, segurando Maria com a outra mão.

Em silêncio, a menina a acompanhou. Enquanto caminhava, Carmem pensava:

É isso mesmo que vou fazer. Agora que já estou com o veneno, vou conversar com Julian. Sei que vou ter um pouco de trabalho,

mas, no final, vai fazer o que quero. Está completamente apaixo-
nado e fará tudo o que eu quiser com a esperança de me ter. O
ideal seria eu matar Berenice, como fiz com Lola, mas como isso
é impossível, pois nunca vou conseguir ficar perto dela, vou matar
Rafael, pois prefiro que ele morra a ficar com ela ou outra mulher
qualquer!

Chegaram em casa. Carmem, com raiva, disse:

— Vou guardar o veneno aqui no armário. Está em um lugar bem baixo, onde você pode pegar. Quando sentir que a vida é ruim e decidir que não quer mais viver, basta pegar um pouco, colocar no leite e tomar. Num instante você vai deixar de existir e vai descansar no inferno para sempre, onde a sua mãe deve estar!

Maria, calada, ficou olhando Carmem colocar o pacotinho no armário e imaginou:

Depois que o meu pai for embora, vai ser ainda pior. Ela,
sem ele por perto, vai fazer muito mais coisa ruim comigo. Vai me
machucar muito mais. Ela tem razão, o melhor mesmo é eu morrer,
mas não quero ir para o inferno, quero ir para o céu, encontrar a
minha mãe. Ela disse que minha mãe está no inferno, mas eu sei
que não está... ela está no céu me esperando...

Lola, que estava ali e acompanhou tudo, chorando, disse:

— Não, minha filha, não pense assim. Você é muito importante e sua vida também. Eu amo você e vou ficar aqui ao seu lado, mas ainda não é hora de voltar...

Isabel e Manolo sorriram. Lola voltou-se para Isabel:

— Dona Isabel, ela está pretendendo fazer o que estou pensando?

— Está sofrendo muito e se sente incapaz de se defender, Lola, e está pensando em pôr fim à sua vida, sim.

— Ela quer se matar?

— Quer. Está com muito medo com o que vai lhe acontecer depois da partida de Rafael.

— Essa Carmem é um monstro! Como pode fazer essas coisas com uma criança? Eu mesma, se pudesse, a mataria!

— Cuidado com o que diz e com o que sente, Lola. Não deixe seu nível de energia cair, pois, se isso acontecer, não poderá mais ficar aqui ao lado da Maria. Terá de ir embora. Nossa presença aqui é com a tentativa de fazermos com que Carmem entenda que está errada, possa se arrepender e volte para casa vitoriosa.

— É pedir demais, dona Isabel. Como posso ajudar uma pessoa como ela? Além do mais, não acredito que isso vá acontecer! Ela é muito má e não vai se arrepender.

— Não sabemos, Lola. Para isso, estamos aqui.

— O que vai acontecer com Maria e Rafael? Ela vai conseguir fazer com que a minha filha se mate e Julian mate Rafael?

— Não sabemos. Vamos esperar para ver o que acontece. Como já lhe disse, tudo depende do livre-arbítrio de cada um. Quanto à Maria e ao Rafael, não se preocupe. Embora não possamos proteger o corpo físico deles nem interferir ou impedir que Carmem faça o que está pretendendo, estaremos aqui para proteger os seus espíritos. Eles, se forem vitimas dela, não ficarão desamparados. O mesmo não posso dizer que acontecerá com ela. Pode até conseguir o que deseja, mas no dia em que tiver de deixar a Terra e voltar para a casa do Pai, estará sozinha à mercê daqueles que escolheu por companhia e posso lhe dizer que a companhia deles não costuma ser agradável.

— A senhora disse que todos temos uma missão e que Maria tem uma muito importante e que Rafael precisa ajudá-la. Sendo assim, se eles morrerem antes do tempo, não cumprirão a missão? O que vai acontecer?

— Antes de renascerem, sabiam que isso poderia acontecer. Maria e Rafael, além de virem com suas próprias missões para cumprir, quiseram e sabiam que a missão maior deles era a de tentar mudar Carmem e, se não conseguissem, teriam de voltar e deixariam para uma próxima encarnação a missão que não puderam cumprir nesta. Além de todas as dívidas, Carmem terá mais essa, a de ter impedido que espíritos amigos caminhassem, continuassem sua jornada.

— Afinal, existe mesmo justiça depois da morte? Sempre ouvi dizer isso, mas nunca acreditei. Vi tantas pessoas ruins terem uma boa vida, diferente de mim, que nunca fiz mal a ninguém.

— Deus é um Pai justo. Por isso, todos deverão passar por sua justiça, recebendo o bem quando merecem e o mal quando também merecem. Para isso, nos deu o direito da escolha. Tudo o que aconteceu estava previsto. Todos vocês, juntos com Carmem, escolheram a vida que queriam ter.

— Por mais que a senhora diga isso, não consigo me conformar que tenha escolhido a vida que tive. Que tenha escolhido ver minha filha sofrer tanto.

— Maria também estava presente quando decidiram. Ela, além de vir para ajudar Carmem, veio também para ajudar a si própria.

— Não estou entendendo, dona Isabel...

— Ela é um espírito suicida. Por muitas vezes já colocou fim à vida. Desta vez, escolheu, novamente, se colocar à prova. Antes de renascer, prometeu que seria diferente, que não se mataria, mas, pelo que estamos vendo, parece que esse sentimento está voltando muito forte.

— Ela tem razão, dona Isabel! Como pode suportar tanto sofrimento?

— De outras vezes, teve sempre uma vida boa. Teve boa saúde, famílias que a amaram e lhe deram tudo para ser feliz, nunca deu valor. Sempre procurou e encontrou motivos para ser infeliz e se suicidar. Desta vez, escolheu vir em uma situação diferente. Seria pobre e órfã, não teria aquilo que sempre teve. Poderia ser criada por Carmem ou não, dependendo do que Carmem faria com você. Como vimos, com a atitude dela, tomou sob sua responsabilidade a criação de Maria. Sendo assim, Maria, além de ser pobre, tem também de aceitar não ter uma família verdadeira e sofrer todo tipo de maldade. Agora, sim, vai ter motivo para ser infeliz e, se conseguir sobreviver ao desejo suicida, estará dando um passo enorme em direção à Luz.

— Será que ela vai conseguir?

— Espero que sim. Para isso, estamos aqui agora e, quando não pudermos, outros espíritos amigos estarão sempre ao seu lado. Ela nunca ficará sozinha. Sempre terá sobre si luzes de novas energias para que possa resistir.

— Estava tudo previsto?

— Sim, já não ouviu dizer que uma folha de árvore não cai sem a vontade de Deus? É isso que acontece com Seus filhos. Ele os deixa à vontade para que possam escolher e decidir sobre suas ações. Quando escolhem, ele apenas acata.

— Sim, mas também nunca acreditei muito nisso.

Isabel sorriu:

— Você e muitos outros espíritos renascidos.

Manolo a abraçou com carinho:

— Não fique assim, Lola. Como viu, ela tem suas culpas para resgatar. Nós cumprimos a nossa missão. Demos a ela a oportunidade de renascer e, agora, ficaremos ao seu lado pelo tempo que for necessário.

— Sei disso, Manolo, mas teria sido tudo tão diferente se você não tivesse morrido nem a senhora, dona Isabel. Estaríamos até hoje no sítio, vivendo em paz como vivemos naquele tempo.

— Sim, mas você não teria encontrado Carmem e Rafael e isso precisava acontecer. Carmem precisava ter a oportunidade de criar Maria com amor e de não cometer os mesmos crimes de sempre, matar você e Rafael.

— Embora eu não queira admitir, no final, está tudo sempre certo mesmo.

— Está mesmo, Lola. Agora, precisamos ajudar Maria. Manolo, vamos jogar muita luz sobre ela. As luzes farão com que tenha alguns momentos de paz – disse Isabel.

Isabel e Manolo jogaram luzes sobre Maria que, evitando olhar para Carmem, sentada na cama, tremia de medo. Aos poucos, foi se acalmando. Pensou em sua mãe que sempre via em sonhos.

Mãe, sei que está perto de mim. Não deixe que ela continue me machucando...

Lola, chorando, sabendo que não podia jogar luzes por não as ter, mesmo assim, com amor e vontade de ajudar a filha, estendeu as mãos na intenção de também ter luz para poder jogar.

Isabel sorriu e, com um gesto, fez com que luzes brancas também saíssem das mãos de Lola que, ao ver, se emocionou:

— Também estou tendo luz? Obrigada, dona Isabel!

— Não me agradeça, mas, sim, a você própria. Com o gesto de amor e o desejo de ter luz para poder doar, conquistou, sem saber, o direito à luz.

Lola olhou para Manolo que também sorria e chorava ao mesmo tempo.

— Você conseguiu, meu amor. Sempre soube que conseguiria, mas nunca imaginei que fosse tão rápido.

— Esse é um dos milagres do amor e do Pai, Manolo – respondeu Isabel.

— Sei disso, dona Isabel. Sempre confiei no Seu amor.

Feliz, Lola continuou jogando luzes que ficaram cada vez mais fortes. Maria, parecendo sentir a presença dela, pensou:

Minha mãe está aqui, sim. Sei que está, me ajude, mamãe...

Lola sorriu:

— Estou fazendo tudo o que posso, minha filha. Sei que, desta vez, você vai conseguir.

Maria, parecendo ouvir, olhou para Carmem, que estava de costas e não via a menina.

Ela vai deixar de ser ruim... sei que vai...

Isabel sorriu e continuaram jogando luzes sobre ela.

Dominada pelo mal

Rafael foi até a casa ao lado, onde moravam Julian e os rapazes. Entrou, viu que Julian estava deitado e que parecia dormir. Os rapazes não estavam. Devagar se aproximou e chamou baixinho:

— Julian... Julian...

Julian acordou e, ao vê-lo ali, se assustou. Sentou-se na cama:

— Rafael! O que está fazendo aqui? Aconteceu alguma coisa?

— Aconteceu, mas não se preocupe, não é nada grave. Preciso conversar com você e com os meninos. Sabe onde eles estão?

— Estavam chateados com o resultado de tanto trabalho e disseram quem iam até o armazém jogar um pouco. Eu fiquei aqui pensando na vida e adormeci sem perceber. O que quer tanto conversar?

— Tive uma ideia e acho que é a solução para os nossos problemas.

— Que ideia?

Rafael contou tudo o que havia pensado. Julian ouviu com atenção. Quando terminou de falar, perguntou:

— O que acha da minha ideia, Julian?

— Já contou para Carmem?

— Sim, acabei de contar.

— O que ela disse?

— Achou uma boa ideia e que, realmente, somente eu tenho uma chance.

— O que vai acontecer com Maria. Ela vai com você?

— Não, não posso levá-la. Não sei como vai ser. Preciso me instalar primeiro, ter um trabalho que garanta o sustento de todos vocês até que arrumem um emprego. Somente depois disso, ela poderá ir. Quanto a isso, estou indo despreocupado. Sei que Carmem cuida muito bem dela e continuará cuidando. Ela gosta muito daquela menina, assim como gostava da mãe dela. Quando Lola estava morrendo, ela prometeu que cuidaria da Maria e está fazendo isso. Estamos na situação em que estamos por causa dela, para que Maria não nos fosse tirada.

— Quanto a isso, não precisa se preocupar, mesmo. Ela cuida até demais. Não deixa que a menina brinque muito com as outras crianças com medo de que ela se machuque. Outro dia eu falei com ela. Disse que a menina precisava brincar mais, mas ela falou que tem medo, pois, se acontecer alguma coisa, aqui não temos assistência alguma e até chegar à vila, talvez não dê tempo. Por isso prefere ficar com ela dentro de casa. Ela me lembrou que, mesmo assim, tomando conta da maneira como toma, Maria queimou a mão no fogão, você lembra? Imagine se não tomasse. Crianças são muito atrevidas e não têm medo de coisa alguma.

— Embora também ache que Maria deveria brincar, Carmem tem razão, Julian. Pois, se acontecer alguma coisa, não temos, mesmo, assistência alguma. Por isso vou sem me preocupar. Sei que Maria ficará em boas mãos e também, se precisar, você e os meninos estão aqui para qualquer emergência.

— Quanto a isso, pode ficar tranquilo. Vamos cuidar das duas. Você disse que queria conversar comigo e com os garotos. É somente para contar que vai embora?

— Não, Julian. Para fazer o que estou pensando, vou precisar de dinheiro. Preciso chegar, me instalar e esperar até arrumar um trabalho. Não sei se você já sabe, mas estou apaixonado pela Berenice.

— A filha do patrão? Está louco, Rafael?

— Também acho que estou louco, mas não tive como evitar. Parece que o destino está do nosso lado. Sem querer, nos encontramos no rio. Foi onde tudo começou.

— Não me diga uma coisa como essa, Rafael. Não consigo acreditar.

— Pois acredite. Aconteceu mesmo. Por isso, preciso trabalhar muito para poder oferecer uma boa vida a ela.

— Está louco mesmo e parece que gosta, mesmo, dela, não é?

— Estou apaixonado, Julian. O dia em que se apaixonar entenderá isso. Verá que somos capazes de fazer qualquer coisa para ficar com a mulher que amamos.

— É, talvez um dia eu saiba – Julian respondeu pensando em Carmem e no que ela havia lhe pedido. Continuou: – Sei disso, mas não acha que deveria pensar mais um pouco? Ela é uma moça que foi criada com tudo. Está acostumada a comer bem, viver em uma boa casa e a ter boas roupas e joias. Acha que ela vai ser feliz ao seu lado sem nada disso?

— Eu conversei a esse respeito com ela, mas não quis me ouvir. Disse que vai esperar que eu volte. Disse que, embora seu pai queira, ela jamais se casará com aquele homem que ele quer.

— Que homem?

— Um espanhol que é muito rico e velho.

— Tome cuidado, Rafael.

— Cuidado com o quê?

— De ter muita expectativa, de acreditar que ela o ama realmente e que, quando voltar, ela já não esteja mais aqui. Sabe que ela, como mulher, deve obediência ao pai. Ele nunca vai permitir que ela se case com alguém que não tem onde cair morto. Além do mais, o outro pode dar a ela tudo a que está acostumada. A diferença entre vocês é muito grande, Rafael.

— Ela disse que vai lutar contra a vontade do pai nem que para isso perca a herança, que vai ficar ao meu lado nem que para isso tenha de trabalhar.

— Trabalhar onde, Rafael? A mulher não tem trabalho, a não ser trabalhos braçais que ela não suportaria.

— Não sei, Julian. Não sei o que vai acontecer. No momento, só estou pensando que existe uma esperança e que quero me agarrar a ela com todas as minhas forças.

— Está certo, mas não faça isso por ela, e sim por você, por Maria.

— Talvez você tenha razão, mas prefiro acreditar que, quando voltar, ela vai estar me esperando. É o que posso fazer. Estou apaixonado e não posso correr o risco de ficar sem ela nem de vê-la se casando com outro. É melhor me arrepender por ter feito do que ao contrário. Você não acha que, pela mulher amada, devemos fazer qualquer coisa?

— Acho que sim, Rafael... acho que sim...

— Para que possa fazer isso, vou precisar ficar com todo o dinheiro que sobrou do nosso trabalho. Sei que, uma boa parte dele é de vocês. Preciso que me emprestem. Prometo que vou devolver e que vou mandar buscar vocês. O dinheiro, para todos nós, não é muito, mas vai dar para eu começar uma vida e mandar buscar vocês.

Julian ficou com os olhos distantes, pensando:

Carmem concordou. Está me mandando um recado que quer ficar sem ele. Sem ele aqui, vai ser mais fácil eu pedir a ela que se entregue a mim. Preciso conseguir isso, pois, se não conseguir, vou ficar louco. Sinto que ela também quer. Só não aceita, agora, por ele estar por perto. Assim que ele estiver longe, não vai demorar muito para que ela se entregue totalmente ao nosso amor. Ele tem razão, por amor se faz qualquer coisa. Ele indo embora não vou precisar fazer o que Carmem quer. Até ele voltar, tudo estará resolvido.

Rafael, ao ver que Julian estava distante, preocupado, perguntou:

— O que está pensando, Julian? Está com medo de que eu não volte ou não mande chamar vocês? Está com medo de que eu não devolva o dinheiro? Não se preocupe com isso. Eu vou fazer o que estou dizendo.

Julian começou a rir:

— Nem por um momento eu pensei isso, Rafael. Sei que vai fazer o que está dizendo. Sei que vai voltar. Sabe por que tenho tanta certeza?

— Não. Por que, Julian?

Julian começou a rir:

— Não está levando Maria com você. Por isso, estou tranquilo. Poderia nos esquecer, ficar com nosso dinheiro, o que sei que não vai fazer, mas se esquecer da Maria, deixar que ela fique aqui sozinha vivendo da maneira que vivemos, deixar de dar uma vida melhor a ela. Tenho certeza de que jamais faria isso.

Rafael também riu.

— Embora me conheça há pouco tempo, você sabe que eu jamais abandonaria Maria. Prometi à Lola que ia cuidar dela e vou cumprir a minha promessa.

— Sei, por isso pode ficar com a minha parte do dinheiro. Para mim sozinho, ele é pouco. Não tenho uma profissão como você para arriscar. Acredito que os meninos também não se incomodarão. Além de o dinheiro ser pouco para dividir, eles são ainda muito crianças para se aventurarem. Aqui não precisamos de dinheiro. Vamos continuar trabalhando e comprando tudo o que precisarmos no armazém.

— Obrigado, Julian! Sabia que entenderia!

— Vá com Deus, meu amigo. Espero que tudo dê certo e que volte logo, vitorioso.

— Eu vou voltar. Agora preciso conversar com Carmem, contar a ela que você concordou em me dar a sua parte do dinheiro. Depois vou até o armazém falar com os meninos

— Faça isso. Eles não se importarão, pois estão na mesma situação que eu. O dinheiro que têm não dá para tentar uma nova vida. Somente você tem essa chance.

Rafael saiu e ele ficou pensando:

Eu devia ter contado a ele a minha situação com Carmem, mas, além de ela não querer, agora, ele indo embora, não vai ser necessário fazer o que ela estava planejando. Vamos deixar o tempo passar e ver o que vai acontecer...

Sorrindo, feliz, Rafael foi para casa. Encontrou Maria em pé. Assim que ele entrou, ela se abaixou e pegou a boneca de pano que estava no chão. Aproveitou para se sentar um pouco. Carmem estava junto ao fogão. Entrou, dizendo:

— Julian concordou, Carmem. Disse que confia totalmente em mim e também acha que sou o único que tem chance.

— Sabia que ele ia aceitar. É o melhor para todos nós.

Maria, com o olhar triste, apenas observava. Rafael, preocupado, perguntou:

— Por que está triste, Maria?

Com medo de que Maria contasse o que acontecia realmente, Carmem respondeu:

— Ela já está sentindo saudade de você. Não quer que você fique longe. Não é isso, Maria?

Maria, fazendo esforço para não chorar, pensou em contar o motivo de sua tristeza, mas ficou com medo e, com a cabeça, fez um sinal concordando com o que Carmem dissera.

— Não fique triste, Maria. Vai ser por pouco tempo. Eu preciso fazer isso. Quando voltar, você vai morar em uma casa linda.

Maria, com os olhos cheios de lágrimas, olhou para Carmem, depois para ele, sorriu e o abraçou com carinho. Ele correspondeu ao abraço e não imaginando tudo o que ela estava sofrendo, sorrindo, disse:

— Sei que você é valente e vai me esperar sem chorar. Agora, preciso ir ao armazém. Julian disse que os meninos estão lá. Preciso conversar com eles para poder ir embora o mais rápido possível.

Carmem pensou rápido:

— Leve a Maria com você. Vai embora e, antes de ir, precisa ficar mais tempo com ela.

Maria não entendeu, mas também não se importou. O que queria mesmo era ficar longe dela. Segurou na mão de Rafael que, sorrindo, disse:

— Está bem, Maria. Carmem tem razão, precisamos ficar mais tempo juntos. Vamos?

Saíram. Carmem esperou um pouco, depois foi à casa de Julian, que continuava deitado. Sorrindo, ela entrou. Ele, ao vê-la, estranhou:

— O que está fazendo aqui, Carmem?

— Rafael foi ao armazém. Aproveitei para vir aqui e ver você. Estava com saudade. Não consigo me esquecer de você nem por um minuto.

Dizendo isso, voltou a abrir a blusa e a mostrar, agora, os dois seios.

Ele levantou-se e foi até ela. Quando chegou perto, ela fechou a blusa e, sorrindo, disse:

— Calma, Julian. Depois que nos casarmos, vamos ter muito tempo.

— Por que não pode ser agora, Carmem? Por que está fazendo isso comigo? Sabe como desejo você e está ficando cada dia pior.

— É perigoso, Julian. Rafael pode voltar a qualquer momento.

— Não, Carmem. Ele acabou de sair. Não vai voltar tão cedo. Vai ficar um bom tempo conversando com os meninos. Eu estou ficando desesperado. Amo você de todo o meu coração e quero viver ao seu lado pelo resto da minha vida.

— Também te amo e também quero viver com você para o resto da minha vida, mas, por enquanto, não pode ser. Sabe que, enquanto eu for casada, nada poderá acontecer entre nós.

— Agora não precisamos esperar mais. Rafael vai embora.

— Isso não tem importância, pois, mesmo ele não estando aqui, vou continuar casada com ele e não posso ter nada com você. Sei que quer que eu seja sua. Também quero, mas isso só vai acontecer, quando eu ficar viúva.

— Rafael não vai morrer, ele é muito forte...

— Já disse a você que, quanto a isso, podemos dar um jeito.

— O que está falando, Carmem? Está dizendo que podemos matar Rafael?

— Sim, amo você, mas não podemos ficar juntos, enquanto ele viver. A solução é apressarmos sua morte. Já pensei em como fazer isso, mas preciso de sua ajuda.

— Não posso fazer isso, Carmem. Ele é meu amigo...

Ela abriu a blusa novamente só que, dessa vez, se aproximou. Quando ele esticou a mão para segurar, ela, sorrindo, se afastou:

— Não podemos, Julian. Não por enquanto.

O DESTINO EM SUAS MÃOS

— Deixe ao menos que eu sinta você.

— Logo vai poder me sentir e fazer muito mais. Só precisamos colocar em prática o meu plano. Depois que tudo terminar, vou ser sua para sempre.

Assim dizendo, voltou a fechar a blusa e saiu correndo. Ele, desesperado, ficou sem saber o que fazer:

O que vou fazer? Eu amo essa mulher. Sinto que estou pronto para fazer tudo o que ela quiser, até mesmo matar meu amigo, desde que ela seja minha...

Carmem entrou em casa. Estava confiante de que seu plano daria certo:

Ele está transtornado. Falta pouco para fazer o que eu quero. Tem de ser antes de Rafael ir embora. Não posso deixar que se vá. Não posso correr o risco de que me esqueça e isso vai acontecer, pois ele só pensa naquela moça. Sei que, quando voltar, vai ser para ficar com ela e isso não vou deixar que aconteça. Ele é meu! Só meu!

Alguns minutos depois, Julian, desesperado, entrou:

— Carmem, não posso continuar assim. Você se insinua, mas não aceita o meu amor. Estou ficando louco! Vou fazer o que quer. Qual é o seu plano?

Ela pegou o pacotinho com o veneno:

— Este veneno é muito forte. Basta só um pouco para ele ter morte instantânea. Vai ser tão rápido que ele nem vai sentir.

— Como vou fazer isso?

— Rafael vai avisar a todos que vai embora e, como despedida, você convida ele e alguns amigos para uma pescaria. Quando estiverem lá, todos bebendo, basta você colocar um pouco deste veneno na bebida dele e pronto, tudo vai estar terminado. Vamos ficar juntos para o resto da nossa vida.

— Preciso mesmo fazer isso?

— É a única maneira de poder ficar comigo, Julian. Como você disse, ele é forte e não vai morrer tão cedo. Não acho justo, sendo tão nova e amando você como amo, ficar presa a um homem de quem não gosto. Amo você, Julian...

— E se alguém descobrir? Posso ser preso!

— Ninguém vai descobrir. Estarão todos bêbados e pensarão que ele teve um ataque do coração. Isso aconteceu com o Manolo, marido da Lola.

— Aqui as pessoas podem aceitar isso, mas a polícia vai ser enganada também?

— Está se esquecendo de que somos imigrantes sem dinheiro? A polícia não vai perder tempo. Para se ver livre, vai aceitar o que disserem. Vai ficar tudo bem, Julian. Não se preocupe...

— Está bem. Vou fazer o que quer.

Ela, sorrindo e feliz por ter conseguido o que queria, o abraçou e permitiu que ele colocasse a mão sobre seu seio, mas por cima da roupa, o que ele fez com paixão e loucura.

Quando ele ficou mais atrevido, ela se afastou:

— Precisamos esperar, Julian. Agora está perto do dia de ficarmos juntos. Depois que ele morrer, precisamos esperar um tempo. Depois, anunciaremos o nosso casamento, mas enquanto isso não acontece, nada impede que possamos nos encontrar escondido, sem que ninguém saiba.

— Está certo. Vou agora mesmo até o armazém dar a ideia da pescaria como despedida.

Dizendo isso, ele saiu. Ela ficou exultante. As nuvens negras que a envolviam se transformaram em vultos que, felizes, rodopiavam à sua volta.

Lola, ao ver aquilo, se assustou:

— Quem são eles, dona Isabel?

— São as companhias que ela escolheu. Assim como nossas luzes trazem paz e tranquilidade, porque só têm amor, essas nuvens que a envolvem são formadas de ódio, rancor, mágoa, ciúme e todo sentimento negativo que você possa imaginar, fazem com que todos esses sentimentos negativos aflorem com mais força. Embora Carmem não saiba, traz, também, muito sofrimento para aqueles que fazem uso dela. Com essa atitude, permitindo que o mal tome conta do seu espírito, Carmem acaba de se condenar por vontade própria. Está ligada a eles e, contra isso, nada podemos fazer.

— Eles conseguem se aproximar de qualquer um?

— Conseguem.

— Está dizendo que todos estão à mercê dessas energias?

— Sim. Todos estão, mas elas só conseguirão se aproximar, se encontrarem ambiente próprio para isso. Carmem traz dentro de si muita maldade. Apesar de todo o tempo que estamos tentando fazer com que mude, que se regenere e possa nos acompanhar, ela sempre volta a cometer os mesmos crimes, as mesmas maldades. Por isso, essas energias conseguiram envolvê-la dessa maneira. Assim como quando se tenta viver com dignidade, nossas luzes de paz e amor estarão sempre presentes, trazendo paz e tranquilidade. Cada um escolhe a companhia que deseja. Existem espíritos amigos, mas também os inimigos que estão sempre preparados, para, a qualquer momento, se vingar de algum mal sofrido. Existem outros espíritos que, embora não conheçam sua vítima, mas, por terem morrido em depressão e, mesmo depois da morte continuarem com ela, se aproximam daqueles que, por não aceitarem a vida como se apresenta, se deixam envolver por ela. Na maioria das vezes, o encarnado que começa a sofrer de depressão não tem motivo algum para isso, mas acredita ter. Espíritos depressivos que estão passando se aproximam e, aos poucos, vão tomado conta do seu espírito, que passa a ter sentimentos que não são dele, mas sim deles, dos espíritos depressivos. A presença deles faz com que o espírito fique sempre mais fraco e seja levado, muitas vezes, até a cometer suicídio, que é o desejo final deles. Entretanto, para que isso aconteça, é necessário que o espírito, como está acontecendo com Carmem, esteja aberto para isso, esteja com suas energias baixas, contaminadas por sentimentos ruins.

— Então, a depressão não é daquele que a sente?

— Não, Lola. É daquele que o encarnado aceitou por companhia. Por isso não existe remédio para a depressão. Somente o próprio encarnado, sabendo que é um espírito livre e que não pode ser aprisionado por nada nem ninguém, se tomar o seu lugar, poderá afastar essa presença indesejável e também a depressão para sempre.

— O espírito não pode ser envolvido a não permitir que isso aconteça?

— Não. O espírito é livre e, por ser livre, pode escolher a companhia que deseja ao seu lado, assim como Carmem está fazendo. O espírito é tão livre que nem Deus, que é o seu criador, não o aprisiona, mas, ao contrário, dá a cada um o livre-arbítrio para que possa decidir o que deseja para si. Alguns demoram mais que os outros, mas todos, um dia, chegarão, sem que sejam aprisionados nem dominados ou exigido deles que façam o que não querem. Somos livres, Lola!

— Isso pode demorar muito tempo...

— Pode, sim, Lola, mas não se esqueça de que Deus tem toda uma eternidade para esperar.

— É confortável saber isso, mas por que só depois de mortos e voltando para cá é que temos todo esse conhecimento?

— Justamente pelo espírito ser livre é que tem de ter a liberdade de escolher a companhia que quiser. Até esse direito ele tem e, como todas as outras Leis, não podemos interferir. Apenas aguardar que o espírito acorde e reconheça o seu lugar.

— Entendi... nada pode mesmo interferir na decisão do espírito...

— Nada nem ninguém, encarnado ou não. Somos livres, Lola. Deus nos fez assim e é dessa maneira que nos quer. Livres para escolhermos o caminho e a companhia que desejamos seguir e ter.

— Julian aceitou fazer o que Carmem quer. O que vai acontecer com ele?

— Essa é outra prova de que o espírito é livre, mas também que a liberdade tem um preço. Julian, como já aconteceu outras vezes, sabe que matar é errado, mesmo assim, pensa em cometer um assassinato. Se fizer isso, estará condenado a muita dor e a uma nova encarnação com muito sofrimento. Poderá também não cometer o crime e, assim, continuar a jornada. Essa Lei se chama Ação e Reação, e significa que tudo que um espírito, encarnado ou não, fizer receberá em troca na mesma quantidade e proporção.

— Essa lei é justa, dona Isabel?

— Sim, Lola. Todas as Leis Divinas são justas, e delas espírito algum pode escapar.

— Apesar de tudo, tenho pena dele. Só está fazendo isso por muito amor.

— Não, isso não é desculpa. O amor não justifica um erro, pois ele sabe que matar é errado. Ele será responsável por aquilo que fizer e terá de pagar por isso.

— Ele ainda pode mudar de ideia?

— Claro que sim, até o último instante. Sempre é tempo para arrependimento e mudança.

— Deus queira que ele acorde e não faça o que está pretendendo.

— Deus queira, Lola... Deus queira...

Carmem, feliz por ter conseguido o que queria, pensava:

Ele vai matar Rafael e está esperando que eu me torne sua mulher. Isso nunca vai acontecer! Eu, apesar de ser mulher, sou livre! Conquistei essa liberdade no dia em que meus pais morreram. Naquele dia, achei que era responsável pelos meus irmãos, mas não sou! Eles estão crescidos e já podem se cuidar sozinhos! Depois que tudo estiver terminado, vou embora e só vou levar aquela menina horrorosa! Se ela não fosse tão parecida com a mãe, Rafael teria se esquecido dela e estaria comigo! Ela é a culpada por ele não me querer! Podia deixá-la aqui, mas, se fizer isso, ela seria bem cuidada pelo Julian e, se ele for preso, ainda tem meus irmãos e todos aqueles que vieram no navio e conhecem sua história. Não vou permitir que isso aconteça! Ela vai comigo e, assim que chegar a uma cidade grande, eu a deixo em qualquer lugar e desapareço. Ela vai ser encontrada pelas autoridades e, como não vão me achar, vai ser levada para um orfanato que é o seu lugar! Justamente aquilo que Lola não queria! Só assim minha vingança vai ser completa!

Lola ficou apavorada:

— Maria não tem culpa, dona Isabel! Por que ela a odeia tanto?

— É comum isso acontecer, Lola. Quando se está apaixonado e não se é correspondido, a culpa é colocada em outro, nunca em si mesmo ou no parceiro. Carmem não gosta da maneira como pensa gostar de Rafael, o que não aceita é a rejeição. Agora, envolvida como está por essas energias negativas, seu ódio por Maria crescerá mais ainda e não podemos adivinhar o que vai acontecer. Vamos incentivar essa ideia nela, é o melhor que pode acontecer para a menina.

— Não entendi...

— É melhor que ela a abandone do que continuar torturando-a como está fazendo. Como isso também estava previsto, podemos interferir no sentido de que aconteça.

— Estava previsto Maria ir para um orfanato?

— Sim. Mesmo que Carmem não tivesse feito o que fez, você morreria de qualquer maneira e, se Rafael e ela não tivessem decidido ficar com Maria, a única solução seria essa.

— Eu, quando morri, pedi para não deixarem que ela fosse para um orfanato. Hoje, penso diferente, por mais que sofra em um orfanato, será menos do que tem sofrido ao lado de Carmem.

— Também seria uma solução para evitar que Maria volte a cometer o suicídio.

— Tudo foi pensado...

— Sim. Sempre é. Não se preocupe, no final, sempre acaba tudo bem. A não ser para Carmem que, se continuar deixando se envolver por essas energias ruins, mesmo depois do seu desencarne, essas energias continuarão ao seu lado, causando-lhe sofrimentos terríveis. Ela ainda perderá a oportunidade que teve com esta encarnação.

— Por outro lado, de tudo o que ela está pensando, de uma coisa está certa: hoje, ela é uma mulher livre.

— Sim. Isso é importante, pois a mulher tem o mesmo valor e a capacidade que o homem tem, é igual a ele em tudo. Ao contrário do que dizem, o cérebro das mulheres não é menor que o dos homens e, mesmo tendo o corpo mais frágil, elas não precisam de proteção. Isso tudo com o tempo vai passar e a mulher terá liberdade total e poderá fazer com sua vida o que quiser.

— A senhora acha que isso pode acontecer?

— Só não acho, como vai acontecer, mas com liberdade vem responsabilidade. A mulher é o seio da família e dela depende o bem-estar de todos. Se ela, para ser livre, deixar de lado esses valores, só será infeliz e trará infelicidade para todos que a cercam.

— Isso pode acontecer?

— Pode. A mulher, por ser o esteio da família, sempre terá sobre si a responsabilidade da mesma. Para ser livre, terá de ter o seu próprio dinheiro, terá de trabalhar fora, o que hoje é inconcebível, mas terá, também, de continuar cuidando da família e isso será muito trabalhoso. Demorará muito tempo para que consiga conciliar tudo.

— Há ainda muita luta pela frente, dona Isabel.

— Há sim, Lola, mas ela terá de ser travada para a evolução espiritual. Não deve existir diferença entre sexo, pois o espírito não tem sexo. Tanto é que renascemos algumas vezes mulheres e outras, homens, dependendo da nossa necessidade.

Enquanto elas conversavam, Carmem continuava pensando:

O que será que está acontecendo no armazém? Julian vai saber fazer bem o seu papel?

Quando Julian chegou ao armazém, Rafael terminava de contar para Pepe e Pedro a sua intenção. Os meninos ouviam atentamente. Julian aproximou-se e ficou esperando a resposta deles. Pepe olhou para Pedro e, após alguns segundos, disse:

— Sendo o irmão mais velho, concordo com sua ideia, Rafael. Somos ainda muito jovens e não temos uma profissão, como você, para nos arriscarmos em uma aventura. Por mim, tudo bem. E você, Pedro, o que acha?

— Por mim, também. Vá, Rafael, faça o que está pretendendo e, quando encontrar uma casa e um trabalho, sei que vai nos avisar e vamos até você.

Rafael, rindo, disse:

— Podem ter certeza de que vou fazer isso. Por enquanto, continuem trabalhado. Assim que eu estiver bem, volto aqui para buscar todos vocês.

Começaram a rir. Julian, também rindo, demonstrando uma felicidade que não sentia, falou:

— Estou muito feliz por ter dado tudo certo, Rafael. Que tal, antes de ir embora, comemorarmos com uma pescaria? Todos poderiam ir. Estamos cansados de tanto trabalhar sem resultado. Vamos, ao menos, pescar, comer e beber à vontade!

Todos os que estavam ali e ouviram a conversa aplaudiram a ideia de Julian. Rafael, feliz, respondeu:

— Essa é uma ótima ideia, Julian. Hoje é sexta-feira. No domingo, vamos pescar e, na segunda-feira bem cedo, vou embora e seja o que Deus quiser.

— Sei que Ele só quer o seu bem, Rafael.

— Obrigado, Pepe. Espero que isso seja verdade.

Rindo, continuaram ali, bebendo e jogando. Maria, segurando a mão de Rafael, antevendo como seria sua vida depois que ele fosse embora, sentiu vontade de chorar.

Julian, embora sabendo que havia conseguido o que Carmem queria, sentiu seu coração apertado.

Infelizmente, Rafael, todos esses sonhos não vão ser realizados. Embora seja a última coisa que eu queria fazer, vou ter que te matar. Amo e desejo Carmem com loucura e, se o preço para ficar com ela é esse, sinto muito, meu amigo, mas vou pagar...

Momento de decisão

Enquanto Rafael conversava no armazém, Carmem, em casa, nervosa, esfregava as mãos e andava de um lado para o outro.

Por que estão demorando tanto para voltar? O que será que está acontecendo? Será que Julian conseguiu convencer Rafael a ir pescar? Não sei... ele é um fraco. Sinto que não vai ter coragem.

Olhou para um relógio pendurado na parede que por haver gostado muito dele, quando o viu no armazém, não resistiu e o comprou. Nervosa, continuou pensando.

Está na hora do jantar. Não estou mais aguentando ficar sem saber o que está acontecendo. Com a desculpa de que preciso dar comida para aquela imprestável, vou até o armazém descobrir o que se passa e por que estão demorando tanto.

Pegou um lenço, colocou na cabeça e foi ao armazém. Quando chegou, viu que Rafael estava jogando dominó e que Julian, ao lado da mesa, observava. Aproximou-se, e com a voz carinhosa, disse:

— Maria, vim buscar você. Está na hora de comer.

A menina, com medo e sentindo-se protegida perto de Rafael, disse:

— Não estou com fome. Vou quando meu pai for.

— Precisa comer agora. Está na hora. Precisa comer agora, para poder dormir cedo... – continuou falando, com carinho na voz.

— Não estou com fome.

— Precisa vir, Maria, se não comer agora, vai ficar muito tarde...

— Deixe a menina, Carmem. Quando terminar esta partida, vou embora e ela vai comigo.

Julian, que a viu chegar, ficou acompanhando a conversa. Carmem olhou para ele e sorriu:

— Está bem, Rafael. Vou ficar esperando por vocês.

Olhou novamente para Julian, voltou a sorrir e foi embora.

Julian entendeu o recado e, assim que ela saiu, percebeu que todos estavam preocupados com o jogo ou bebendo. Sem nada dizer, se afastou e foi ao encontro dela.

Assim que entrou, ela, nervosa, perguntou:

— O que aconteceu, Julian? Os meninos deram o dinheiro para o Rafael?

— Fique calma, Carmem. Tudo está caminhando de acordo com o que planejou.

— Está mesmo? Conte como foi!

Ele contou tudo o que havia acontecido e terminou dizendo:

— Está tudo certo, Carmem. Eles aceitaram a pescaria no domingo e Rafael ficou muito feliz.

Quando ele disse isso, ela, não conseguindo esconder a felicidade que sentia, jogou-se sobre ele e o beijou, fingindo paixão.

Ele, a princípio, se assustou, mas, depois, correspondeu ao beijo com loucura e tentou jogá-la sobre a cama, mas ela se afastou:

— Já lhe disse que, antes de ficar viúva, não podemos fazer o que nós dois queremos, Julian, mas agora está perto. Estou muito orgulhosa de você e agora sei por que me apaixonei dessa maneira! Depois que tudo terminar, vamos ser felizes para sempre, você vai ver.

— Estou esperando esse dia com loucura. Não consigo pensar em outra coisa a não ser em ter você, finalmente, nos meus braços para sempre.

— Eu também, ainda mais porque nunca tive outro homem. Você vai ser o primeiro... – falou com o olhar malicioso.

— É verdade o que está dizendo?

— Claro que é. Logo vai poder conferir. Nunca namorei ninguém. Meus pais só permitiriam quando aparecesse um rapaz que eles achassem ser bom o bastante para mim, de preferência com dinheiro. Depois, resolvemos fazer a viagem. E você já sabe o que aconteceu. Rafael nunca me tocou. Somos apenas amigos. Eu te amo, Julian, e quero ser só sua. Por isso, preciso ser livre...

Ele, que já a amava e estava ficando quase louco, ficou pior ainda:

— Carmem, vou fazer qualquer coisa, o que quiser, para, finalmente, ter você em meus braços.

— Então, no domingo, quando forem pescar, faça o que falei. Prometo que, se tudo der certo, se Rafael morrer, vou ser sua no domingo mesmo.

— Vai cumprir essa promessa?

— Claro que vou, pois, assim como você, não vejo a hora...

Ele caminhou na sua direção e ela permitiu que ele a beijasse. Abrindo a blusa novamente, dessa vez, deixou que ele colocasse uma das mãos em um dos seus seios, mas, em seguida, se afastou e fechou a blusa, deixando-o mais desesperado ainda.

— Agora vá embora, Julian. Rafael deve estar chegando. Ele sabe que Maria precisa comer.

— Está bem, estou indo, mas não vou me esquecer um minuto sequer de você e vou ficar esperando que domingo chegue logo para, finalmente, conseguir fazer o que mais desejo.

Ela sorriu, beijou-o de leve nos lábios. Ele, feliz, saiu e foi para sua casa.

Assim que ele saiu, ela sorriu:

Pode ficar esperando sentado. Nunca vou ser sua. Amo Rafael e só ia ser dele, como não me quer, só vou me entregar a um homem que possa me dar tudo o que desejo. Nunca a um igual a você, que não tem onde cair morto!

Rafael, segurando Maria pela mão, chegou logo em seguida. Entrou e, feliz, disse:

— Está tudo certo, Carmem. Os meninos concordaram em me emprestar o dinheiro. Agora, estou tranquilo, sabendo que vou poder recomeçar!

— Que bom, Rafael. Tenho certeza de que vai conseguir vencer. Vou ficar aqui esperando por você.

— Pode ficar sossegada. Logo venho buscar todos. Além de vocês, espero que Berenice também resolva me acompanhar. Ela está preocupada, com medo da pobreza.

— Se eu fosse ela, também estaria, Rafael. Ela, por mais que pense e imagine, nunca conseguirá chegar perto de saber o que significa realmente ser pobre.

— Sei disso, e entendo a sua posição, mas, se me amar realmente, como diz, vai me seguir e vai viver da maneira que for preciso. Embora, acredito que, com o meu trabalho, vou conseguir lhe dar uma boa vida.

— Tomara que consiga o que tanto deseja.

Embora dissesse isso sorrindo, por dentro estava cheia de ódio. Alheio ao que ela pensava, Rafael disse:

— Agora vamos comer e depois dormir. Amanhã, preciso acordar cedo para me encontrar com Berenice e contar o que aconteceu.

— Vamos fazer isso. A comida já está pronta.

Rafael pegou um prato, colocou comida e deu a Maria que, com fome, começou a comer rapidamente. Ele, sem saber que a menina, muitas vezes, ficava sem comer, sorrindo, aconselhou:

— Coma devagar, Maria. Quando terminar, se quiser, tem mais. O prato não vai fugir.

Ela sabia que, depois que ele partisse, ficaria por muito tempo sem comer novamente. Por isso, não ouviu e continuou comendo sem parar.

Rafael colocou comida em outro prato e sentou-se na cama, ao lado da menina, e também comeu.

Carmem, que a tudo observava, pensou:

Coma mesmo, pois essa vai ser uma das últimas comida que vai ter. Aquela menina rica não vai querer viver como pobre e, mesmo que quisesse, não vai ser ao seu lado! Você não me quis, também não vai ficar com ninguém.

Julian, em casa, enquanto jantava, lembrava-se dos beijos de Carmem e de sua promessa.

Sei que o que vou fazer é errado, mas não tenho outro cami-nho. Amo Carmem e, se é só assim que vou conseguir ficar com ela, vou ter de fazer o que deseja. Às vezes, tenho medo de a polícia desconfiar e descobrir que fui eu. Não quero ficar preso, pois, além de perder minha liberdade, posso perder Carmem para sempre. Por outro lado, como ela disse, ninguém está preocupado com a morte de um imigrante pobre. Eles não vão dar muita atenção. Sei que vai ser difícil, mas vou ter de fazer.

Depois de comer e tomar café, Rafael beijou Maria e a colo-cou na cama, em seguida se deitou. Cansado pela emoção do dia e desejando que a manhã logo chegasse para poder conversar com Berenice, adormeceu.

Carmem, não tendo o que fazer e rodeada pelos vultos negros, fez o mesmo. Deitou-se, mas não conseguia dormir. Olhando para Rafael, pensava:

Por que você me obrigou a fazer isso, Rafael? Teria sido mais fácil me amar. Não entendo por que não me quis. Sou jovem e bonita. Qualquer homem, assim como o Julian, ia fazer tudo para me ter. Você, que poderia me ter a qualquer momento, não me quer. Sinto muito, pois, por causa disso, vai ter de morrer.

Os vultos que estavam ao seu lado sorriam felizes. Estavam conseguindo o que queriam.

Não eram ainda cinco horas da manhã, quando o relógio des-pertou. Rafael, rapidamente, para não acordar Carmem e Maria, desligou-o. Levantou-se e, procurando fazer o menor barulho pos-sível, saiu.

Chegou ao lugar de sempre, onde se encontrava com Bere-nice. Ela não havia chegado. Sentou-se na margem do rio e ficou esperando.

Alguns minutos depois, Berenice chegou:

— Desculpe, Rafael, me atrasei. O relógio não despertou. Ainda bem que, como acordo todos os dias a esta hora, já me acostumei e acordei sozinha.

— Não faz mal, o importante é que você veio. Eu estava mor-rendo de saudade.

— Eu também e preocupada com sua viagem.

— Preocupada por quê?

— Tenho medo de não voltar a vê-lo. Meu pai, depois que receber o dinheiro da colheita, que é muito, disse que vamos para a Espanha e que vai providenciar o meu casamento. Não sei se vou ter coragem de desobedecer a ele.

— Sei que vai ser difícil, Berenice, mas você tem de fazer isso. Preciso de um tempo para poder acertar minha vida e levar você para viver ao meu lado.

— Quanto tempo vai demorar, Rafael?

— Não sei, não posso lhe dizer. Só sei que vou fazer o possível para que seja bem rápido.

— Eu amo tanto você. Por que, só por ser mulher, não posso decidir a minha vida, não posso escolher com quem quero ficar?

— Você pode, Berenice!

— Não, Rafael, não posso. Se desobedecer a meu pai, ele me tira de seu testamento e ficarei sem dinheiro algum.

— Não precisamos de dinheiro para sermos felizes, Berenice. O importante é que continuemos nos amando como agora. O resto, vamos conseguir com o tempo. O mais importante é que vamos estar juntos. Somente isso.

Dizendo isso, puxou-a para junto de si e beijou-a apaixonadamente. Ela, sem conseguir resistir, entregou-se àquele beijo e àquele amor.

Depois do beijo, ainda nos braços dele, ela falou:

— Às vezes, penso que seria melhor esquecer você e aceitar o casamento que meu pai escolheu, mas, quando estou ao seu lado e em seus braços, como agora, e recebendo seus beijos, sinto que não conseguirei viver sem isso. Amo você, Rafael, e quero ficar ao seu lado, seja da maneira como for, não me importo com as consequências.

— Também não sei viver sem você. Não se preocupe, vou trabalhar muito para dar a você tudo a que está acostumada e merece.

Ela sorriu:

— Está bem. Mesmo que não consiga me dar tudo a que estou acostumada, seu amor será o suficiente para que eu seja feliz.

Ele sorriu e voltou a beijá-la.

— Agora preciso ir embora. Meus pais vão acordar e não podem saber que não estou em casa. Minha avó está chegando hoje. Ela é uma mulher maravilhosa. Vive cem anos à frente do nosso tempo. Adoro conversar com ela. Quando chegar, vou contar a nosso respeito e ver o que diz.

— Está bem, vá. Amanhã não vou poder me encontrar com você.

— Por quê?

— Os rapazes resolveram fazer uma pescaria como festa de despedida. Vamos para o local da pescaria bem cedo, mas, na segunda-feira, vou estar aqui para me despedir. Depois, vou embora e seja o que Deus quiser.

— Está bem. Também estarei aqui.

Depois de dar um último beijo, ela se levantou e foi embora. Ele continuou ali, pensando em como teria de trabalhar para dar a ela o que merecia.

Assim que ela se afastou, Carmem, que os observava, fez o mesmo.

O sábado passou com todos preparando aquilo que precisavam levar para a pescaria. Carmem deixou que Maria ficasse com Rafael, para poder, sem que ninguém percebesse, se encontrar com Julian. Deu-lhe vários beijos, o que o convenceu ainda mais de que deveria fazer o que ela queria. Maria, embora brincasse, sempre ficava ao lado de Rafael, que não percebeu a agonia da menina.

Na manhã seguinte, o dia ainda não havia clareado mas os homens já estavam prontos para a pescaria. As mulheres ficaram encarregadas de preparar o almoço. Deixariam tudo pronto e só esperariam que eles chegassem para fritar os peixes que trariam.

Carmem, embora ajudasse no preparo da comida, não deixava de pensar:

Hoje é o dia decisivo. Assim que chegar a notícia de que Rafael morreu, preciso me desesperar para que não haja desconfiança alguma sobre mim. Quanto ao Julian, não me importo com o que possa lhe acontecer.

Os homens chegaram ao local onde sabiam que havia muito peixe. Acenderam um fogo e colocaram sobre ele um pedaço de carne para assar. O cheiro de carne assada logo invadiu todo o lugar. Eles, enquanto jogavam as varas na água e ficavam esperando os peixes morderem a isca, cortavam pedaços de carne e iam comendo acompanhada com cerveja ou cachaça.

Julian ficou o tempo todo acompanhando os movimentos de Rafael. Quando viu que ele foi até onde a carne assava, sentindo que chegara o momento, acompanhou-o:

— Enquanto você pega a carne, Rafael, eu vou encher duas canecas com cerveja.

— Faça isso, Julian.

Julian pegou uma garrafa de cerveja que Pablo mandava vir do Rio de Janeiro, de uma fábrica de fundo de quintal, que por todos era considerada muito boa. Antes de colocar a cerveja na caneca de alumínio, pegou o pacotinho de veneno que Carmem havia lhe dado e colocou metade dentro da caneca, depois, jogou a cerveja por cima. Em seguida, colocou no lugar onde sabia que Rafael, após pegar a carne, se sentaria para comer, pegaria a caneca com o veneno e beberia.

Isabel, Lola e Manolo estavam ali e viram que vultos negros estavam a distância, mas não se aproximavam.

— Olhem esses vultos – comentou Isabel.

— Estou vendo, dona Isabel, mas não entendo.

— O que não está entendendo, Lola?

— Eles, embora estejam em volta de Julian, não se aproximam totalmente como fizeram com Carmem, por que, dona Isabel?

— Não podem se aproximar, porque Julian, embora seja um espírito fraco e ainda preso às paixões, sempre foi bom. Nunca teve maus sentimentos, mas sempre se deixou levar por Carmem, como está acontecendo agora, a cometer crimes, mas ainda tem proteção divina. Estamos aqui para lhe dar a chance de que seus bons sentimentos aflorem e ele não cometa o crime.

— E se ele cometer?

— Aí, sim, infelizmente, será envolvido totalmente por esses vultos e levado com eles para um lugar que espírito algum gostaria de estar.

— Já que está tendo essa chance, não podemos ajudá-lo de alguma maneira?

— Podemos e vamos fazer isso, Lola. Neste momento, vamos entrar em oração e jogar muita luz sobre ele e conversar, tentando fazer com que mude de ideia.

Julian, olhando para Rafael, pensou:

Perdão, Rafael, mas não tenho o que fazer. Amo Carmem e só vou poder ficar com ela, quando você morrer.

Isabel, Lola e Manolo olharam-se e, imediatamente, entraram em oração. As luzes, agora, não saíam só das mãos, mas de todo o corpo dos três. Qualquer um que conseguisse ver aquela cena não poderia deixar de se emocionar.

A verdade sempre aparece

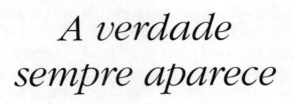

Carmem, embora ajudasse na preparação do almoço, não conseguia tirar os olhos da estradinha por onde os homens deveriam chegar, aguardava ansiosamente um deles vir avisar que Rafael estava morto.

Como estava nervosa, esqueceu-se de Maria que, aproveitando, brincava feliz com as outras crianças.

Deixou cair um garfo. Josefa percebeu o nervosismo dela e perguntou:

— Está nervosa, Carmem?

Carmem, sem tirar os olhos da estradinha, não ouviu Josefa, que voltou a perguntar:

— Está nervosa, Carmem?

Agora, ouvindo e pensando rapidamente, respondeu:

— Estou sim, Josefa. Rafael vai embora.

— Fiquei sabendo, meu marido estava no armazém e ouviu Rafael conversando com seus irmãos. Mas não fique preocupada, vai ser bom para vocês.

— Sei disso, mas não consigo deixar de ficar preocupada. Não sabemos como vai ser, se ele vai conseguir, mesmo, um trabalho e uma casa.

— Ele vai, Carmem. Tem uma boa profissão.

— Espero que sim, Josefa.

Continuaram a preparar o almoço. À medida que o tempo passava e ninguém aparecia para avisar que Rafael estava morto, ela ficava mais nervosa.

Não estou entendendo, por que estão demorando tanto? Será que Julian não conseguiu? Ele é mesmo um imprestável.

Em um segundo em que se distraiu olhando uma panela, ouviu o murmurinho das mulheres falando ao mesmo tempo. Tremendo, olhou para a estradinha e, para seu desespero, viu que os homens estavam chegando. Vinham conversando e rindo, entre eles. Alegremente, estavam Julian e Rafael, que caminhavam lado a lado.

Ao ver Rafael vivo, ficou possessa e, tremendo de ódio, foi para casa.

Julian viu quando ela se afastou, e disse:

— Agora que você já sabe sobre mim e a Carmem, Rafael, vou até sua casa conversar com ela.

— Faça isso, Julian. Diga a ela que pode ficar sossegada e que estou feliz por vocês. Logo mais, conversarei com ela.

— Está bem.

Alegremente, Julian foi até a casa de Carmem. Assim que entrou, ela, furiosa, perguntou:

— O que aconteceu, Julian? Por que não fez o que combinamos?

— Não foi preciso, Carmem! Agora podemos ficar juntos sem problema algum.

— O que está dizendo?

— Já estava tudo pronto como combinamos. Eu havia colocado o veneno na cerveja que estava perto dele, quando ele, ainda agachado junto ao fogo e de costas para mim, disse:

— *Julian, tenho notado os seus olhares para com Carmem. Está gostando dela, não está?*

— Levei um susto e fiquei sem saber o que responder. Rafael olhou para trás e, ao ver a expressão do meu rosto, sorriu:

— *Não precisa ficar assim, Julian. Sei que está gostando dela e, pelos olhares dela, parece que está sendo correspondido. Estou muito feliz com isso. Gosto da Carmem como se fosse minha irmã e sei que, ao seu lado, ela será protegida e feliz. Assim que me*

instalar, vou procurar um juiz, conseguir a anulação do nosso casa-
mento e vocês poderão se casar. Será a primeira coisa que vou
fazer. Sei que Carmem é muita apegada à Maria, que a considera
filha, e que você gosta muito dela também. Quando me casar com
Berenice, não seria justo levar a menina comigo. Carmem sofreria
com essa separação e ela não merece. Maria também sentiria muito
sua falta. Quando vocês se casarem, vou ficar tranquilo, pois sei
que as duas ficarão protegidas. O meu desejo é que sejam felizes.

Ela, possessa, permaneceu calada. Ele, empolgado, continuou:

— Ele já sabia do nosso amor, Carmem. Falou que está feliz, pois sabe que, ao meu lado, você estará protegida. Disse que a primeira coisa que vai fazer quando chegar à cidade é procurar um juiz para saber como fazer para anular o casamento de vocês e, assim, poderemos nos casar. Ele disse, Carmem, que vai deixar Maria ficar aqui! Já pensou? Você não vai sofrer por ficar sem ela!

— O que você fez depois, Julian? – Carmem perguntou, desejando que ele morresse.

Julian estava tão feliz por não ter matado Rafael, que não ouviu o que ela perguntou e continuou falando:

— Rafael também falou que, já que todos sabem que o casamento de vocês é de mentira, se quisermos, ele conversará com as pessoas, contará o que está acontecendo e poderemos passar a viver juntos desde agora.

Carmem, agora sentindo até falta de ar, tão nervosa estava, voltou a perguntar:

— O que você fez, Julian?

— Ao ouvir aquilo, olhei para a caneca com o veneno que estava ao lado de Rafael e que, a qualquer momento, ele poderia pegar para beber. Levantei rapidamente e, fingindo escorregar, derramei toda a cerveja com o veneno. Rafael viu e, rindo, perguntou:

— *O que aconteceu, Julian?*

— Eu estava feliz e, ao mesmo tempo, nervoso, Carmem. Também rindo, respondi:

— *Olhe como sou desastrado, Rafael. Derrubei sua cerveja, mas não se preocupe, vou encher a caneca novamente.*

— Não é desastrado, Julian, só pensou que eu não tivesse notado os olhares trocados por vocês – disse, rindo.

— Respirei fundo e aliviado, Carmem, e tornei a encher a caneca com cerveja, só que, dessa vez, sem o veneno. Entreguei a caneca para Rafael que, sorrindo, aceitou e bebemos juntos. Estou muito feliz, Carmem, pois você agora já pode ser minha para sempre!

Julian não sabia, mas, naquele momento em que ele jogou a caneca com o veneno fora, os vultos negros que estavam se aproximando dele se afastaram.

Isabel, Lola e Manolo também estavam ali. Isabel, sorrindo, disse:

— Graças a Deus, com sua própria vontade e um pouco da nossa ajuda, ele conseguiu fazer o que era certo. Mudando de ideia, depois de muitas encarnações, conseguiu se libertar da influência de Carmem e conquistou o direito de seguir caminhando.

Lola e Manolo, abismados, ao verem aquilo acontecer, ficaram sem saber o que falar.

— Ainda bem. Como pode ser, dona Isabel? – perguntou Lola.

— O poder da oração é muito forte, Lola. Além disso, mais uma vez chegou a hora de Julian decidir o que desejava para sua vida, de exercer seu livre-arbítrio e, apesar de Carmem, deixar seus bons sentimentos falarem mais alto. Muitas vezes, ele já passou por momentos de decisão iguais a este e fracassou. Hoje, deu um passo importante. Venceu.

Olharam para os vultos negros que se afastavam. Isabel sorriu e, enquanto as criaturas desapareciam, disse:

— Mais uma vez, com a ajuda da decisão de Julian, a força da luz venceu as trevas.

— Nós estávamos vendo os vultos, mas me deu a impressão de que eles não nos viam. Aconteceu isso mesmo? – Lola perguntou, curiosa.

— Aconteceu, Lola. Eles não podem nos ver a não ser que permitamos, embora soubessem que estávamos por perto, sabiam, também, que não poderíamos interferir. Assim como nós, eles conhecem a Lei. Quando Julian mudou de ideia, eles não tinham mais o que fazer e foram embora, se juntar àqueles que estão ao lado de Carmem.

— Ela também vai ter a mesma chance que Julian teve?

— Claro que vai, Lola. Ela é filha do mesmo Pai que está sempre disposto a perdoar seus filhos, não importando o crime que tenham cometido. Isso não quer dizer que o filho não sofrerá algum tipo de punição. No nosso caso, embora não pareça, a punição é ter de renascer trazendo dívidas, resgates e missões para serem cumpridos. Missões essas, que, quase nunca são reconhecidas pelos que as cumprem, menos ainda, pelos outros.

— Não entendi, dona Isabel.

— Uma missão não precisa ser alardeada, não precisa ser algo reconhecido pela sociedade. Rafael, Maria e vocês dois tinham por missão ajudar Carmem e Julian. Eles precisavam vencer o apego para poderem continuar caminhando. A sua missão, Lola, era ajudar Maria a nascer, nas condições em que nasceu, para que encontrasse Carmem, Rafael e Julian. Você, antes de renascer, sabia que não ficaria com ela, pois ela possuía a missão de ajudar as mulheres. E a minha missão foi ajudar vocês, no primeiro momento, para que ela tivesse um lugar para nascer e ser protegida. Como podem ver, nós tínhamos uma missão que não nos daria fama, dinheiro, nem gloria, mas, por outro lado, era muito importante para que Carmem e Julian tivessem a chance de continuar caminhando.

— Entendi...

— Eu já disse e repito, tudo é muito simples no plano espiritual, Lola. Somos nós quem complicamos – Isabel disse, rindo.

— A senhora falou em apego. O que quis dizer?

— O apego é uma das principais causas para que o espírito pare no caminho. Para renascer, precisamos de outros que se proponham a fazer com que isso aconteça. Como renascemos em um corpo de criança, enquanto crescemos, encontramos outros que nos ajudarão. Os amigos estão ao nosso lado em qualquer momento e os inimigos nos mostram nossas falhas. Para que possamos crescer, precisaremos ter coisas. Depois que o nosso corpo cresce, começamos a pensar com clareza. Na maioria das vezes, ficamos presos a essas coisas e pessoas. Passamos a nos sentir como se fôssemos donos tanto das coisas como das pessoas, quando, na realidade, isso não existe. Ninguém é dono de nada nem de ninguém. Como já disse, somos espíritos livres e não podemos ser aprisionados. Quando sentimos aquilo que muitos dizem ser amor, faz com que nos sintamos donos da pessoa amada o que é a causa de, muitas vezes, perdermos a chance de caminhar. Em nome desse amor, muitos crimes foram cometidos. Acabamos de ver um que, graças a Deus, não foi concretizado, mas esteve perto disso. O mesmo acontece com as coisas que precisamos ter para poder viver com um corpo. A isso também nos sentimos presos e donos, mas, também, na realidade, isso não acontece, pois, quando terminar o nosso tempo de vida na Terra ou em outro lugar, teremos de voltar e sozinhos. Tanto as pessoas que conhecemos e que julgamos amar ou aquelas que somente fizeram parte da nossa caminhada, assim como as coisas que conseguimos, não nos pertencem, apenas nos foram emprestadas para nos ajudar a sobreviver, a resgatar e a cumprir nossa missão. Portanto, para que possamos caminhar, precisamos aprender a exercer o desapego, mas isso não é fácil. Muitos ficaram pelo caminho por causa disso. Julian e Carmem têm esse sentimento muito forte. Ele sente-se dono dela e ela de Rafael. Isso tem feito com que, através de muitas encarnações, eles tenham se perdido no caminho e tenham sofrido muito.

— Todos sentem ciúmes daquilo que conseguem comprar e das pessoas a quem amam – refletiu Lola.

— Sim, é verdade, mas precisam aceitar que nada lhes pertence, que só estão tendo uma oportunidade de conhecer pessoas e de ter coisas para poder caminhar.

— Ouvindo a senhora falar, parece que tudo é perfeito.

— Mas é perfeito, Lola! Deus, por ser Deus, não erraria nunca – disse rindo. – Agora, olhem o resultado do que estou dizendo.

Eles olharam para onde ela apontava e viram Carmem ouvindo o que Julian contava e notando sua felicidade por não ter matado Rafael. Ela, que já estava nervosa, ficou mais ainda. Perdeu o controle e gritou:

— Eu sabia que você era um covarde e que não conseguiria fazer o que prometeu, mas não pensei que fosse tanto! Está falando que vamos nos casar, que podemos ficar juntos a partir de agora?

Está louco? Isso não ia e nunca vai acontecer! Você é um fraco! Eu nunca seria sua mulher, mesmo que tivesse feito o que pedi, imagine sem fazer! Pode esquecer, jamais vou ser sua, Julian! Para mim, você não representa nada! Nada, ouviu?

Ele, atônito com o que ouvia, desesperado, perguntou:

— O que está dizendo, Carmem?

Ela, transtornada e sem conseguir se controlar, continuou:

— Isso mesmo que ouviu! Nunca tive intenção de me casar com você! Só fiz aquilo porque precisava da sua ajuda para matar Rafael.

— O quê?

— Isso mesmo, precisava da sua ajuda! Sabe por quê? Porque eu amo Rafael e só não me entreguei a ele, porque não aceitou, não quis! Ele me considera uma irmã! Você disse que ele vai se casar? Não vai, não! Sabe por quê? Eu não vou permitir! Prefiro que ele morra!

Parado, sem saber o que fazer, Julian recusava-se a acreditar no que estava ouvindo. Desesperado, disse:

— Você não pode estar dizendo a verdade, Carmem. Não posso acreditar...

— Pois está ouvindo e vai ouvir muito mais! Embora ele não me quisesse, eu era feliz somente por viver ao seu lado, por sentir a sua presença, mas isso terminou no dia em que essa moça apareceu e ele se apaixonou por ela! Não posso aceitar que ele vá embora e que só pense nela, que se case com ela ou com outra qualquer! Por isso, prefiro que morra! Por isso, pedi a você que me ajudasse e que o matasse!

— Não pode ser, Carmem. O que está dizendo não pode ser verdade...

— Acha que não, mas é verdade! Como pôde acreditar que eu gostava de um homem covarde como você e que não tem nada para me oferecer?

— O que fez comigo, Carmem? Sabendo do meu amor, me usou para que eu cometesse um crime?

Ela, mais descontrolada ainda e com os vultos, felizes, rodopiando à sua volta, riu e falou:

— Foi isso mesmo que fiz e você acreditou! Pensei que conseguiria fazer com que atendesse ao meu pedido, mas, como estou vendo, não presta para nada! Eu odeio você e esse amor ridículo!

— Não fale assim, Carmem. Meu amor é sincero. Gosto realmente de você.

— Não continue com isso, Julian! Agora não tenho mais motivo para ouvir você e suas baboseiras! Entenda de uma vez por todas: eu amo Rafael e não vou ficar sem ele!

— Ele não gosta de você da maneira que quer, Carmem. Ele ama Berenice e vai se casar com ela...

— Não gosta hoje, mas um dia vai gostar! Quanto a se casar com ela, isso sim é que nuca vai acontecer! Não vou permitir, antes que isso aconteça, ele vai morrer!

Julian abaixou a cabeça, pois não conseguiu evitar que lágrimas caíssem de seus olhos. Ela estava tão nervosa que não percebeu e continuou:

— Quanto a eu ficar com aquela menina horrorosa, nem pensar! Quero que morra também! Eu a odeio por ser filha daquela mulher que quase me roubou Rafael e só não conseguiu, porque fui mais esperta e a matei antes!

— Como? O que está dizendo?

— Isso mesmo que ouviu, eu a odeio como odiava sua mãe! Por mim, se ela morresse agora, como aconteceu com sua mãe, seria muito bom! Só fingi gostar dela, por saber que Rafael queria isso, nada além! Não representa nada para mim! Ela só serviu para que eu pudesse me casar com ele!

Sem conseguir ouvir mais, tremendo de ódio e de desilusão, ele, tentando esconder as lágrimas, saiu e foi para sua casa.

Rafael, envolvido na preparação dos peixes, não viu quando ele saiu da casa.

Julian, sabendo que os rapazes estavam preocupados com os peixes, assim que entrou em casa, deixou que um soluço profundo explodisse, partindo do fundo do peito. Sem conseguir se controlar, sentiu as lágrimas caindo por seu rosto, mas não tentou evitar.

Não consigo acreditar que ela me disse tudo aquilo. Como pude aceitar fazer o que ela queria? Usou do meu amor, me enganou e mentiu todo o tempo. Eu deveria ter desconfiado, pois, se ela me amasse realmente, e seu casamento sendo de mentira, não havia motivo para a morte de Rafael, mas, apaixonado como estava, não parei para pensar. Estava cego...

Ainda soluçando e chorando, pegou um lenço que estava em seu bolso e enxugou o rosto, mas não conseguia parar de pensar:

Aquilo que ela disse sobre Lola é grave, mas muito mais o que disse sobre Maria. Com todo aquele ódio que ela demonstrou sentir pela menina, o que será que ela tem feito? Será que a tem machucado? Mais tarde, vou conversar com a Maria para saber o que tem acontecido.

Assim que Julian saiu, Carmem, depois de alguns minutos, se deu conta do que, levada pelo ódio, havia feito.

O que fui fazer? Como me descontrolei dessa maneira? Julian, magoado como está, pode contar a Rafael o que eu disse e, se ele fizer isso, não posso nem imaginar qual será sua reação, principalmente quando souber sobre Lola e Maria. Quando ele e Julian perguntarem a ela o que tenho feito, sabendo que foram eles que descobriram e não ela que contou, vai perder o medo e contar que eu a deixei em pé, sem comer e mostrar os lugares do corpo que queimei com as brasas e que hoje estão escondidos pela saia comprida. Não sei o que vão fazer. Não devia ter deixado marcas, mas nunca pensei que alguém descobriria nem que ela, com o medo que estava, contaria. Preciso pensar em uma maneira de consertar o que fiz...

Preocupada, esfregando as mãos, ficou procurando uma solução para o problema que ela mesma havia criado. Depois de muito pensar, chegou a uma conclusão:

Já sei o que fazer. Julian, apesar de nervoso, ainda me ama e deseja. Basta eu usar isso e ele fará tudo o que eu quiser.

Olhou no espelho, vestiu saia e blusa claras, passou o pente nos cabelos e um pouco de batom nos lábios. Olhou novamente para o espelho e sorriu.

Sou muito bonita, mesmo. Por que Rafael não enxerga isso? Não posso pensar nisso agora. Preciso me concentrar em Julian. Ele, sim, agora é o meu problema.

Confiante, saiu e foi à casa de Julian.

Rafael viu quando ela saiu e entrou na casa de Julian. Sorriu:

Ela está toda arrumada. Parece que eles estão bem mesmo e vão ficar juntos. Ainda bem, pois só assim poderei ir embora tranquilo, sabendo que ela e Maria ficarão bem com ele cuidando delas.

Voltou a comer, brincar e conversar com os outros que faziam o mesmo.

Carmem chegou à casa de Julian e, ainda da porta, viu que ele estava deitado, então, perguntou:

— Posso entrar, Julian?

Ao ouvir aquela voz, ele, sem acreditar, levantou-se da cama:

— O que você quer aqui, Carmem?

— Precisamos conversar...

— Não temos o que conversar. Você já disse tudo o que precisava dizer.

— É por isso que estou aqui, Julian. Tudo aquilo que falei não era verdade. Inventei só para deixar você nervoso. Foi bobagem, eu sei, mas, sem pensar eu fiz. Fiquei nervosa quando vi Rafael voltando e me descontrolei, mas eu gosto mesmo é de você... – falou, sorrindo e passando as mãos pelos cabelos negros e longos.

Ele, nervoso, gritou:

— Pare, Carmem. Não precisa continuar mentindo. Agora sei quem você é e não vou acreditar em uma só palavra sua.

— Você precisa acreditar. Eu gosto mesmo de você, Julian.

Ele, com raiva, fez um gesto com as mãos e a cabeça. Demonstrando cansaço, voltou para a cama e sentou-se.

— Estive pensando, Julian. Você disse que Rafael sabe sobre nós e que está disposto a conversar com as pessoas. Se ele fizer isso, vamos viver juntos a partir de agora. Nada impede que isso aconteça. Não sei por que eu não queria viver com você sem ser casada. Não há motivo para isso. Todos sabem que meu casamento não existe. Vamos ser felizes para sempre...

Embora ele ouvisse o que ela dizia, não parecia dar importância. Ela percebeu e, com medo, ficou desesperada.

— Precisa voltar a confiar em mim, Julian. Quero de verdade ficar com você para sempre...

Ele voltou a se levantar e, com o braço, apontou para a porta e, quase fora de si, gritou:

— Vá embora, Carmem! Vá antes que eu perca a cabeça e lhe dê uma surra!

Ela, vendo que não estava conseguindo convencê-lo, abriu os botões da blusa e deixou os seios de fora. Com a voz carinhosa, disse:

— Olhe, Julian. Venha até aqui, pode me tocar. Eles, assim como eu, são seus.

Ele, ao ver novamente aquilo que era o seu maior sonho, se levantou.

Ela, percebendo que ele estava impressionado, passando as mãos pelos seios, continuou:

— Isso mesmo, Julian. São seus, pode tocar e fazer o que quiser. De hoje em diante, sou toda sua.

Ele balançou a cabeça novamente fazendo um sinal negativo e voltou para a cama.

Sem perder o controle, ela continuou:

— Por que está fazendo isso? Eu sei e você também que é o que mais deseja... é também o meu maior desejo... venha, Julian. Venha até aqui...

Ele olhou para ela por alguns minutos. Mesmo não querendo, seus olhos insistiam em se desviar para o que ela mostrava totalmente. Ele sentiu desejo, mas, ainda com raiva, voltou a gritar:

— Vá embora, Carmem. Não me faça perder a cabeça e fazer o que não quero! Se continuar aqui, não vou me controlar e vou bater em você! Você quer causar um escândalo?

Agora desesperada, vendo que ele se recusava, pensou:

Ele não me quer mais. Vai contar tudo a Rafael. Não posso permitir. Se ele fizer isso, vai ser o meu fim. Vou ter de ir embora daqui e não sei para onde. Não, preciso fazer com que volte a confiar em mim. Sei que, apesar de tudo o que aconteceu, ele ainda me ama e me deseja e que não vai resistir por muito tempo.

Em uma última tentativa, abriu os botões da saia, o que fez com que ela caísse e seu corpo ficasse todo à mostra. Caminhou em direção a ele que, ao ver aquilo, arregalou os olhos. As mulheres, naquele tempo, vestiam saias e vestidos compridos e meias, por isso não aparecia nem o calcanhar. Para um homem, ainda mais apaixonado como ele, ver um corpo inteiro era algo impensável. Muito mais por ser aquele que ele tanto desejava. Por alguns minutos, ele ficou parado contemplando.

— Pode olhar, Julian, e, se quiser, até tocar. Quero ser sua mulher. Quero me deitar com você agora mesmo.

Ele, sem se mover, continuou olhando para aquele corpo tão desejado e pelo qual estava disposto a cometer um crime. Permaneceu parado, calado e somente olhando.

— Venha, Julian. Sei que é o que mais deseja. Sou toda sua, da maneira que quiser...

Ele, como se voltasse de uma viagem, com raiva, gritou:

— Pode parar, Carmem! Vista suas roupas! Tem razão, era tudo o que eu mais desejava, mas isso foi antes de saber quem você é e do que é capaz de fazer. Depois de saber como você é maldosa, sinto nojo só de pensar em tocar esse corpo! Vá embora! Saia daqui, antes que eu perca a cabeça!

Ele gritava raivoso. Ela, vendo que não conseguia convencê-lo, levantou a saia e abotoou a blusa, dizendo:

— Eu gosto de você, Julian. Não pode fazer isso. Quero ficar com você... viver ao seu lado para sempre...

— Não, não é verdade! Não gosta de ninguém, nem de você mesma! Está aqui porque, quando percebeu que tinha se desmascarado, ficou com medo que eu contasse a Rafael quem você é realmente! Foi por isso que veio até aqui e se colocou nessa situação ridícula. Você não me engana mais, Carmem. Está com medo, mas não precisa ficar. Não vou contar a Rafael o que quase fiz. Primeiro, porque morreria de vergonha se ele soubesse que eu quase o matei por sua causa. Segundo, ele está de partida e, se souber a verdade, não vai mais querer ir embora e isso não vai ser bom para ele nem para mim e seus irmãos. Pode ir embora tranquila. Não precisa tentar me enganar novamente. Eu vou ficar calado, mas, depois que ele for embora, vou conversar com Maria e descobrir o que tem feito com ela e, se você a machucou de alguma maneira, contarei a todos e vou ficar com ela, até o dia em que ele voltar.

Ela, tentando se defender, chorando, disse:

— Nunca fiz mal algum para aquela menina! Disse que vai cuidar dela, como? Precisa trabalhar.

— Isso não é da sua conta, mas, fazendo essa pergunta, está confirmando que fez mal a ela, não é mesmo? Posso até te perdoar por ter me enganado. Sou adulto e sei me defender, mas se machucou Maria de alguma maneira, logo ela, que não sabe nem pode se defender, isso não vou perdoar, Carmem!

— Nunca fiz mal a ela, justamente por ser uma criança e não poder se defender. Estou com ela há muito tempo. Disse que não gostava dela, mas estava mentindo. Foi só na hora da raiva. Gosto e cuido dela como se fosse minha filha.

— Espero que ao menos isso seja verdade, Carmem.

— Pode não acreditar, mas eu gosto de você e quero ficar ao seu lado, Julian.

Não suportando mais, ele levantou o braço novamente, ia bater nela, mas parou:

— Vá embora, Carmem! Você é doente, é louca!

Ao ouvir aquilo, ela ficou furiosa e, com o rosto transtornado, gritou:

— Não sou louca! Não sou louca! Somente amo, nada além disso!

— Vá embora, Carmem! Vá embora, senão eu não vou me preocupar com o que pode acontecer e, agora mesmo, vou até Rafael e conto toda a verdade. Vá embora!

Ela, vendo que não havia mais o que fazer ali, saiu e foi para junto do rio. Precisava pensar.

Lola, vibrando de alegria, quase gritou:

— Ele conseguiu, dona Isabel! Não acreditou nela! Vai cuidar da Maria! Minha filha não vai mais sofrer e não vai ter motivo para se matar!

— É verdade, Lola. Finalmente, após muitas encarnações, ele conseguiu se libertar definitivamente da influência de Carmem e, como um espírito livre, escolher o caminho que realmente deseja. Estou feliz por mais um do nosso grupo estar pronto para continuar caminhando ao nosso lado. Vamos esperar que Carmem também mude e consiga encontrar o caminho. Agora, está na hora de nos colocarmos em oração para agradecer a Deus por mais esse filho pródigo que retorna para Ele.

Sorrindo, entraram em oração.

Persuasão

Carmem, quando chegou ao rio, sentou-se a sua margem e ficou pensando:
Como fui me descontrolar daquela maneira? O que fui fazer? E agora? Se Julian perguntar, Maria vai falar tudo o que tenho feito e ele, com a raiva que está de mim, vai contar a Rafael. Não imagino o que Rafael, quando souber, pode ser capaz de fazer comigo. Por que fui deixar aquelas marcas nela? Podia ter deixado que ficasse em pé e sem comer, já seria o suficiente para que sofresse tudo o que me faz sofrer e não ia ficar marcas. Nunca pensei que esse dia chegaria. Também, agora não adianta arrependimento, preciso encontrar uma maneira de fazer com que Rafael não descubra.

Ficou ali por muito tempo, tentando encontrar uma solução para o que tinha feito.

Depois de muito tempo, sorrindo, se levantou.

Já sei o que vou fazer e vai ser agora mesmo!

Caminhou rapidamente em direção ao armazém. Quando chego ali, sorrindo como sempre, disse:

— Seu Custódio, preciso dar um presente para Maria. O senhor tem alguma coisa bem bonita?

— Outro dia, quando ela veio aqui com o pai, estava olhando esta fita para os cabelos, acho que vai gostar de ganhar.

— Sendo assim, vou levar e dar a ela de presente. O senhor tem papel para presente? Quero embrulhar para ficar bem bonito.

— Tenho, sim. Olhe este que bonito!

— É mesmo, vou embrulhar agora mesmo.

Aos olhos dele e demonstrando carinho, ela embrulhou a fita e, sorrindo novamente, foi embora.

Ele, olhando ela se afastar, pensou:

Ela gosta muito daquela menina e, se eu não soubesse que não é sua filha, não ia acreditar. Mesmo não sendo sua filha, tem muita dedicação e carinho.

Carmem chegou ao lugar onde todos estavam. Maria continuava brincando e Rafael conversando. Aproximou-se e, sorrindo, perguntou:

— Está tudo bem, Rafael?

— Está, Carmem, e parece que com você e o Julian também.

Ela sorriu e, calada, se afastou. Foi até Maria:

— Maria, venha comigo, olhe o que comprei para você.

Desconfiada, a menina olhou o pacotinho que ela lhe mostrava.

— O que é isso?

— Um presente para você.

— Para mim? Por quê?

— Por nada. Só achei bonito e quis comprar e te dar de presente. Sei que vai gostar. Fiquei sabendo que faz muito tempo que está querendo isso.

— O que é?

— Vamos até em casa que eu te mostro.

— Não quero ir. Vou depois junto com meu pai e aí a senhora me dá.

— Não pode ser, Maria. Precisa ser em casa. Quando vir o que comprei, vai querer usar e mostrar ao seu pai. Sei que ele vai gostar muito.

Embora desconfiada, a curiosidade infantil fez com que a menina cedesse.

Carmem, carinhosamente, pegou em sua mão e foram para casa. Quando chegaram, Maria, na sua inocência, perguntou:

— O que foi que comprou?

Carmem, dando o pacotinho para ela, disse:

— Pode abrir. Sei que vai gostar.

Maria abriu o pacotinho e, realmente, gostou:

— Eu tinha visto essa fita lá no armazém e queria muito, só não pedi porque sei que meu pai não tem dinheiro para essas coisas.

— O seu Custódio me contou que você gostou, por isso resolvi comprar. Só que para eu dar a você, precisa fazer algo para mim.

— O quê?

— Tenho sido muito má com você, não tenho?

A menina, com medo, abaixou a cabeça e não respondeu.

Carmem, pegando a fita e um pente, enquanto penteava os cabelos de Maria, com a voz carinhosa, insistiu:

— Sei que tenho sido má e me arrependo muito. Não devia ter feito o que fiz com você, mas, de agora em diante, vai ser diferente. Vou ser de verdade uma boa mãe. Prometo que nunca mais vai acontecer e que, quando seu pai for embora, vou cuidar muito bem de você, vou ser uma verdadeira mãe. Pode acreditar...

Maria, desconfiada, levantou a cabeça e olhando nos olhos de Carmem, perguntou:

— Vai ser minha mãe de verdade? Vai ser uma mãe boa como é a Josefa?

Carmem, feliz por perceber que a menina estava acreditando no que ela dizia, abraçou-a e beijou-a com carinho.

— Agora, para que eu possa ser essa mãe que você quer, precisa me ajudar.

Maria se afastou e, novamente desconfiada, perguntou:

— Ajudar como?

— Preste bem atenção no que vou lhe dizer.

A menina continuou olhando para o fundo dos olhos de Carmem e, com a cabeça, concordou. Carmem sentou-se na cama, pegou-a no colo e, beijando seus cabelos, disse com cuidado:

— O Julian vai perguntar se eu a trato bem e se é feliz ao meu lado. Você precisa dizer que sim e que eu sou a melhor mãe do mundo e que gosta muito de mim.

— Não é verdade...

— Sei que não fui uma boa mãe, mas, se fizer o que estou falando, vou ser a melhor mãe do mundo... pode ter certeza.

— Vai mesmo?

— Vou, sim. Estou dizendo que vou...

Assustada, Carmem percebeu que não estava conseguindo convencer a menina:

— Precisa fazer o que estou dizendo, Maria. Por que, se não fizer, Julian vai contar para seu pai. Ouviu quando ele disse que não pode te levar com ele, porque precisa trabalhar e não tem com quem te deixar? O Julian vai contar e eles vão brigar comigo e me mandar embora. Seu pai, não tendo como cuidar de você, vai te largar em um orfanato.

— O que é um orfanato?

— É um lugar muito feio, onde moram crianças que não têm pais ou eles não a querem. Lá as crianças sofrem muito. Muito mais do que você sofria comigo e não se esqueça de que agora não vai sofrer mais. Lá, eles não queimam com brasas só as costas, mas o corpo todo e, quando chega a noite, colocam as crianças em um quarto escuro cheio de ratos e baratas.

Maria, amedrontada e desesperada, ficou calada e olhando para Carmem que, ansiosa, esperava para ver o que ela ia dizer.

— A senhora falou que vai ser uma boa mãe e é verdade que meu pai disse que não tem como me levar com ele. Ele disse mesmo, eu ouvi. Então, se o Julian perguntar, não vou contar o que aconteceu. Vou falar o que a senhora mandou. Quero muito ter uma mãe.

Carmem, feliz por ter conseguido o que queria, abraçou Maria e beijou seu rosto:

— Você vai ter uma mãe de verdade, Maria! Vai ver que estou sendo sincera! Nunca mais vou fazer aquelas coisas ruins com você!

Enquanto isso, Julian, em seu quarto, pensava em tudo que havia acontecido:

Ela não presta mesmo! Como que, por medo, teve coragem de fazer tudo o que fez aqui? Estava pronta para se entregar para mim.

Não vale nada, mesmo! Como fui me deixar enganar dessa maneira? Pensando no que ela falou sobre a Maria, só agora estou percebendo que a menina vivia sempre triste e quase não falava. Parecia estar sempre com muito medo. Prestando bem atenção, ela é muito magrinha e pálida. Meu Deus, será que tem passado fome? Será que Carmem não lhe dá comida? O que será que ela tem feito com a menina? Vou agora mesmo conversar com a Maria e saber o que tem acontecido e, se Carmem realmente a maltratou, mesmo morrendo de vergonha, preciso contar tudo ao Rafael. Preciso proteger essa criança!

Assim pensando, saiu e foi até a casa de Carmem. Chegou no momento em que ela saía com Maria que, feliz por ter uma mãe de verdade e com a fita que ganhou nos cabelos, ao vê-lo, sorriu.

Ele desconfiou, pois nunca vira a menina tão feliz.

— Você está bem, Maria?

— Estou, Julian, por que está perguntando?

— Está mesmo?

— Estou, já disse que estou.

— A Carmem é uma boa mãe para você?

Maria olhou para Carmem que, diferente das outras vezes, a observava com carinho.

Tranquila com aquele olhar desconhecido, a menina sorriu e respondeu:

— É, sim, Julian é a melhor mãe do mundo e eu gosto muito dela!

Ele, não acreditando muito no que ouvia, disse:

— Não precisa ficar com medo, Maria, pode dizer a verdade. Nada mais vai lhe acontecer.

Carmem, percebendo que ele não estava convencido e que, se continuasse com aquelas perguntas, Maria poderia lhe contar a verdade, apertou a mãozinha dela, com carinho. A menina entendeu o recado e, sorrindo, disse:

— Não estou com medo, Julian. Estou dizendo a verdade. Ela é uma boa mãe e eu gosto muito dela. Agora vamos comer, mãe? Estou com fome.

Carmem olhou para Julian e sorriu daquela maneira que ele conhecia e que o deixava louco. Em seguida, ainda segurando na mão da menina, disse:

— Vamos, Maria. Vamos comer. Sei que está com fome.

Estavam se afastando, quando ele chamou:

— Maria, espere!

A menina, sob o olhar preocupado de Carmem, se voltou.

— O que você quer, Julian?

Ele se ajoelhou, pegou sua mãozinha e, olhando bem em seus olhos, respondeu:

— Sei que está dizendo a verdade, mas, se acontecer alguma coisa com você, não precisa ficar com medo, pode me contar. Está bem?

— Está bem, Julian, mas não vai acontecer nada, não é, mãe?

— É, sim, Maria. Nunca aconteceu nem vai acontecer. Agora, vamos comer.

Segurando a menina pela mão, afastou-se de Julian que, calado, as acompanhou com os olhos.

Não sei, não, mas Maria está diferente. Nunca a vi tão feliz. O que será que Carmem fez para que ela mudasse dessa maneira? Não sei, mas vou descobrir...

Maria, feliz, segurando a mão de Carmem, chegou perto de Rafael:

— Pai, olha que fita bonita eu ganhei!

Rafael olhou para ela e, sorrindo, beijou seu rosto:

— É linda mesmo, minha filha, mas não precisa de uma fita para ficar bonita! Você já nasceu linda!

— Pai, quando voltar da viagem, vai me levar junto?

— Claro que sim! Só não levo agora, porque não tenho ninguém para cuidar de você. Não se esqueça nunca de que eu adoro essa menina linda e vou dar a você tudo nesta vida! Vai ser feliz, vou fazer de tudo para que isso aconteça.

A menina abraçou-o e beijou-o no rosto.

— Vou ficar esperando o senhor. Sei que vai voltar logo.

— Vou, sim. Agora, vá brincar, já está quase escurecendo. Eu e sua mãe vamos ajudar a arrumar essa bagunça que fizemos.

Sem medo e, pela primeira vez, tranquila, Maria foi para junto das outras crianças.

Lola, emocionada, perguntou:

— Ela não vai mais maltratar Maria, dona Isabel?

— Espero que não. Talvez, por medo de que Julian venha a descobrir, tome mais cuidado. Ao menos por um tempo, Maria ficará bem. Graças a Deus...

— Ainda bem, dona Isabel. Minha menina já sofreu tanto...

Isabel sorriu.

— Você está ansiosa, Lola, e isso não faz bem. A ansiedade é uma das principais causas do sofrimento. Saber esperar e confiar é o caminho para a paz do espírito. Tudo tem hora e momento certo para acontecer e, quando não acontece, é porque não estava na hora ou não era para ser. Neste momento, Maria e Carmem estão travando uma batalha de reconciliação, esperemos que seja a última. Carmem está tendo toda ajuda necessária. A descoberta de Julian foi para que ela possa parar e refletir sobre o que tem feito e mudar de atitude. Queira Deus que ela aproveite.

— Não é possível conter a ansiedade...

— Quando aprender a confiar na bondade de Deus e a crer que nada acontece que não seja para o bem, a ansiedade, aos poucos, desaparecerá.

— Não sei... ainda acho muito difícil.

— Não se esqueça de que tem uma eternidade para aprender, Lola – Isabel disse, rindo.

Maldade final

Os imigrantes, embora estivessem desiludidos com o resultado do trabalho e sabendo que teriam de continuar trabalhando na fazenda, sem ter o que fazer, aceitaram e festejaram aquele dia. Depois daquele dia feliz, como estava escurecendo, resolveram que era hora de arrumar tudo.

Durante todo o tempo, apesar de também participar da festa e ajudar na arrumação, Julian não tirava os olhos de Maria, que brincava feliz.

Ela está diferente mesmo. Parece feliz de verdade...

Já estava escuro quando terminaram de arrumar tudo. Carmem, Rafael e Maria entraram em casa.

Ele sentou-se na cama com Maria ao seu lado.

— Vocês estão com fome?

— Eu estou! – Maria respondeu.

— Eu sabia, minha filha. Você brincou tanto que se esqueceu de comer, não foi? – perguntou Carmem.

Ao ouvir como Carmem falou com carinho, Maria, acreditando que ela ia mesmo ser uma boa mãe, sorriu:

— Acho que foi isso mesmo que aconteceu, mãe.

— Não tem problema. Vou esquentar comida para você. E você, Rafael, também está com fome?

— Estou. Falei muito, mas comi pouco, agora, estou com fome.

Carmem foi até o fogão e colocou arroz e feijão em uma panela e, enquanto esquentava, ela misturava. Em outra panela, havia um pedaço de carne.

Enquanto ela esquentava a comida, Rafael, sem imaginar o que ela pensava, disse:

— Fiquei feliz em saber que você e Julian estão se entendendo. Estava preocupado por deixar você sozinha somente com Maria e seus irmãos. Agora, sabendo que está com ele, sei que vão estar protegidos. Fique tranquila, porque, assim que eu chegar à cidade, a primeira coisa que vou fazer é procurar um juiz e conseguir a anulação do nosso casamento e aí vocês vão poder se casar.

— Eu e Julian não estamos juntos, Rafael. Estamos apenas começando a conversar. Não sei se gosto dele o suficiente para me casar.

— Ele é um bom rapaz, Carmem, e sei que vai fazer você muito feliz.

— Estou pensando...

— Eu não preciso pensar, Carmem. Amo Berenice e sei que vamos ser felizes. Sinto que fomos feitos um para o outro. Vou trabalhar muito, mas ela será feliz ao meu lado.

— Tem certeza de que gosta mesmo dela?

— Tenho, Carmem. Depois de Lola, não pensei que isso aconteceria novamente. Você sabe que amei Lola de verdade e jurei nunca mais me interessar por outra mulher, mas, depois que Berenice apareceu, não tenho como explicar, só sei que a amo de verdade. Berenice é linda, inteligente, sabe conversar e tem boas maneiras. Eu a adoro por isso!

Carmem, ao ouvir aquilo, sentiu que seu o ódio aumentava. Os vultos negros, embora estivessem ainda ao seu lado, estavam quietos, mas ao ouvirem o que ela pensou, se alteraram e começaram a rodopiar em sua volta. Um deles, rindo com maldade, disse:

Viu por que ele a escolheu? Viu as diferenças que existem entre vocês duas? Você é burra, não sabe ler, nem conversar, muito menos tem boas maneiras. Ela tem tudo isso, além de muito dinheiro. Ele nunca vai ficar com você! Nunca! Nunca!

Ela, parecendo ouvir o que ele dizia, pensou:

Você não vai se casar com ela! Não vai! Eu te amo e não vou deixar que se afaste de mim para ficar com ela ou com qualquer outra. Não me importam as qualidades que possam ter. Matei Lola. Como não consigo me aproximar dessa outra aí, vou matar você, mas com ela não vai ficar!

Colocou a comida sobre a mesa.

— Está quente, podem vir comer.

Maria, feliz pela maneira como Carmem vinha tratando-a, correu e sentou-se à mesa. Rafael veio em seguida e sentou-se também. Colocaram a comida no prato e começaram a comer. Carmem ficou em pé, pensando:

Preciso pensar em alguma coisa para impedir que ele fique com ela. Por que aquele imprestável do Julian não fez o que pedi? Se ele tivesse feito, agora estaria tudo resolvido.

O vulto, ansioso e nervoso, continuando a rodopiar ao lado de Carmem, disse:

Ele não fez, mas você pode fazer...

No mesmo instante, ela pensou:

Ele não fez, mas eu posso! Basta colocar o veneno no café e ele morre. Ninguém vai desconfiar. Espere, ninguém não. Julian vai saber que fui eu e vai me denunciar. Fazendo isso, posso ser presa. Não, preciso dar um fim nos dois então e, depois, na peste dessa menina!

Assim pensando, imediatamente disse:

— Rafael, vou fazer café, não quer chamar o Julian para vir tomar também?

Ele, pensando que ela queria ficar ao lado de Julian, sorriu e, levantando-se, disse:

— Pode ir fazendo o café que vou chamar o Julian.

Assim que Rafael saiu, ela pegou água da chaleira que estava sempre sobre o fogão e coou o café. O cheiro invadiu todo o ambiente.

Rafael chegando à casa de Julian o encontrou deitado e sozinho.

— Onde estão os rapazes, Julian?

Ele rindo, respondeu:

— Estão de namorico.

— Não diga?

— É verdade, Rafael. Desde o dia da festa. O Pepe está namorando a filha do Manuel e o Pedro, a do Miguel. Parece que é sério.

— Não diga! É verdade?

— É, sim, e eles quase não ficam mais aqui.

— Eles estão amando e você sabe como é o amor, não é, Julian? Por amor, somos capazes de fazer qualquer coisa. Não vê o que estou fazendo, me arriscando em uma aventura que não sei se vai dar certo, somente para poder dar à Berenice tudo o que ela precisa e merece?

Julian sentiu vontade de contar tudo o que havia acontecido, mas ficou com medo da reação de Rafael.

Ele está indo embora, não vale a pena estragar seus sonhos. Estou aqui e vou ficar de olho na Carmem para ver se faz alguma coisa contra Maria e, se fizer, aí, sim, contarei para todos e vão saber o que fazer com ela...

— O que veio fazer aqui, Rafael?

— Carmem está fazendo café, vem tomar café conosco.

— Não quero, Rafael, obrigado.

Ele, pensando que Julian estava com vergonha de ir com ele, disse:

— Não faça isso, Julian. Vou ficar aqui só até amanhã. Vamos ficar mais algum tempo juntos.

Julian, sabendo que aquilo se tratava de mais uma tentativa de Carmem para convencê-lo de que havia mudado, não queria ir, mas, diante da insistência de Rafael, aceitou:

— Está bem, vamos, Rafael.

Saíram e entraram na outra casa. Carmem estava terminando de coar o café. Assim que entraram, ela olhou para Julian e disse:

— Que bom que veio, Julian. Fiz este café especialmente para você. Sente-se.

Ao ouvir aquilo, Rafael sorriu e pensou:

— *Estão mesmo apaixonados...*

Carmem colocou café nas canecas.

De onde Maria estava podia ver todos os movimentos de Carmem. Para seu desespero, viu quando ela pegou o pacotinho de veneno no armário. Deduziu que ela estava colocando o veneno no café que ia servir para Rafael e Julian. Ficou desesperada e começou a tremer. Rafael percebeu:

— O que foi, Maria? Por que está tremendo assim?

Carmem, que já havia colocado o veneno nas canecas, pegou a sua e colocou ao lado. Vendo que Maria tremia, mas não sabendo o motivo, falou:

— Deve ter sido o sol. Ela brincou o dia inteiro, mas tomem o café, senão vai esfriar.

Maria, desesperada, olhava com horror para as canecas, porém não conseguia falar.

— Não fique preocupado, Rafael. Ela está bem, só um pouco cansada. Depois de tanto sol, pode pegar um resfriado. Tome o café e você também, Julian.

— Vamos tomar, Carmem, mas, antes, faça um chá daquelas ervas que curam resfriado. Assim a Maria toma antes de ficar doente.

Ela, não querendo contrariá-lo, concordou:

— Está bem, só que as ervas estão penduradas do lado de fora. Vou pegar.

Lola, ao ver tudo aquilo, ficou desesperada:

— Ela vai matar os dois, dona Isabel! Coitadinha da minha filha, mas por que ela não conta e impede essa maldade? Julian está pronto para ouvir tudo o que ela tem para dizer.

— Não se esqueça de que, embora eu tenha dito que ela é um espírito velho, por enquanto está em um corpo de criança, portanto, sente-se sem proteção, está com medo. Carmem mais uma vez vai cometer os mesmos crimes. Por muitas vezes, ela matou você, Julian e Rafael. Tudo sempre se repete para que o espírito possa resistir às suas fraquezas. Parece que, desta vez, ela também não vai conseguir resistir.

Carmem, totalmente envolvida pelos vultos negros, saiu para pegar as ervas. Julian, desconfiado, olhou para Maria e para seus olhinhos que encaravam a caneca de Carmem e a caneca deles. Ele, parecendo entender o que ela queria dizer, trocou sua caneca pela de

Carmem. Rafael, ao ver aquilo, não entendeu. Julian, com a ponta dos dedos, fez sinal para que ele se calasse. Ele, sem entender ou imaginar o que estava acontecendo, ficou quieto.

Carmem voltou com as ervas, colocou dentro da chaleira que estava no fogão e se sentou.

— Pronto, o chá já vai ficar pronto, Maria. Você vai tomar e dormir bem.

Julian olhou primeiro para Carmem, depois para Rafael:

— Foi muito bom ter ido me chamar, Rafael. Preciso lhe dizer uma coisa.

Carmem, ao ouvir aquilo, estremeceu.

Ele vai contar. O que vou fazer?

Antes que ela pudesse fazer qualquer coisa, Julian continuou:

— Estou feliz por você ter aceitado o meu amor com Carmem e quero lhe dizer que pode ir embora tranquilo. Cuidarei dessas duas mulheres preciosas que não são só suas, mas minhas também.

Rafael sorriu, Carmem respirou aliviada e, num gole só, tomou todo o café que estava na caneca.

— Não vão tomar o café?

Rafael ia tomar, mas Julian segurou sua mão:

— Espere um pouco, Rafael.

Rafael parou com a caneca quase junto à boca. Carmem começou a tremer, tentou se levantar, mas não conseguiu. Olhou para Julian que sorria e Maria que, desesperada, agora, chorava sem parar.

Carmem, sem conseguir se segurar caiu e em sua boca uma espuma branca e estranha se formou.

Rafael se assustou. Levantou-se da cadeira e correu para junto de Carmem, que dava o último suspiro.

Naquele mesmo instante, os vultos negros a pegaram e a levaram. Ela, sem poder se libertar, foi gritando e pedindo socorro.

— Para onde eles a estão levando, Dona Isabel? – Lola perguntou, horrorizada.

— Para onde quiserem, Lola. Você não se lembra, mas, assim como eu, já esteve nesses lugares muitas vezes, e posso lhe dizer que é um lugar horrível, onde espírito algum queria estar.

Lola se abraçou a Manolo e começou a chorar.

Rafael, junto ao corpo de Carmem, desesperado, tentava reanimá-la. Julian permaneceu sentado como estava. Maria estava soluçando e quase não conseguia respirar.

— Carmem? Carmem? Abra os olhos, o que aconteceu?

— Não adianta, Rafael, ela está morta.

— Morta, como, por quê?

— Morreu com seu próprio veneno...

— Que veneno, Julian? Como pode ficar aí, parado como se não se importasse? Você a envenenou?

— Ela colocou veneno no nosso café, Rafael. Desconfiei quando vi Maria, de repente, ficar agitada e olhando para nossas canecas com café. Ela deve ter visto quando Carmem colocou o veneno no café.

Maria, assustada com o que viu, continuava soluçando sem conseguir parar. Julian voltou-se para ela:

— Foi isso que aconteceu, não foi, Maria? Você viu quando ela pegou o veneno e colocou no café?

Maria, soluçando muito, quase não conseguiu responder, somente meneou a cabeça, dizendo que sim.

— Não estou entendendo, por que ela ia querer colocar veneno no nosso café, Julian?

— Vou lhe contar algo que já devia ter contado, mas relutei, tive vergonha e não tive tempo. Achei que conhecia Carmem, mas não me enganei. Nunca pensei que seria capaz de fazer o que fez.

— Conte logo, Julian! O que aconteceu?

Julian pegou as canecas com café, colocou sobre o armário. Depois, foi até o fogão e colocou água na chaleira para ferver.

— Agora, sim, vamos tomar um bom café.

— Pare de andar de um lado para o outro, Julian! Preciso saber o que aconteceu!

Julian voltou a se sentar e, calmamente, começou a falar:

— Vou lhe contar, Rafael. Talvez, quando eu terminar de falar, você me odeie e nunca mais queira conversar comigo, mas esse é um risco que tenho de correr

Contou tudo como havia acontecido. Rafael ficou o tempo todo calado e, embora ouvisse, se recusava a acreditar.

Julian terminou de contar, dizendo:

— Essa é toda a verdade, Rafael. Sei que deve estar surpreso e com raiva e, se não quiser mais falar comigo, vou entender.

— Você ia me matar, Julian?

— Sei que não serve como desculpa, mas eu estava tão louco de amor e de desejo por ela que fiquei cego e não me dei conta do que ia fazer. Graças a Deus e aos anjos, na hora certa, você começou a falar, dizendo saber do nosso amor e que não se importava, e eu derrubei a cerveja com o veneno. Você se lembra?

— Sim, mas não posso acreditar. Carmem era muito boa, não pode ter feito isso.

Enquanto Julian falava, Maria conseguiu se acalmar e parar de chorar. Ao ouvir Rafael dizer aquilo, gritou:

— Ela fez sim, pai! Ela era muito ruim!

— Por que está dizendo isso, Maria? Ela fez alguma maldade com você?

A menina levantou a blusa que vestia e mostrou suas costas marcadas com as brasas. Tinha ainda uma ferida que não estava curada.

— Ela queimou a minha mão também.

Rafael e Julian arregalaram os olhos.

— Foi ela?

— Foi, ela disse que eu tinha mexido no fogão, mas era mentira. Ela queimou!

— Não pode ser, Maria, por que não me contou?

— Fiquei com medo, pai. Ela falava que, se eu contasse, ia me queimar mais ainda...

Rafael, chorando, abraçou a menina.

— Perdão, Maria... como pude ser tão cego e não perceber quanto você estava sofrendo...

— Você não podia imaginar, Rafael. Ela era mentirosa e soube enganar a todos nós. Eu só percebi que havia alguma coisa errada com Maria, porque estava desconfiado. E quando ela de repente ficou desesperada daquela maneira, sabia que precisava descobrir qual era o motivo e que não se tratava de gripe. Olhando para ela, vi que seus olhinhos iam de uma caneca para outra. Resolvi trocar as canecas para ver o que acontecia. Maria, hoje mesmo, perguntei se você estava bem, se era feliz e se Carmem era uma boa mãe e você disse que sim. Por que mentiu?

A menina voltou a chorar:

— Ela disse que ia ser uma boa mãe, igual à dona Josefa, e me deu até esta fita. Disse também que, se eu contasse *pra* você, meu pai ia me mandar para um orfanato e não queria isso. Lá tem um quarto escuro com baratas e ratos, eu tenho medo de rato.

Rafael estava incrédulo:

— Como ela pôde mentir assim para você, Maria? Eu nunca ia mandar você para orfanato algum. Além disso, no orfanato não existe quarto escuro nenhum. Foi tudo mentira dela. Quando sua mãe morreu, prometi que ia cuidar bem de você, mas não fiz isso, me descuidei e você ficou esse tempo todo sofrendo na mão dessa louca! – disse com raiva, olhando para o corpo de Carmem largado no chão. – Por que não contou, minha filha?

— Pensei que estivesse falando a verdade, e queria tanto uma mãe...

Rafael abraçou-a:

— Não chore mais, minha filha. Isso tudo já passou e, de hoje em diante, ninguém vai mais lhe fazer mal. Vou ficar mais atento, mas, sempre que tiver algum problema, nunca esconda de mim nem de Julian. Estamos aqui para te proteger. Entendeu? Prometi a sua mãe que cuidaria de você e faltei com a promessa. Ela, de onde estiver, deve estar com muita raiva de mim.

— Ela não está, não, pai. Ela é um anjo, e anjo não tem raiva.

Lola, chorando e rindo ao mesmo tempo, abraçou Manolo, que disse:

— Está vendo, Lola? Durante o tempo todo em que estivemos aqui, quase não falei, pois confiava em Deus que tudo acabaria bem. Nossa filha está bem e vai ficar melhor ainda.

Lola sorriu e olhou para Rafael que, chorando, falou:

— Quanto a você, Julian, eu não aceito, mas entendo. Da maneira como estou apaixonado por Berenice, não sei se não teria feito o mesmo que você. Portanto, daqui para frente, vamos deixar tudo isso no passado e continuar nossa vida da melhor maneira possível. Agora, precisamos contar aos outros o que aconteceu. Precisamos contar a verdade, pois, se não fizermos isso, ninguém vai entender o que aconteceu. Precisamos também avisar ao senhor Pablo para que ele possa mandar chamar a polícia.

— Vamos fazer isso, Rafael. Vou chamar a Josefa para que fique com a Maria, enquanto cuidamos de tudo.

Saiu da casa de Rafael e foi até a cerca que dividia as duas casas vizinhas. Ao chamar, Josefa ouviu e apareceu na porta:

— O que foi, Julian, aconteceu alguma coisa?

— Aconteceu, Josefa, será que dá para você vir até aqui?

Josefa, preocupada pelo tom da voz dele, correndo, saiu pelo seu portão e entrou pelo deles. Quando chegou à porta, mesmo antes de entrar, viu Carmem deitada.

— O que ela tem, Rafael? – perguntou assustada. – Parece que está morta!

— Está, Josefa...

— Como? O que aconteceu?

— Morreu envenenada.

— Envenenada? Ela se matou?

— Não, ela colocou veneno no nosso café e tomou sem saber.

— Não estou entendendo...

— Também não entendo, mas aconteceu. Não precisa entrar. Vamos nos sentar naquele banco, precisa saber de tudo o que aconteceu.

Tremendo e assustada, ela se sentou. Julian começou a contar tudo.

Quando terminou, ela, com raiva, perguntou:

— Ela machucou você, Maria?

A menina não respondeu, apenas levantou a blusa e mostrou as costas.

— Meu Deus! Como ela pôde fazer uma coisa como essa, ainda mais para uma criança! Ela era um monstro! Por que não me contou quando ela queimou sua mão, Maria?

— Ela estava com medo, Josefa. Não podemos nos esquecer de que é apenas uma criança – falou Julian.

Josefa, chorando, abriu os braços e Maria correu para junto dela. Abraçaram-se com carinho:

— Coitadinha, como sofreu sem nada dizer...

— Eu queria ter uma mãe como a senhora...

Lola, ao ouvir aquilo, não se conteve:

— Isso não é justo, dona Isabel! Por que tive de morrer e não pude criar minha filha? Eu que tinha tanto amor para lhe dar? Por que ela teve de ficar sozinha nas mãos de Carmem, um monstro? Não está certo! Não está certo!

— Tudo está sempre certo, Lola. Não ficou ao lado dela, porque a experiência não era sua. Como espírito amigo e companheiro de jornada, você emprestou seu corpo para que ela pudesse nascer, Maria teria que fazer o resto do caminho sozinha. Foi preciso que fosse assim. Ela mesma, quando escolheu, pediu sua ajuda e você aceitou.

— Mesmo assim, é muito sofrimento para uma criança. Eu poderia ter morrido quando ela tivesse mais idade.

— Agora tudo passou. Daqui para frente, com a morte de Carmem, a vida dela tomará outro rumo. Não haverá mais sofrimento, e ela poderá se dedicar a missão que veio cumprir.

— Não entendi...

— Maria, além de trazer sua própria missão, que só poderá ser cumprida quando for adulta, veio também para ficar ao lado de Carmem, ajudá-la a vencer esse amor doentio que julga sentir por Rafael. Se Carmem a houvesse aceitado mesmo, como uma verdadeira mãe, teria vencido sua fraqueza. Agora, Maria vai se preparar para a sua missão, que é muito importante para a evolução dos espíritos encarnados.

— Pode contar que missão é essa?

— Por enquanto ainda não, pois, embora esteja tudo planejado, também pode ser mudado por ela no meio do caminho. Só podemos pedir a Deus que isso não aconteça.

— E se acontecer?

— Não se preocupe. A evolução não pode parar. Outro espírito terá de tomar seu lugar para cumprir a missão que era dela.

— Bem, não sei se vai conseguir, mas, só de saber que daqui pra frente não sofrerá mais, já fico contente.

— Todos ficamos, Lola...

Depois de explicar tudo a Josefa, Julian foi até a casa-grande e contou a Pablo que, nervoso, disse:

— Isso vai ser um problema. Preciso mandar chamar a polícia. Onde essa mulher estava com a cabeça? Era louca?

Julian não respondeu e voltou para junto de Rafael.

Berenice, que estava ao lado do pai e da mãe, ouviu tudo o que Julian falava:

Rafael nunca desconfiou de que ela gostasse dele. Embora ela tenha feito tudo errado, sentia, mesmo, um verdadeiro amor e, por ele, foi capaz de tudo...

A polícia foi chamada, e o delegado, após ouvir o que Julian e Rafael tinham para contar e ver as marcas no corpinho de Maria, não teve dúvidas de que eles estavam falando a verdade.

O corpo de Carmem foi levado. A notícia correu rápido e todos, não acreditando que pudesse ser verdade que ela houvesse feito aquilo, que os tinham enganado daquela maneira, faziam questão de que Maria mostrasse as costas. A revolta foi geral. Pensamentos de ódio foram dirigidos à Carmem.

As pessoas não sabiam, mas, a cada pensamento de ódio ou raiva, uma espécie de flecha se formava e atingia Carmem profundamente, causando-lhe muita dor.

Ela se viu em um lugar escuro, malcheiroso e lamacento. Podia ouvir gemidos e gritos desesperados, mas não conseguia precisar de onde vinham. Seu corpo doía demais, quando atingido pelas flechas enviadas por todos os que conheciam sua história.

O DESTINO EM SUAS MÃOS

Os vultos que a seguiam durante o tempo todo, agora tomaram forma e se transformaram em monstros que fizeram com que ela ficasse correndo de um lado para o outro, fugindo e tentando se esconder deles e das flechas que não paravam de chegar. Seu desespero era imenso.

Isabel, Lola e Manolo acompanhavam o que acontecia e, seguindo as flechas, puderam ver Carmem naquela situação. Lola, embora tivesse motivo para odiá-la, sentiu pena:

— Coitada, dona Isabel. Ela está desesperada. Essas flechas que a estão atingindo estão sendo formadas pelos pensamentos das pessoas?

— Ela está desesperada, sim, Lola, mas isso é o resultado das escolhas que fez. Quanto às flechas que estão vendo, sim, realmente são formadas pelos pensamentos daqueles que pensam com ódio, rancor ou mágoa. Quando o pensamento é de amor, saudade e carinho, bolas de luz são formadas e atingem diretamente aqueles para os quais são dirigidas e lhes causam muita paz e felicidade. Isso não acontece somente com os desencarnados, com os encarnados é a mesma coisa. Sempre que se pensa em outro com um sentimento bom, bolas de luz são formadas e chegam ao seu destino. Da mesma maneira, quando os sentimentos são ruins, flechas são formadas e, dependendo do merecimento, atingem ou não aqueles para quem foram dirigidas

— Dependendo do merecimento?

— Claro, Lola. Não seria justo que alguém que não merecesse recebesse o mal.

— O que acontece com essas flechas quando não conseguem atingir aquele para o qual foi dirigida?

— Elas, depois de formadas, não podem desaparecer e, não conseguindo atingir aquele para o qual foram destinadas, voltam para quem a formou.

— Recebem de volta?

— Sim, tudo o que desejaram de bom ou ruim. Novamente, entra em ação a lei do livre-arbítrio. Cada um pode escolher a companhia que quer ter ao seu lado, como pode, também, enviar e receber pensamentos de amor ou de ódio. Receberá de volta de acordo com o que escolher.

— A Lei é justa mesmo, dona Isabel...

— Você tinha alguma dúvida quanto a isso? – Isabel perguntou, rindo.

Lola voltou o olhar para Carmem, que ainda continuava correndo.

— Não podemos fazer nada para ajudá-la, dona Isabel?

— Por ora, não, Lola. Ela escolheu seu destino e terá de viver por algum tempo com o que escolheu. Quando chegar a hora, será resgatada e terá uma nova chance.

— Nova chance?

— Sim, Lola. Deus, como nosso criador, não tem pressa e tem todo o tempo do mundo para esperar. Ele sabe que, mais cedo ou mais tarde, Carmem encontrará o Seu caminho. E pode ter certeza de que esse dia chegará a todos.

Somente Rafael compareceu ao enterro de Carmem. Foi obrigado a ir por ser seu marido legal.

Quando voltou, foi até o rio, sentou-se e ficou pensando em tudo o que havia acontecido e em Lola:

Lola, quando entramos naquele navio, tínhamos o coração cheio de sonhos. Esta seria a terra da felicidade, onde tudo daria certo, mas eram somente sonhos, não passavam disso, de sonhos. Depois de tanto sofrimento para chegar aqui e de tanto trabalho, estou da mesma maneira que quando saímos da Espanha, vivendo na miséria e quase passando fome. O pior de tudo é que não entendo qual foi o motivo de você ter morrido tão jovem e linda, com uma vida toda pela frente e deixado sua filha comigo, um fracassado. Chego até a pensar que Deus realmente não existe, pois, se existisse, não permitiria que algo assim acontecesse. Não sei, mas parece que está tudo errado nesta vida. Deve estar brava por eu não ter cuidado da Maria. Estava envolvido com o trabalho, mas deveria ter notado que ela estava magra e mal nutrida e que vivia sempre triste, mas não notei. Nunca imaginei que Carmem fosse uma doente e que fizesse todas aquelas barbaridades com ela, mas prometo que ela não vai sofrer nunca mais. Tomarei cuidado e prestarei mais atenção. Eu amei você verdadeiramente e amo sua filha. Não sei explicar o que aconteceu, mas hoje amo Berenice. Apesar de ter certeza de que ela me ama, entendo por que não quer ir comigo para uma aventura que não sei se vai dar certo. Não posso ficar bravo por isso. Ela tem medo da pobreza que não conhece, e eu, que conheço, sei que tem razão. O que tenho para lhe oferecer? Nada! Não sei se vou viajar. Não posso levar a Maria, porque não tenho quem cuide dela nem um lugar para ficar, mas, por outro lado, se continuar aqui, nada vai mudar e eu não vou poder dar a ela nem a Berenice a vida que merecem. Não sei o que fazer. Sei que deve estar em um lugar muito bom, porque você, como diz Maria, era um anjo. Por isso, vou pedir que, por favor, se puder, me ajude. Estou perdido e sem saber que rumo tomar. Onde estiver, receba meu beijo, meu carinho e muita saudade. Ainda amo você.

No mesmo instante, bolas de luz partiam da cabeça de Rafael e atingiam Lola que, ao recebê-las, sentiu muita paz e vontade de chorar de tanta emoção. Olhou para Isabel e Manolo, que sorriam.

— Está vendo, Lola, era disso que eu estava falando. Viu o que pode fazer um pensamento de amor? Que paz e felicidade traz?

Lola, com lágrimas nos olhos e emocionada, não conseguiu responder.

Isabel, sorrindo, olhou para sua mão. Lola, entendendo, também sorriu e estendeu as mãos e delas saíram luzes que atingiram o coração de Rafael diretamente.

Assim que as luzes o atingiram, ele deu um suspiro profundo e, sorrindo, pensou:

Você está aqui, Lola. Posso sentir a sua presença. Obrigado por estar ao meu lado.

Sorrindo e com as forças renovadas, abaixou-se e molhou o rosto com aquela água límpida que, alheia a tudo o que acontecia, continuava correndo, indo para longe, conhecer outros recantos.

Decisão de vida

Rafael estava distraído em seus pensamentos, então, não notou quando Berenice se aproximou e se sentou ao seu lado. Assustado, perguntou:

— O que está fazendo aqui, Berenice, a esta hora? Alguém pode nos ver!

— Não me preocupo mais com isso, Rafael.

— O que está dizendo?

— Que não me preocupo mais com isso.

— Alguém pode nos ver e contar para seu pai.

— Eu já contei.

— O quê?

— Eu já contei tudo sobre nós.

— Por que fez isso?

— Depois que Carmem e a mãe da Maria morreram, tão jovens, fiquei pensando que não sei por quanto tempo vou viver. Poderá ser muito, como também poderá ser pouco. Portanto, se eu viver muito, vou ter uma vida infeliz ao lado de um homem de quem não gosto e, se viver pouco, deixarei de ficar ao seu lado, ao lado do amor da minha vida. Por isso, decidi que prefiro lutar ao seu lado por uma vida melhor que ser infeliz sem você.

Ele abraçou-a e beijou-a com carinho:

— Disse isso ao seu pai?

— Disse. Ele ficou muito bravo e, como sempre, falou a mesma coisa. Que estou fazendo isso porque sou mulher e não penso e que, por eu ser mulher, devo obediência a ele e que, também por ser mulher, não tenho capacidade para escolher o que eu quero para a minha vida. Ele já havia decidido que eu ia me casar com aquele homem que tem muito dinheiro. Se eu for embora com você, posso me esquecer que sou sua filha, vai me tirar do testamento e vou ficar sem nada. Disse que quer ver como eu vou viver sem o dinheiro dele e sem tudo aquilo que ele me dá e a que estou acostumada.

— E o que você respondeu?

— Que eu, justamente por ser mulher, precisava provar a ele e a mim mesma ser capaz de me cuidar e que não seria mais comprada por dinheiro dele ou de outro homem qualquer. Sou mulher, mas tenho um cérebro, muitas vezes melhor que o de qualquer homem, portanto, sou igual! A mulher precisa ser livre, Rafael! Não pode continuar vivendo à sombra do homem, sendo dominada, vendida como se fosse escrava e como meu pai quer fazer. Nunca mais vou aceitar isso dele ou de qualquer outro homem! Foi por isso que eu disse que escolhi ficar ao seu lado. Lutaremos juntos por uma vida melhor! A vida é muito curta, se não fizer isso agora, talvez não tenha tempo de fazer nunca mais! Talvez eu morra antes disso! Não sei o que vai acontecer, mas essa é minha contribuição para que, no futuro, a mulher seja livre, tome conta da sua vida e do seu destino, escolha com quem quer se casar. Como você disse, não preciso esperar que minhas filhas ou minhas netas façam isso, eu estou começando!

— Não devia ter feito isso, Berenice. Ele tem razão. O que tenho para oferecer a você? Nada! Estava indo embora para tentar uma vida melhor. Nem sabia se ia dar certo, mas precisava fazer, agora...

— Agora o quê, Rafael?

— Não posso mais ir embora. Não tenho como levar Maria comigo, nem posso deixar que ela fique sozinha. Depois do que aconteceu, não confio em mais ninguém. Quando a mãe dela morreu, prometi que cuidaria bem dela, mas não cumpri essa promessa. Não me dei conta do quanto ela estava sofrendo e isso não vou me perdoar nunca...

— Não teve culpa. Não tinha como você saber o que acontecia. Quanto a ir embora, precisa ir, pois, se continuar aqui, nunca terá o seu negócio de ferro que tanto sonha. Precisa fazer isso, Rafael. Não pode desistir.

— Quero me convencer disso, mas devia ter prestado mais atenção à Maria.

Percebendo que ele não entendia ou não ouvia o que ela dizia, irritada, se levantou:

— Pare com isso, Rafael! Pare de se fazer de vítima!

— O que está dizendo? Estou desconhecendo você!

— É para desconhecer mesmo! Depois que tive a coragem de dizer tudo o que disse ao meu pai, sou outra mulher! Quero ficar ao seu lado para sempre, mas só se for para lutarmos juntos. Agora, se for para ver você dessa maneira, derrotado e se destruindo, não quero você, vou embora sozinha!

— Parece que você não viu o que aconteceu com a Maria! Não viu quanto ela sofreu nas mãos daquela louca?

— O que ela passou não tem como se esperar que não sinta e que se esqueça facilmente! Não temos como consertar o que foi feito. Daqui para frente, você deve se preocupar em lhe dar uma boa vida para que possa crescer tranquila. Ela é ainda muito pequena, com o tempo, esquecerá. Ficar do jeito que você está não vai ajudar Maria, você e muito menos a nós!

— Não estou entendendo o que está falando! Sabe que não poso deixar que ela fique sozinha!

— Todos na fazenda a adoram, ainda mais depois do que aconteceu. Pode deixar com qualquer um ou com todos, ela será bem tratada. Além do mais, eu, indo com você, cuidarei dela com todo amor e carinho e farei com que se esqueça desse tempo ruim que passou.

— Você vai cuidar dela?

— Sim, por que não? É apenas uma criança e, por sinal, linda!

— Em você eu confiaria. Mas, como você disse, não temos dinheiro, vamos ter de trabalhar os dois. Não podemos levar Maria!

— Ela não vai ser problema algum. Quando resolvermos o que faremos com a nossa vida, tudo isso se arranjará. O importante é que fiquemos juntos e, com nosso amor, consigamos superar todos os problemas que estão por vir. Eu amo você, Rafael...

— Embora esteja feliz, estou também com um pouco de medo de que você se arrependa.

— Esse problema é meu, Rafael. Não sei se vou me arrepender ou não, só sei que preciso agir. É melhor me arrepender por não ter dado certo que por não ter feito.

— Está bem, meu amor. Vamos ser felizes!

Beijaram-se novamente.

— Agora, preciso ir. Minha avó vai chegar a qualquer momento. Estou morrendo de saudade dela. Depois, vamos conversar e marcar o dia de irmos embora.

— Seu pai vai permitir? Não vai fazer nada para impedir?

— Ele disse que não. Também não está acreditando que eu vá embora. Disse que não vai mais me dar dinheiro, acha que vou desistir, mas não vou. Agora vou embora.

Ela se afastou e ele, com o coração cheio de amor e felicidade, sorriu ao vê-la partir. Depois, voltou a sentar e a pensar:

Tudo vai dar certo. Preciso pensar assim! Preciso ter esperança! Agora, vou conversar com os meninos. Com a morte de Carmem, eles ficaram sozinhos, mas eu vou continuar ao lado deles. São muito garotos e ainda não podem ficar sozinhos. Quando tudo der certo na minha vida, como acho que vai dar, venho buscar os dois e, se Julian quiser, vai poder ir também. Embora tenha quase me matado, entendo tudo por que estava passando e a força que tem o amor e muito mais o desejo.

Levantou-se e foi embora. Quando estava passando pela casa-grande, viu que uma carruagem se aproximou e que dela desceram duas senhoras. Berenice desceu a escada correndo e abraçou uma delas, depois, pareceu ser apresentada à outra e entraram.

Essa deve ser sua avó.

Assim que elas entraram, ele, sabendo que poderia passar sem ser visto, fez isso e foi ao encontro de Julian. Quando se aproximou, viu que Maria brincava, feliz, com os filhos de Josefa. Sorriu, satisfeito:

Agora ela está feliz.

Foi à casa de Julian.

— Olá, Julian. Podemos conversar?

— Claro que sim, Rafael. Entre, sente-se aí. Estou terminando de coar café.

Rafael sentou-se. Julian serviu o café e, enquanto bebiam, ele contou tudo o que havia conversado com Berenice e terminou, dizendo:

— Não sei se tudo vai sair como estamos planejando, mas acredito que sim. A vontade é imensa. Quando isso acontecer, não vou me esquecer de você nem dos rapazes. Volto aqui e todos vão embora comigo.

— Nunca esperei outra coisa de você que não fosse isso, Rafael. Sei que não mereço, por isso agradeço muito pelo que quer fazer por mim.

— Tudo aquilo já passou, Julian. Fomos enganados. De agora em diante, precisamos pensar só no futuro.

— Obrigado, meu amigo. Agora, vá em paz. Vamos ficar aqui torcendo por vocês. Falou em levar Maria. Penso que não deveria fazer isso, Rafael. Não sabe como vai ser a vida de vocês. Pelo visto, Berenice, com toda sua força, vai querer trabalhar e Maria seria um empecilho. Por isso, pode deixar ela aqui. Além de mim, todos vão cuidar dela. Ela pode ficar bem com Josefa que, praticamente, já a adotou.

— Não sei, Julian. Prometi que ia cuidar dela.

— Ela não ficará desamparada, Rafael. Quando voltar, ela vai estar aqui esperando por você, linda e feliz. Pode ter certeza disso. Ela vai estar bem e muito feliz por sua volta.

— Vou pensar, Julian, e conversar com Berenice.

Saiu dali e foi até Maria, que brincava feliz com os filhos de Josefa. Olhou e, ao ver que ela estava bem, não quis interromper, apenas sorriu e pensou:

Lola, acho que agora ela vai ser feliz.

Lola ouviu e, sorrindo, disse:

— Eu também, Rafael... eu também. Obrigada por ser quem é...

O destino de cada um

No dia seguinte, no horário de sempre, Rafael foi ao rio, no mesmo lugar onde se encontrava com Berenice. Ficou lá por algum tempo, mas ela não apareceu. Depois de muito esperar, pensou:

Ela não veio. Seu pai não deve tê-la deixado sair. Sabia que ele ia fazer de tudo para impedir aquilo que ele julga ser uma loucura. Pensando bem, não posso dizer que está errado, pois eu mesmo não sei se o que estou fazendo é o certo. Berenice tem razão em escolher a segurança que o casamento com um homem rico pode lhe dar.

Depois de se convencer de que ela não viria, foi embora. Estava passando, quando viu que uma carruagem se aproximava. Escondeu-se e, quando ela passou por ele, pôde ver que dentro estavam Berenice e as duas senhoras.

Ela está indo embora. Sua avó deve ter conversado com ela e ela entendeu que nosso amor nunca ia dar certo. Como pude imaginar que ela ia largar tudo a que está acostumada para ter uma vida de pobreza? Isso nunca ia acontecer. Agora, preciso pensar o que e como vou fazer. Vou ter, mesmo, de deixar Maria aqui, mas, como disse o Julian, não vai ter problema, pois todos vão cuidar dela. Preciso ir e vencer!

Sentiu o coração apertado e lágrimas querendo cair por seu rosto. Apertou os olhos para impedi-las e voltou para casa.

Julian chegou e ele contou o que havia acontecido.

— Você está se precipitando, Rafael. Não sabe o que aconteceu realmente.

— Vi quando ela foi embora. A avó e o pai devem tê-la convencido de que o melhor seria, mesmo, ir à Espanha e se casar com aquele homem.

— Está bem, já que pensa assim, não tenho o que fazer. E agora?

— Vou continuar com meus planos. Preciso deixar Maria aqui com vocês, mas vou voltar o mais rápido possível.

— Quanto a isso, já disse para não se preocupar. Pode ir tranquilo, Rafael. Ela vai ficar bem aqui.

— Você é mesmo um grande amigo.

— Por mais que eu faça, nunca vou me perdoar por aquilo que quase fiz com você.

— Esqueça disso, meu amigo. Vamos pensar no futuro. Agora, preciso conversar com Maria e explicar o que vou fazer e os motivos.

Saiu dali e foi encontrar Maria, que ainda brincava. Assim que se aproximou da menina, ela o viu e correu para abraçá-lo. Ele, depois de abraçá-la, disse:

— Preciso ir embora, Maria. Não se preocupe, vai ter de ficar aqui, mas vai ser por pouco tempo. Vai ser difícil ficar longe de você, mas prometo que volto o mais rápido que puder. Acha que pode ficar sem mim?

Ela olhou para Josefa, que acabara de sair da casa, e, ouvindo o que Rafael dizia, sorriu:

— Pode ir, pai. Agora eu tenho uma mãe.

Rafael olhou para Josefa:

— Pode ficar com ela, Josefa? Vai ser por pouco tempo.

— Não se preocupe, Rafael. Pode ir sossegado. Ela vai ficar bem. Vou cuidar dela como se fosse minha filha, como cuido dos meus filhos.

— Obrigada, Josefa. Não sei como agradecer, só Deus mesmo pode fazer isso.

Emocionada, Josefa sorriu e, com a voz embargada, gritou:

— Vamos entrar crianças, está na hora de comer.

Rafael, tranquilo em saber que Maria ficaria bem, entrou em casa, pegou suas poucas roupas, colocou-as em uma das malas que trouxera na viagem e, com tudo pronto, pensou:

Amanhã vou embora. Fui um louco em achar que uma mulher como Berenice ia deixar tudo o que tem para viver ao meu lado. Embora esteja triste, pela Maria e por mim, preciso ir embora e tentar uma vida melhor. Sei que vou conseguir.

Colocou a mala no chão e saiu. Estava entardecendo. Naquela noite, se despediria de Maria, pois, quando saísse pala manhã, ela estaria dormindo e não gostaria de acordá-la.

Assim que saiu, viu que Berenice se aproximava acompanhada pelas duas mulheres:

— O que está fazendo aqui, Berenice?

— Minha avó e a dona Maria das Graças queriam conhecer você e a Maria. Onde ela está?

— Na casa da Josefa, deve estar jantando. Pensei que tivesse ido embora.

— Por que pensou isso?

— Vi quando vocês saíram na carruagem. Pensei que estivessem voltando à Espanha...

Elas se olharam e sorriram. Olga, a avó de Berenice, foi quem falou:

— Estava enganado, meu rapaz. Não estávamos indo à Espanha. Fomos somente até a cidade.

— Não estou entendendo...

— Sei que não está, mas não se preocupe, logo entenderá. Tem um lugar onde eu possa me sentar? Já estou velha, portanto, me canso à toa – disse Olga, rindo.

Rapidamente, ele puxou dois bancos feitos de madeira que estavam ali e as senhoras se sentaram. Ele e Berenice ficaram em pé. Sem entender o que estava acontecendo, ele olhava ora para Berenice, ora para a avó.

— Queria conhecer o homem que virou a cabeça da minha neta. Agora que estou conhecendo, descobri o que aconteceu. Ela tem razão, você é um belo homem.

Ele, envergonhado, abaixou a cabeça.

— Não fique assim. Você sabe que é bonito, mas a minha visita tem outra razão.

Rafael, intrigado, voltou a olhar para ela, que continuou a falar:

— Quando a Berenice me contou o que estava acontecendo e que meu filho disse que ia deixá-la sem dinheiro algum, me revoltei e me lembrei do que tinha acontecido na minha vida. Também, por ser mulher, tive de obedecer ao meu pai, abandonei o homem que amava, e me casei com outro que eu mal conhecia e fui infeliz pelo resto da minha vida. Não tive a coragem que Berenice está tendo. A única coisa que posso fazer agora é ajudá-la no que for possível. Já estando velha e, com a vinda de Berenice para cá, mesmo que voltasse para se casar, iria embora com o marido e eu ficaria sozinha. Achei que a melhor solução seria vender todos os meus bens e passar o resto do tempo que me falta ao lado da minha família.

Ainda sem entender o que significava tudo aquilo, Rafael olhou para Berenice, que apenas sorriu. A senhora continuou:

— Tenho muito dinheiro e pouco tempo para gastar. Vocês estão começando a vida e vão precisar mais dele que eu. Hoje, pela manhã, fomos até o banco na cidade e peguei uma boa quantia para que possam começar. Com esse dinheiro, você vai poder iniciar o seu negócio sem problema algum e logo estará muito bem, desde que permita que minha neta trabalhe e lute ao seu lado e seja uma mulher com sua própria opinião e, por fim, possa provar que a mulher pode pensar e agir. Pode ser livre para escolher o seu destino. O resto do dinheiro vai ficar no banco. Instruí o gerente de que esse dinheiro é todo de Berenice, portanto, ela poderá pegar quando quiser. Ela foi a primeira da família que teve essa coragem. Estive pensando que, se eu tivesse tido a coragem que ela teve e feito o que ela fez, hoje, a história não se repetiria, pois ela já seria uma mulher livre.

Olga entregou um pacote a Rafael. Ele não imaginava a quantia de dinheiro que tinha dentro, mas, pelo tamanho, podia deduzir que era muito. Abismado, olhou para Berenice, que continuava sorrindo. A senhora voltou a falar:

— Sei que está louco de vontade de abraçar minha neta, vá em frente! Faça de conta que não estamos aqui.

Eles abraçaram-se, felizes. Naquele instante, Maria saiu da casa de Josefa e, ao ver aquelas senhoras, tímida, se aproximou de Rafael que, ao vê-la, pegou-a nos braços e rodou-a. Sem saber o que estava acontecendo, ela somente ria.

A senhora que estava acompanhando Olga, vendo tudo o que acontecia, sorria e, ao ver Maria, seus olhos se encheram de água.

Olga percebeu:

— Vamos, Maria das Graças, faça o que tem vontade.

Ela, olhando para Maria e, com os olhos cheios de lágrimas, disse:

— Maria, venha até aqui.

Tímida e sem entender, a menina olhou para Rafael que, com a cabeça, concordou. Assim que se aproximou, a senhora pegou suas mãozinhas e, olhando em seus olhos, tentando não chorar, disse:

— Meu nome é Maria das Graças e sou sua avó.

Ao ouvir aquilo, Rafael, surpreso, olhou para Berenice que, com a cabeça, fez um sinal para que continuasse ouvindo. Maria das Graças continuou, agora olhando para Rafael:

— Meu marido morreu e eu fiquei sozinha. Quando isso aconteceu, percebi que o dinheiro e tudo mais não passavam de ilusão. Meu marido, que foi sempre tão apegado a ele, morreu e nada levou. Por causa de dinheiro, ele afastou nosso único filho. Não pude ir ao seu enterro nem conhecer minha neta. Vendi tudo o que tinha e me dediquei a encontrar você, Maria. Sabia que devia estar em algum lugar aqui, no Brasil. Através de Maria Augusta, a mãe de Berenice, soube que, na época, tinham vindo para cá muitos imigrantes. Com o coração cheio de esperança vim e, quando cheguei, Berenice me contou toda a história. Descobri que minha neta estava aqui, sendo criada por você. Sei que sofreu muito nas mãos de uma mulher ciumenta, mas agora todo sofrimento terminou.

Ao ouvir aquilo, Rafael se desesperou:

— A senhora veio para levar Maria? Não pode fazer isso! Ela é minha filha! Está registrada no meu nome! Não vou permitir.

Maria, assustada ao ouvir e ver o desespero de Rafael, se afastou e abraçou sua perna. Maria das Graças percebeu.

— Fique calmo, não pretendo tirá-la de você. Estou velha e não vou viver tempo suficiente para vê-la crescer, mas quero que ela tenha uma vida boa. Para que isso aconteça, tenho muito dinheiro e não tenho o que fazer com ele.

Rafael voltou a olhar para Berenice:

— É isso mesmo o que está ouvindo, meu amor. Parece que hoje você ganhou um prêmio do céu. Está rico!

Maria das Graças continuou:

— O dinheiro está todo no banco. Hoje fui lá para colocá-lo todo em seu nome. Sei que vai usá-lo para o bem da minha neta.

Rafael ficou mudo. A senhora continuou:

— Só queria pedir uma coisa, não sei se poderão me atender.

— O que a senhora deseja?

— Como disse, estou sozinha e velha. Gostaria, que, se vocês permitissem, me deixassem morar junto da minha neta, para poder passar o tempo que me resta de vida ao lado dela.

— A senhora está dizendo que quer morar conosco? – perguntou Berenice, surpresa.

— Isso mesmo, Berenice. Sei que quer ser livre e que para isso precisa trabalhar ao lado de seu marido. Enquanto estiver trabalhando, posso tomar conta de minha neta.

Berenice e Rafael trocaram olhares. Maria, a distância e em silêncio, ouvia tudo, mas não entendia muito bem o que estava acontecendo.

— Está bem. Não haveria ninguém melhor que a senhora para cuidar dela. Vai morar conosco.

— Obrigada, minha filha! Deus a abençoe...

Berenice olhou para Rafael e, sorrindo, disse:

— Ele já me abençoou, dona Maria das Graças... já abençoou...

— Venha até aqui, Maria – chamou Maria das Graças.

A menina se aproximou. Maria das Graças, novamente pegou em suas mãos e, olhando em seus olhos, disse:

— Não precisa ficar com medo. Sou sua avó e quero somente o seu bem. Jamais te tiraria de seu pai.

A menina, ainda desconfiada, perguntou:

— O que é uma avó?

— Bem... dizem que avó é mãe duas vezes...

— Então... eu que não tinha mãe nenhuma, vou agora ter duas?

— Três, Maria. Berenice também vai ser uma mãe para você – disse Rafael, feliz.

— Isso mesmo, Maria. Vou ser sua mãe e você, de hoje em diante, vai ser muito feliz – Berenice completou.

— Uma avó, Maria, além de ser mãe duas vezes, gosta muito de contar histórias. Vou contar muitas sobre outra avó que você tem e que a ama muito. Além de tios e primos também. Você tem uma família muito grande e, quando crescer mais um pouco, se seu pai deixar, vou levá-la para que todos a conheçam e também possa conhecê-los – explicou Maria das Graças.

— O que está acontecendo, dona Isabel? Ela quer levar Maria para conhecer minha família, minha mãe? – Lola perguntou, surpresa.

— Isso mesmo que está vendo, Lola. Deus, quando seus filhos encontram o caminho, dá a eles tudo em abundância. Rafael, apesar de tudo o que passou, não se revoltou e só quis progredir para dar à Maria muita felicidade. É assim, minha filha, que Deus trabalha. Ele sempre abençoa seus filhos, embora muitas vezes não seja com dinheiro.

— Está dizendo que de, hoje em diante, Maria não vai sofrer mais?

— É isso que estou dizendo, Lola. Todos vocês, em primeiro lugar, vieram para ajudar Carmem a encontrar o caminho. Caso ela tivesse conseguido, o futuro seria diferente. Ela se casaria com Julian e viveriam felizes, pois ele sempre a amou e faria com que ela o amasse também. Caso não conseguisse, como infelizmente aconteceu, tudo tem de ser mudado. Rafael, com o dinheiro que recebeu, não vai mais para uma cidade grande, mas para a capital. Com seu negócio, fará contratos governamentais para construir pontes, portas de cemitérios e de bancos. O dinheiro que está recebendo hoje vai se multiplicar. Com ele, mais tarde, seguirão Julian, os rapazes e Josefa com seu marido e filhos. Julian e os rapazes encontrarão espíritos que estão à espera deles e continuarão a jornada. Berenice e Rafael terão quatro filhos. A primeira será uma menina que vai se chamar Olga, em homenagem à avó. No dia em que Berenice estiver voltando do hospital, trazendo sua primeira filha nos braços, vai encontrar seu pai, que vai lhe dizer mais ou menos isso:

— *Conversei muito com Maria das Graças e ela me contou o que aconteceu com o marido dela. Disse que ele, apesar de todo dinheiro que tinha, morreu sozinho e triste por não ter aceitado o que seu filho queria e que por sua ignorância, nem mesmo foi ao seu enterro, mas o que mais sentia era não ter podido conhecer sua neta. Não quero cometer o mesmo erro. Sua mãe me disse que você ia voltar hoje para casa, trazendo minha neta e eu, se você deixar, gostaria muito de conhecê-la.*

Berenice vai chorar e dizer:

— *Claro, meu pai... ela está ali, é linda, não é?*

— Isso vai acontecer, dona Isabel? – Lola perguntou, com lágrimas nos olhos.

— Vai, Lola. Para que Maria possa cumprir sua missão, é preciso que cresça feliz e saudável. Para que isso aconteça, todos aqueles que são responsáveis por ela precisam estar na mesma situação.

— Deus é mesmo sábio, dona Isabel. Depois, o que vai acontecer? Estou curiosa.

Pablo vai começar a tomar parte da vida da filha. Seguindo conselhos de Rafael, entenderá que o dinheiro não tem tanto valor como ele acha e vai passar a tratar de modo diferente seus empregados. Quando Maria crescer mais um pouco, vai, sim, para a Espanha com Maria das Graças para conhecer sua família e levar um pouco de felicidade para sua mãe, que não consegue se esquecer de você e se perdoar por não a ter ajudado. Maria, quando ficar moça, vai começar sua missão. Começará sendo uma das principais lutadoras para que a mulher possa ter direito ao voto. Depois de conseguir, com a ajuda de Berenice e sua filha, Olga, comprará uma casa, onde dará assistência a mulheres e seus filhos, vítimas de maridos violentos. Além de dar abrigo, dará também uma profissão para que elas, sozinhas, possam seguir em frente.

— Ela não vai se casar e ter filhos?

— Vai, claro que vai. Terá quatro filhos, todos homens, aos quais ela ensinará a amar e respeitar as mulheres. Tanto eles como seu marido estarão sempre lutando ao seu lado. Além de criar seus filhos, passará toda sua vida lutando pelos direitos das mulheres e vai conseguir, não tudo, porque não terá tempo, mas vai dar passos significativos em direção à liberdade da mulher. Levará tão a sério sua missão, que, embora muitas vezes o desejo de se matar volte a atacá-la, envolvida pelo trabalho, expulsará esses pensamentos e, se Deus quiser, não se matará nesta encarnação, afastando assim para sempre o desejo suicida. Enfim, se as escolhas não forem mudadas e nada acontecer para que os planos sejam também mudados, esse é o destino de cada um. Como pode ver, Lola, Deus, quando seus filhos fazem bem suas escolhas e conseguem fazer um décimo do que prometeram antes de renascer, lhes dá bens em abundância para que possam continuar sem problema algum. Ele é mesmo um Pai maravilhoso.

— Tem razão, dona Isabel. Estou feliz que tudo termine assim, que cada um encontrará seu caminho. Garanto que, da maneira como as coisas estavam, não pensei que terminariam assim. Não via caminho para Rafael nem para Maria.

— Isso sempre acontece. Quando a vida não caminha da maneira que queremos, costumamos nos desesperar, mas logo mais à frente, veremos que alguma coisa acontecerá ou alguém aparecerá para nos dar um novo rumo. Deus nunca abandona Seus filhos.

— A senhora tem razão. Quando morri e deixei minha filha sozinha, fiquei com medo de que ela fosse sofrer muito, mas não aconteceu. Ela, embora tenha sofrido um pouco, vai ter o resto da vida para ser feliz. Depois de tudo o que aconteceu, entendo o motivo de eu ter partido.

— Tem de agradecer mesmo, Lola. Agora que tudo está bem e cada um é dono de seu próprio destino, precisamos ir embora.

Temos muito trabalho a fazer. Precisamos, daqui a algum tempo, quando Carmem entender o que fez e novamente desejar se redimir, buscá-la e planejar a próxima encarnação, que infelizmente não vai ser das mais fáceis. Esperamos que, dessa vez, ela consiga. Para isso, estaremos, todos nós, ao seu lado novamente.

— Um dia ela vai conseguir, não vai?

— Claro que vai. Como já disse, Deus tem uma eternidade para esperar por Seus filhos pródigos. Vamos embora? Há muito trabalho nos esperando.

Manolo, Lola e Isabel sorriram, deram as mãos e desapareceram.

Epílogo

O trânsito estava parado e a noite estava quente. Eram mais de oitos horas da noite. Maristela, dentro do carro, estava nervosa, exausta e pensava:

Não suporto mais esta vida! Mais um dia tive de ficar até mais tarde no escritório e agora tenho de suportar este trânsito e este calor insuportável. Estou cansada de ter de viver assim! Por que teve de ser assim? Por que o João Paulo teve de ser mentiroso e traidor? Sei que fui eu quem não quis mais que ele continuasse em casa, mas estou cansada...

Quando conseguiu chegar em casa, já eram quase nove horas da noite. Irritada, entrou.

Sua mãe, que estava vendo televisão, assim que ela entrou, se levantou:

— Ainda bem que chegou. Estava preocupada.

— Não precisa se preocupar, mãe! Sabe que quase sempre sou obrigada a ficar até mais tarde no escritório.

— Como você demorou, o jantar esfriou. Enquanto toma banho, vou esquentar a comida.

Maristela foi ao seu quarto. Entrou e olhou no espelho:

Estou um bagaço. Cansada de tanto trabalhar. Mas, enfim, o que posso fazer, fui eu quem escolhi. João Paulo era um marido ruim, traidor e mentiroso. Descobri que, enquanto eu trabalhava, ele tinha uma porção de mulheres e, várias vezes, quando ficava violento, me batia. Por não querer terminar meu casamento nem ficar sozinha, suportei o máximo que pude, mas precisei mandá-lo embora. Agora estou aqui, sozinha, trabalhando para criar meus filhos. Que vida é esta, meu Deus do céu?

Tomou banho e, ainda secando os cabelos com uma toalha, foi até a cozinha ao encontro da mãe, que estava colocando a comida sobre a mesa:

— Não suporto mais esta vida, mãe!

— O que aconteceu para estar assim, Maristela?

— O que aconteceu? Estou cansada desta vida! Preciso trabalhar feito louca para poder sustentar as crianças. Tenho também de me preocupar com as contas e despesas da casa, com a escola das crianças! Não suporto mais! Enquanto isso, João Paulo deve estar numa boa, com uma porção de mulheres e nem está se lembrando dos filhos! Não aguento mais!

— Não reclame, minha filha. Agradeça por ter uma profissão que permite que você faça tudo isso e, por ser independente financeiramente, ter podido mandar seu marido embora. Em outros tempos, por não ter direito a coisa alguma, nem mesmo a um trabalho para poder criar seus filhos, teria de aguentar a traição e a violência sem reclamar. Muitas mulheres lutaram e dedicaram suas vidas para que, hoje, você tivesse esse direito, o de ser livre e de escolher seu destino.

— Por um acaso, eu pedi para que mulher alguma fizesse isso? Nunca me perguntaram se era o que eu queria! Pois fique sabendo que o que mais queria, neste momento, era ser dondoca, ficar só cuidando da casa e dos meus filhos e gastando o dinheiro do meu marido! Ter um homem para me sustentar! Cansei de ser livre!

— Não fale assim, minha filha. Não sabe o que está dizendo. Não sabe o que é não ter direito algum...

— Eu é que não sei o que é viver sem ter de me sacrificar tanto!

Lucélia, balançando a cabeça, sorriu.

— Venha, sente-se e coma. Amanhã será outro dia e pensará diferente e melhor.

— Acho que não, mãe! Estou mesmo cansada desta vida! Quero ser dondoca! Quero ter um homem que cuide da minha vida e não me importo com o que tenha de fazer para ter isso! – gritou.

Ao ouvir aquilo, Lucélia voltou e, visivelmente alterada, disse baixo.

— Isso mesmo, faça isso, porque aquelas mulheres, as quais você não pediu e nem lhe perguntaram se queria que lutassem por você, fizeram isso para que, hoje, você pudesse fazer o que está fazendo.

— O quê?

— Pensar, ter suas próprias ideias, escolher o seu destino, ter sua vida em suas mãos e, finalmente, ter o direito de poder falar o que sente, mesmo que seja esse monte de bobagens que está falando!

Dizendo isso, Lucélia, a passos largos e nervosa, saiu e foi para seu quarto.

Maristela sentou-se e ficou pensando.

Lola, que passava ali acompanhada de Isabel, desacreditando no que ouvia, perguntou:

— O que significa isso, dona Isabel? Depois de tudo o que aconteceu, hoje, as mulheres pensam assim?

— Algumas, Lola... algumas... Muitas não querem pagar o preço da liberdade que às vezes é muito alto, como está acontecendo com Maristela que, para poder ser livre, precisa trabalhar muito. Outras não conseguem ficar sem um homem do lado para mostrar às outras pessoas ou somente para demonstrar que não estão sozinhas. Existem, ainda hoje, mulheres que se deixam abater por maridos violentos que as espancam e aos filhos e não lhes dão valor algum.

— Não consigo acreditar que isso esteja acontecendo. Não acredito que ainda existam mulheres que se deixam dominar pelas aparências! Que se deixam dominar pelo medo de agressores covardes! Então, toda aquela luta não adiantou? Continua tudo igual? Por que hoje isso ainda acontece?

— Isso acontece, porque, até hoje, muitas mulheres não aceitaram que são espíritos livres e que não podem ser aprisionadas por nada nem ninguém. Entretanto, existem mulheres que assumiram seus lugares e são profissionais competentes, boas mãe e esposas, assim como Maristela que, apesar de tudo o que a ouviu dizer, ela jamais se conformaria em ser dominada por um homem que não a respeitasse. Por causa da luta anterior, hoje, a mulher em qualquer situação boa ou ruim, graças a todas aquelas que vieram antes e brigaram muito, pode usar seu livre-arbítrio, escolher como quer viver, com quem quer viver e a companhia com a qual deseja caminhar. Hoje ela é livre, Lola, e dona do seu destino, coisa que, antes, não acontecia. Tudo o que está acontecendo significa, também, que o espírito nunca está contente com o que tem ou consegue e é essa insatisfação que faz com que não pare de evoluir, não pare de caminhar e, assim, os espíritos, acertando ou errando, um dia, chegarão à Luz.

Lola ficou calada, lembrando-se de tudo o que havia acontecido. Isabel, ao vê-la pensativa, sorriu e disse:

— Vamos embora, não se esqueça de que estávamos indo nos encontrar com Maria, Julian, Rafael e Manolo. Hoje, como sabe, depois de muito tempo, Carmem vai planejar sua próxima encarnação e precisamos estar ao seu lado para poder ajudar em tudo o que for preciso.

— Vamos renascer, dona Isabel.

— Isso vai depender de cada um de nós. Vamos decidir se queremos continuar ajudando Carmem. Por muito tempo temos feito isso. Hoje, podemos deixar que venha sozinha e, assim, continuar nosso caminho.

— Não sei quanto aos outros, mas, com certeza, quero estar ao lado dela, dona Isabel. É um espírito amigo precisando de ajuda.

— Não esperava outra coisa de você, Lola. Já conversei com Maria, Rafael, Julian e Manolo. Eles pensam da mesma maneira que você. Você sabe que a encarnação dela vai ser muito sofrida e quem estiver ao seu lado, provavelmente, sofrerá também.

— Sei, dona Isabel, e não me importo porque sei, também, que nunca estarei sozinha. E digo mais, dona Isabel: demore o tempo que demorar, vou ficar sempre ao lado de Carmem. Como a senhora sempre fala, se Deus que é Deus vai esperar por ela uma eternidade toda, quem sou eu para me recusar?

Isabel sorriu. Lola olhou mais uma vez para Maristela que, agora, jantava e, em seguida, deu a mão a Isabel e desapareceram.

Fim

Envolventes romances do espírito Margarida da Cunha com psicografia de Sulamita Santos

COMEÇAR OUTRA VEZ
Yago era um rapaz revoltado com a vida. Não se dava bem com o pai, mas a mãe o protegia, fazendo todas as suas vontades. Um dia, após um conflito sério com o pai, ele resolve sair de casa. Vai morar com um colega, que o faz trabalhar para ele em um negócio não muito lícito. Júlia, uma senhora vizinha de sua mãe, resolve ajudá-lo, oferecendo refeições e abrigo. Logo ele se afeiçoa a Júlia e resolve mudar o rumo de sua vida.

PRONTO PARA RECOMEÇAR
João Pedro é um menino calado e estudioso e que sonha ter uma banda de rock. Vivendo em um lar sem harmonia com a mãe carinhosa e o pai violento, ao entrar na adolescência, começa a se envolver com drogas. Uma história com ensinamentos valiosos sobre a vida após a morte e sobre nossas batalhas cotidianas.

UM MILAGRE CHAMADO PERDÃO
Ambientado na época do coronelismo, este romance convida-nos a uma reflexão profunda acerca do valor do perdão por intermédio de uma emocionante narrativa, na qual o destino de pessoas muito diferentes em uma sociedade preconceituosa revela a necessidade dos reencontros reencarnatórios como sagradas oportunidades de harmonização entre espíritos em processo infinito de evolução.

O PASSADO ME CONDENA
Osmar Dias, viúvo, é um rico empresário que tem dois filhos – João Vitor e Lucas. Por uma fatalidade, Osmar sofre um AVC e João Vitor tenta abreviar a vida dele. Contudo, se dá conta de que não há dinheiro que possa desculpar uma consciência ferida.

OS CAMINHOS DE UMA MULHER
Lucinda, uma moça simples, conhece Alberto, jovem rico e solteiro. Eles se apaixonam, mas, para serem felizes, terão de enfrentar Jacira, a mãe do rapaz. Um romance envolvente e cheio de emoções.

DOCE ENTARDECER
Paulo e Renato eram como irmãos. Amigos sinceros e verdadeiros. O primeiro, pobre e o segundo, filho do coronel Donato. Graças a Paulo, Renato conhece Elvira, dando início a um romance quase impossível.

À PROCURA DE UM CULPADO
Uma mansão, uma festa à beira da piscina, e, de madrugada, um tiro. O empresário João Albuquerque de Lima estava morto. Quem o teria matado? Os espíritos vão ajudar a desvendar o mistério.

DESEJO DE VINGANÇA
O jovem Manoel apaixona-se por Isabel. Depois de insistir, casam-se mesmo ela não o amando. Mas Isabel era ardilosa e orgulhosa. Mais tarde, envolve-se em um caso de traição conjugal com desdobramentos inimagináveis para Manoel e os dois filhos.

LAÇOS QUE NÃO SE ROMPEM
Margarida, filha de fazendeiro, conhece Rosalina, filha de escravos, e ambas passam a nutrir grande amizade. Um dia, a moça se apaixona por um escravo. E aí começam suas maiores aflições.

Rua dos Ingleses, 150 – Morro dos Ingleses

CEP 01329-000 – São Paulo – SP

Fone: (0xx11) 3207-1353

visite nosso site: www.lumeneditorial.com.br
fale com a Lúmen: atendimento@lumeneditorial.com.br
departamento de vendas: comercial@lumeneditorial.com.br
contato editorial: editorial@lumeneditorial.com.br
siga-nos nas redes sociais:
twitter: @lumeneditorial
facebook.com/lumeneditorial

Livros de Elisa Masselli

O destino em suas mãos

Esta é a história de alguns imigrantes espanhóis que vieram para o Brasil em busca de sonhos e de riqueza. Assim que chegaram, viram seus sonhos destruídos, mas a vida precisava continuar.
Lola e Carmem, duas mulheres que ficaram sozinhas, tiveram de lutar contra o preconceito, o ciúme, o sentimento de posse e o apego a coisas e pessoas. Ambas deviam conduzir Maria, para que ela pudesse cumprir uma missão que serviria para o aperfeiçoamento da humanidade. Rafael e Julian foram peças importantes nessa evolução e aperfeiçoamento. Escolheram passar por um processo de autoconhecimento e sofreram por isso, mas tiveram ao seu lado espíritos amigos sempre dispostos a ajudá-los em todos os momentos. Com o tempo, aprenderam que dinheiro sem amor não tem valor.

À beira da loucura

No sertão da Bahia, Cida foi encontrada quase morta. Ao se recuperar, constatou que não lembrava do que lhe havia acontecido e o que estava fazendo naquele lugar, naquelas condições. Passou um longo tempo à procura dessas respostas. Somente amigos, tanto encarnados como desencarnados, poderiam ajudá-la. Enquanto tentava descobrir, recebeu ensinamentos espirituais preciosos, que a fizeram entender o que alguém é capaz de fazer por ciúmes.

É preciso algo mais

A violência se faz presente no mundo todo e, geralmente, está relacionada às drogas. Mas, se tudo está sempre certo e a Lei é justa, por que as drogas existem? Por que Deus permite isso? Por que um jovem, vindo de uma boa família com condições financeiras, usa drogas?
A história de Arthur, um adolescente inexperiente, mostra o que pode acontecer a quem se deixar levar pelas drogas: um longo caminho de dor e sofrimento para chegar à regeneração. Este livro pretende consolar todos que, direta ou indiretamente, estejam envolvidos com drogas.

Deus estava com ele

Walther é um jovem que mora no exterior, tem uma boa profissão e uma vida tranquila. Após a morte de sua mãe, descobre segredos que o fazem tomar uma atitude que muda completamente sua vida, levando-o a repensar conceitos, preconceitos e a conhecer a espiritualidade. Uma história emocionante e repleta de ensinamentos.

As chances que a vida dá

Selma leva uma vida tranquila em uma pequena cidade do interior. O reencontro inesperado com uma amiga de infância traz à tona todo o peso de um passado que ela não queria recordar, e toda a segurança de seu mundo começar a ruir de um dia para o outro. Que terrível segredo Selma carrega em seu coração? Neste livro, vamos descobrir que o caminho da redenção depende apenas de nós mesmos e que sempre é tempo de recomeçar uma nova jornada.

Apenas começando

Ao passarmos por momentos difíceis, sentimos que tudo terminou e que não há mais esperança nem um caminho para seguir. Quantas vezes sentimos que precisamos fazer uma escolha; porém, sem sabermos qual seria a melhor opção? Júlia, após manter um relacionamento com um homem comprometido, sentiu que tudo havia terminado e teve de fazer uma escolha, contando, para isso, com o carinho de amigos espirituais.

Não olhe para trás

Olavo é um empresário de sucesso e respeitado por seus funcionários. Entretanto, ninguém pode imaginar que em casa ele espanca sua mulher, Helena, e a mantém afastada do convívio social. O que motiva esse comportamento? A resposta para tal questão surge quando os personagens descobrem que erros do passado não podem ser repetidos, mas devem servir como reflexão para a construção de um futuro melhor.